Eu não acredito em astrologia

DEBRA SILVERMAN, M.A.

Eu não acredito em astrologia

Traduzido por Rodrigo Peixoto

SEXTANTE

Título original: *I Don't Believe in Astrology*

coordenação editorial: Juliana Souza
produção editorial: Carolina Vaz
preparo de originais: Ilana Goldfeld
revisão: Priscila Cerqueira e Taís Monteiro
diagramação: Guilherme Lima e Natali Nabekura
capa: Olga Grlic
imagem de capa: © buffaloboy/Shutterstock
adaptação de capa: Natali Nabekura
impressão e acabamento: Bartira Gráfica

CIP-BRASIL. CATALOGAÇÃO NA PUBLICAÇÃO
SINDICATO NACIONAL DOS EDITORES DE LIVROS, RJ

S592e

Silverman, Debra
Eu não acredito em astrologia : o olhar de uma terapeuta sobre a sabedoria das estrelas – e por que até os mais céticos vão se surpreender / Debra Silverman ; tradução Rodrigo Peixoto. - 1. ed. - Rio de Janeiro : Sextante, 2025.
288 p. ; 23 cm.

Tradução de: I don't believe in astrology
Apêndice
ISBN 978-85-431-1085-1

1. Astrologia. 2. Técnicas de autoajuda. I. Peixoto, Rodrigo. II. Título.

CDD: 133.5
25-98922.0 CDU: 133.52

Meri Gleice Rodrigues de Souza - Bibliotecária - CRB-7/64392

GMT Editores Ltda.
Rua Voluntários da Pátria, 45 – 14º andar – Botafogo
22270-000 – Rio de Janeiro – RJ
Tel.: (21) 2538-4100
E-mail: atendimento@sextante.com.br
www.sextante.com.br

A todas as pessoas que, durante quase cinco décadas, abriram-se profundamente comigo e compartilharam suas histórias de vida. Foi maravilhoso ouvir cada um de vocês.

Eu adoro os seres humanos e tenho um amor imensurável por todos que venceram suas dores e também por aqueles que as provocaram. O mal não tem vez diante da compaixão. Desejo que nós, enquanto espécie, saiamos ilesos da estreita travessia em direção à nova era, e que muito mais gente consiga atingir o ponto ideal da humildade.

Ao mirar o futuro com lucidez, seremos capazes de compreender nossa humanidade como uma experiência que está prestes a tomar um novo rumo. Espero que este livro inspire a compaixão necessária para que você e seu observador cuidem de si mesmos e dos demais. Esse é o caminho para a era dourada. O futuro das nossas crianças depende de nós.

*A astrologia merece o reconhecimento irrestrito da psicologia,
pois é a soma de todo o conhecimento psicológico da antiguidade.*
– Carl Jung

Deus não joga dados com o universo.
– Albert Einstein

Sumário

Prefácio

Tenho a impressão de que este livro foi escrito para mim. Durante grande parte da minha vida, eu me orgulhei de não acreditar em astrologia. E não é porque achasse que essas coisas não têm embasamento científico. Neste exato instante, estou até com um cristal no bolso!

Eu não acreditava em astrologia porque meu mapa astral não mostrava nada que tivesse a ver com aspectos específicos da minha vida. Eu ficava com a sensação de que tudo ali era uma grande bobagem que podia se aplicar a qualquer pessoa. Tinha certeza de que a astrologia era uma besteirada apoiada por um viés cognitivo chamado "efeito Forer", ou "falácia de validação pessoal".

Por trás desse intelectualismo, havia ainda outro motivo para meu ceticismo: eu não queria que nada me limitasse. Queria escolher meu próprio destino, em vez de deixar que um zodíaco intergaláctico pusesse um rótulo em mim.

Quando conheci Debra Silverman, afirmei: "Eu não acredito em astrologia."

E ela retrucou: "Ótimo. Esse vai ser o título do meu próximo livro!" Demos boas risadas, mas minha opinião continuou a mesma. Ainda assim, concordei em ouvi-la falar sobre os Quatro Elementos, e isso mudou minha vida.

Eu não via nenhum sentido na leitura superficial do meu mapa. Porém, quando nos aprofundamos nas complexidades das casas, das posições, e no mapa como um todo, certos princípios que guiam minha essência começaram a ser revelados. O rei cético saiu de cena e abriu caminho para a rainha da astrologia.

Duas horas mais tarde, veio o xeque-mate. Ao entender minha natureza, eu não me limitava, mas me expandia. Consegui enxergar minha missão e meu propósito com maior profundidade e entender minhas vulnerabilidades genuínas – informações de valor inestimável.

Espero que, com esta leitura, você comece a ter essa mesma experiência, entregando-se com curiosidade e criatividade. E torço para que este livro mude sua vida da mesma maneira que a primeira leitura com Debra mudou a minha.

– Aubrey Marcus

Introdução

> A astrologia tem uma história ilustre em todas as nações e culturas da face da Terra que tenham atingido qualquer estágio de civilização. Nem os inimigos da astrologia podem negar esse fato.
>
> – Luke Dennis Broughton, *Elements of Astrology*, 1898

Vou tentar adivinhar:

(1) Você não acredita muito em astrologia, mas meio que gostaria de acreditar e se pergunta se eu conseguiria mudar sua opinião.

Ou:

(2) Você já acredita em astrologia, mas quer aprofundar seu conhecimento sobre a influência dos astros na sua vida.

Seja como for, você chegou ao lugar certo. O título original deste livro (e do meu podcast) é I Don't Believe in Astrology (Eu não acredito em astrologia) porque também já fui cética, mas isso mudou com o passar do tempo. Após décadas de prática profissional me baseando tanto na psicologia quanto na astrologia, testemunhei, em primeira mão, tudo que a astrologia é capaz de fazer. Hoje, acredito nela com convicção.

Algo trouxe você até aqui: uma suspeita, uma curiosidade ou a impressão de que a astrologia vai além de um esboço da personalidade ou de uma previsão superficial do dia. O que você aprendeu até o momento talvez não pareça convincente o bastante. Aposto que você já leu alguma coisa sobre seu signo solar e talvez tenha se surpreendido ao se identificar tanto com ele. Talvez *queira* acreditar num mundo estrelado onde a vida por fim faça sentido.

A astrologia é controversa e pode parecer muito abstrata e fantasiosa. Para mim, está no mesmo patamar que a medicina, uma ferramenta capaz de mudar vidas e que faz uma diferença enorme, mesmo que você não entenda nada a respeito dela.

Pense comigo: não é preciso acreditar para que algo funcione. Aposto que você acredita no amor verdadeiro, mesmo que tenha sofrido algumas decepções ao longo do caminho. Acredita na força da gravidade, embora não consiga entendê-la. E acredita que uma lâmpada vai se acender se você apertar um interruptor, mesmo sem saber explicar por quê. Crença e entendimento não são requisitos para que o amor, a gravidade e a eletricidade façam seu trabalho.

O mesmo vale para a astrologia. Não é preciso entendê-la. Ela está aqui para você, acredite ou não. Com o passar do tempo, e com a ajuda deste livro, você descobrirá que esse corpo de sabedoria atemporal é muito útil. E não precisa acreditar na astrologia: ela acredita em você.

Você não é um erro. Ninguém empurrou você para dentro desse ônibus chamado vida. Sua existência é voluntária. Estamos aqui para cumprir uma missão. E não importa que você (ainda) não creia nisso, pois, em algum momento, ficará óbvio que todos temos um propósito e que há lições de vida esperando por nós.

Algumas questões surgirão repetidas vezes em sua vida até que você aprenda as devidas lições. Este é um livro sobre como transformar a sua confusão em propósito. É sobre as vozes negativas na sua mente, sobre a insatisfação constante, sobre o sentimento de não saber direito quem você realmente é. Você fica se perguntando se está seguindo seu propósito, se está desfrutando a vida para a qual estava destinado, se está com a pessoa certa, se está no trabalho ideal. Todos ouvimos essa voz interior nos dizendo que estamos fazendo algo errado, que deveríamos estar fazendo algo diferente ou que deveríamos nos tornar pessoas melhores.

As vozes na nossa cabeça (que eu chamo de gremlins) querem nos sabotar. Elas falam muito mal de nós! Nos atormentam até nos cansar, até chegarmos a um ponto crítico, até por fim ouvirmos a voz mais calma, mais gentil, mais compassiva, que eu chamo de "observador". A astrologia nos mostra o caminho que atravessa o túnel dos gremlins em direção a um lugar mais luminoso, onde os pensamentos negativos perdem força e deixam a verdade vir à tona.

A astrologia nos mostra quem realmente somos e diz: "Ei, esse é você, e está tudo bem. Você tem licença para ser sonhador (Peixes), ambicioso (Capricórnio) ou forte (Áries). Existem motivos para que coloque sua liberdade à frente dos relacionamentos (Aquário) ou a segurança financeira à frente das compras frívolas (Touro), ou para que prefira falar a ouvir (Gêmeos). Para você, é natural nutrir certa obsessão pelo sentido da vida (Sagitário) ou uma mórbida curiosidade pela morte (Escorpião). É natural se sentir melhor quando a família está toda reunida sob o mesmo teto (Câncer), adorar um romance (Libra) ou tentar atrair todas as atenções para si (Leão). Você não precisa lutar contra nada disso. Está apenas sendo você mesmo."

A astrologia aciona o autoconhecimento. Se você é de Virgem, por exemplo, vai aprender que tende a se criticar. Estar ciente disso pode ajudá-lo a se acalmar e a entender a importância que você dá aos detalhes e ao método. A voz do seu observador (vou ensinar como encontrá-la e escutá-la) vai dizer: "É verdade, você se critica muito, mas não se preocupe. Está tudo bem." E se alguém lhe disser "Relaxa, isso não é importante", você se conhecerá o suficiente para saber que, no seu caso, isso é, *sim*, importante, e tudo bem também. Você é detalhista. Ao ouvir seu observador, você vai até conseguir rir um pouco de si mesmo e dizer genuinamente: "Isso é a minha cara!"

Existem desafios inerentes a cada um dos doze signos. Quando souber qual é o seu, você descobrirá o que veio aprender. Você não está aqui neste planeta por acaso. Há um currículo e uma pasta arquivada com o seu nome. A astrologia oferece um buraco de fechadura para você espiar e descobrir quais são suas lições. É reconfortante saber que suas dificuldades surgem por um motivo e, acima de tudo, que você não precisa se culpar.

Certa vez, uma cliente me disse ter sentido que um ano estudando astrologia tinha valido por dez anos de terapia. Com este livro, espero que você consiga o mesmo, embarcando numa jornada de autoconhecimento que deixará seus gremlins bem menos intrometidos.

E digo mais: o que você considera defeitos são seus pontos fortes. Esta é a verdade suprema sobre a astrologia: ela muda o que você pensava ser errado. As lições inerentes às suas batalhas levarão você rumo ao seu eu mais evoluído. Certos comportamentos repetitivos são difíceis de mudar, e isso é bom, não ruim. Eles são suas placas sinalizadoras; estão no cerne da compreensão dos signos e da busca por autoconhecimento.

Como você já deve ter percebido, este não é um livro de astrologia como outro qualquer. É um livro de psicologia (sobre a *sua* psicologia), que utiliza a astrologia como guia, como base. Usaremos os signos para falar sobre suas idiossincrasias e para mostrar que você não precisa se sentir mal por características que julga serem defeitos.

Não há nada de errado com você. Você é um ser divino que se voluntariou para aceitar esta vida com a sua própria personalidade. Eu garanto que essa é a verdade. Veja só que ideia maravilhosa: você é exatamente quem deveria ser.

ASTROLOGIA COMO REMÉDIO

Eu entendo por que as pessoas tendem a reduzir a astrologia a uma pseudociência. É bem estranho pensar que o posicionamento do Sol pode influenciar sua personalidade, que a posição da Lua determina seu temperamento e que os demais planetas regem diversos aspectos da sua vida. Sei que parece bobagem, e fomos programados para ignorar bobagens. Eu com certeza fui. Se você não se identifica com coisas místicas e não simpatiza muito com magia, *por quê* acreditaria em astrologia? Mas saiba que também já duvidaram da psicologia. E ainda há quem duvide! Algumas pessoas sentem vergonha de admitir que fazem terapia e, como não veem resultado rápido, concluem que não funciona. Mas pense também na quantidade de gente que já se beneficiou dessa ciência.

Eu estudei psicologia clínica. Trabalhei com pessoas de grande destaque na sociedade, que vivem num mundo de sucessos e conquistas tangíveis. Sou pragmática e comecei a me dedicar ao ensino e à cura quando ainda era bem jovem. Tenho orgulho de mudar a vida das pessoas. Eu foco nos resultados. O objetivo de quem se dedica à cura é auxiliar aqueles com um problema ou uma dor, conduzindo-os por um processo que os leve – cada um deles – a sair da consulta com um plano de ação. Eu percebi que grande parte dos meus pacientes se sente melhor no final de uma sessão de astrologia. É sempre assim.

Em quase cinco décadas de atendimento, ainda me surpreendo com o alto nível de avanço que obtenho numa sessão de terapia só por buscar orientação num mapa astral, sem me limitar a uma "simples" terapia de fala. Quando uma pessoa me procura dizendo que tem algo de errado nela, eu refuto: "Não é bem assim, e quer saber? Eu posso explicar tudo isso observando o seu mapa. Está tudo aqui."

O maior poder da astrologia é fazer você mudar drasticamente a maneira como fala de si mesmo. Ela altera as vozes na sua mente. Você passa a perdoar e a ser mais tolerante consigo e com os outros.

Mas jamais faltarão céticos. Recentemente, uma cliente me disse que, ao contar para o pai, que é médico, que estava se consultando comigo, ele começou a gritar com ela, algo que não era do seu feitio. Ela escutou do pai: "Essas pessoas são umas charlatonas! Filha minha não vai desperdiçar dinheiro com astrologia!" Isso acontece bastante. O pai dela é um exemplo da voz crítica, da voz da lógica simples que costuma operar em quem só consegue confiar no que pode ser comprovado. Por sorte, minha cliente conseguiu ouvir a própria voz. Ela saiu da nossa sessão munida de muitas verdades sobre si mesma. E entendeu que o que de fato queria era pedir demissão de um emprego que a deixava infeliz e voltar a estudar. E ela nunca chegaria a essa conclusão se ouvisse apenas a voz do pai. Em vez disso, conseguiu escutar a própria verdade… e tudo isso graças à astrologia.

Os preconceitos, as dúvidas, os questionamentos e o cinismo que as pessoas trazem para o meu consultório logo evaporam quando elas se sentem ouvidas e compreendidas, muitas vezes pela primeira vez na vida. Eu adoro os céticos. Adoro quando eles chegam ao final de uma sessão e dizem: "Como você sabia de tudo isso? Você me conhece melhor do que eu mesmo!" E voltam para casa com insights profundos sobre sua personalidade, com os olhos brilhando e o coração leve.

SOBRE ESTE LIVRO

Este não é mais um livro espiritual repleto de teorias. Não vou sugerir que você compre bebidas orgânicas com preços exorbitantes, tome os suplementos da moda nem colecione cristais. A verdade é que nenhum cristal vai fazer efeito enquanto seu lado "humano" estiver no controle. Você pode passar o dia meditando e mesmo assim continuar alimentando seus gremlins.

Nosso planeta enfrenta uma epidemia de ansiedade, depressão e vícios, o que indica que estamos em busca de algum tipo de alívio. As indústrias bilionárias da terapia, do biohacking e da autoajuda podem ser resumidas a um único questionamento: você está em paz com quem de fato é? Posso garantir que sua resposta é "não", e justamente por isso você está aqui.

O objetivo deste livro é ajudá-lo a acessar a voz da compaixão que sabe que você está bem, que é uma pessoa adorável e que tem uma alma linda. Aprender sobre si mesmo abrirá caminho para uma voz interior mais gentil. Quem não precisa disso? As pessoas amam astrologia porque a partir dela conseguem se ver de um jeito bem diferente dos críticos que carregam em si. Quando conseguir acionar e canalizar seu observador interno, você terá força para ativar sua voz positiva, de modo que os gremlins não exerçam mais influência sobre você.

Na Parte 1, você aprenderá sobre a natureza nada amigável da condição humana e descobrirá que não tem controle sobre ela. Você foi programado para se sabotar. E vai aprender como usar a psicologia e a astrologia para identificar os gremlins específicos que estão no seu mapa astral. Também conhecerá a técnica capaz de invocar seu observador interno de modo a ganhar acesso aos níveis mais elevados da sua personalidade. Você vai se apaixonar por essa loucura chamada vida.

A Parte 2 contém treze capítulos – um para cada signo convencional e um especial sobre o décimo terceiro signo, mas não vou falar a respeito agora. Cada capítulo inclui: uma análise psicológica do signo solar; o perfil de uma pessoa desse signo; como esse signo se apresenta em sua melhor e pior versão; como ele pode tirar proveito do seu observador interno (conceito que desenvolveremos em breve); o que você tem a aprender se for desse signo; do que você mais precisa para se sentir bem; e qual será sua configuração geral caso a Lua, Mercúrio ou Saturno estejam nesse signo, ou se esse for seu ascendente. No final de cada capítulo, antes do resumo, apresento uma meditação específica para você.

Mas saiba que nem todo mundo se identifica com o próprio signo solar. Na verdade, essa é uma das principais razões que levam algumas pessoas a não acreditar em astrologia. Há bons motivos para que alguém não seja um exemplo perfeito do próprio signo. É possível que a Lua ou o ascendente apareça com uma influência mais forte. Se vários planetas estiverem presentes em outro signo (um *stellium*), ele terá destaque. Os planetas também têm suas próprias características e estavam em certas casas no horário em que cada um de nós nasceu. Tudo isso interfere na manifestação do signo solar (vou contar mais sobre essas interferências na Parte 1). A astrologia é complexa e tem muitos fatores operantes. Você não precisa entender tudo isso em nível profissional. O que importa é que seu mapa vai explicar quem você é, além de ajudá-lo a entender outras pessoas.

Duvido que você conheça alguém que não seja atormentado por alguma questão mental. Todos temos desequilíbrios que podem ser controlados. Vivemos tentando administrar e curar as vozes na nossa mente, e os doze signos representam muito bem isso. Vai ser quase divertido quando você enxergar a obviedade de tudo que seu monólogo interior vive repetindo. É incrível saber que as coisas que nos enlouquecem (e elas nos enlouquecem mesmo) são nossas melhores amigas. Cada uma das suas crises é um portal para o seu despertar. O disco arranhado que seus gremlins vivem tocando é um alerta que diz: "Acho que preciso de ajuda porque estou sempre enfrentando os mesmos desafios."

A astrologia nos dá acesso a um conhecimento atemporal. A sua alma está aguardando que você desperte. Embora pareça um exagero dizer que este livro vai aproximá-lo da sua alma, é dessa forma que espero contribuir. Aposto que ninguém jamais lhe deu carta branca para que pudesse ser você mesmo. É isso que gera tanto desconforto e insatisfação. Você pode até acreditar que está vivenciando uma prática espiritual, mas essa experiência só será genuína quando você se apaixonar por sua alma singular e por suas peculiaridades.

O ponto central desta conversa sagrada é muito luminoso e repleto de sentido. Minha personalidade geminiana quer que você brinque comigo, e eu só quero que você embarque agora e comece o processo. Vamos lá?

PARTE 1

A astrologia psicológica e a natureza da mente inconsciente

Enquanto luta contra sua mortalidade, o homem é afetado pela miríade de mutações do Céu e da Terra. A astrologia é o estudo da resposta humana aos estímulos planetários. As estrelas não guardam benevolência consciente nem hostilidade. Por si mesmas, elas não ajudam a humanidade nem lhe causam danos, mas oferecem um canal válido para entendermos o funcionamento externo dos equilíbrios de causa e efeito.

– Paramahansa Yogananda, *Autobiografia de um iogue*

1

Apaixone-se pelo seu destino

> Você já se perguntou o que veio fazer aqui? Como deve se portar nesta vida? Caso tenha se perguntado, já começou a viver de uma nova maneira. Eu acredito piamente que a função da astrologia é ajudar homens e mulheres a encontrar o propósito e o significado da vida, desde que busquem essas respostas. A astrologia tem pouco valor real a oferecer a quem não se faz tais questionamentos.
>
> – Dane Rudhyar

A natureza humana tem um sistema operacional estranho e nada lógico. Você não conseguiria mudá-la, mesmo se tentasse.

Todos somos culpados... de sermos humanos. Nós nos sabotamos. Não agimos de acordo com nossos maiores interesses. Partimos o coração dos outros, e vice-versa. Abandonamos e somos abandonados. Traímos e somos traídos. Alguém que você conhece vai enganar, cair no vício, dar um chá de sumiço. Teimamos em agir de maneiras contraproducentes, nocivas, que nos levam a questionar quem somos como indivíduos e até como espécie – e a resposta nem sempre é satisfatória. Somos assim.

Mas e se o fato de sermos mal projetados não for culpa de ninguém, nem dos nossos pais, nem dos nossos companheiros, nem das nossas escolhas de vida? E se não for culpa sua o fato de a sua mente não buscar por instinto o progresso e a sabedoria? Isso não seria um alívio?

Bem no início da faculdade de psicologia clínica, quando eu tinha 20 e poucos anos, um professor nos perguntou por que tínhamos escolhido aquele curso. Eu levantei a mão em meio a outros cinquenta alunos e respondi: "Quero entender por que não fazemos o que é bom para nós. Por que não nos exercitamos? Por que não nos alimentamos bem? Por que não procuramos as coisas que nos trazem liberdade? Por que não pedimos demissão de empregos que detestamos? Por que insistimos em relacionamentos que não são saudáveis?" Eu queria muito saber. Foi esse o motivo que me levou àquele curso. *Por que nós, humanos, não fazemos as coisas que nos deixariam felizes?*

A psicologia nunca conseguiu responder por completo a essa pergunta... mas a astrologia, sim. E a resposta é simples: tudo isso é culpa da forma como fomos projetados. As pessoas são tão ingênuas que nem sabem que são inteligentes. A boa notícia é que há solução para isso.

Estamos evoluindo. Você não estaria lendo este livro se não nutrisse um apetite pelo aprendizado e pelo crescimento. Porém, por mais evoluída que seja a espécie humana, na cabeça de todos nós vivem impulsos inconscientes que nos impedem de fazer o que é bom para nós. Não sabemos explicar por que é tão fácil se deixar levar pela preguiça, pela depressão ou pela ansiedade, essas típicas sabotadoras. Não conseguimos evitá-las. Por padrão, a natureza humana tende a se nivelar por baixo, como se puxada pela gravidade. É como a criança que rouba uma bala e diz: "Foi mais forte que eu!"

Sejamos sinceros: seguir o caminho mais elevado exige muito esforço. Nós duvidamos de nossos instintos e decisões. Não fomos programados para perdoar de imediato nem para sentir alegria com facilidade. Tendemos a culpar antes de perdoar. Apontar o dedo é uma reação automática, enquanto o perdão é uma habilidade que precisamos aprender, porque não vem de fábrica.

Eis alguns exemplos de como o ser humano foi mal projetado (e apontarei outros ao longo do livro):

★ **A paz nos escapa.** A primeira e maior falha de projeto da espécie humana é que nossa mente não consegue se manter em paz. Temos dificuldade em nos dar bem uns com os outros. Vivemos envolvidos em dramas. Aliás, enriquecemos astros de cinema e atletas porque gostamos de assistir aos dramas à que eles dão vida. Temos medo das diferenças. Julgamos uns aos outros, muitas vezes sem piedade. Fazemos fofoca. Somos bisbilhoteiros. A cultura popular e as redes sociais só refletem tudo isso.

Acima de tudo, falamos mal de nós mesmos. Existe alguém que não viva com uma voz negativa na cabeça, duvidando de si mesmo e até se sentindo humilhado? Essas vozes vão ficando mais estridentes, seja aquela que critica o que vemos no espelho ou a que nos mantém acordados no meio da noite, preocupados com o que aconteceu ou está por vir. Nós nos preocupamos... e como! Tememos não estar fazendo a coisa certa, nem tomando as decisões corretas, nem aproveitando a vida ao máximo. Estamos sempre nos perguntando se somos mesmo amados ou se amamos o suficiente, se estamos desperdiçando nossa vida. Vivemos um incômodo constante. Nosso diálogo interno muitas vezes é repleto de medo, julgamentos e agitação. E isso é uma loucura!

★ **O perdão não vem naturalmente; a culpa e a vergonha, sim.** Para muita gente, pedir desculpas não é um ato natural. Nós logo culpamos o outro e nos afastamos com rancor. Não fomos programados para assumir a responsabilidade pela nossa vida. Não fomos preparados para nossa própria humanidade. Cometemos erros e, em vez de admiti-los, tendemos a culpar, negar, alimentar vícios, nutrir o escapismo e a vergonha.

É sempre culpa de outra pessoa que o relacionamento tenha dado errado, que o vício tenha se desenvolvido, que o trabalho tenha sido perdido, que o acidente tenha acontecido, que a infância tenha sido arruinada. Pense na criança que derrama um suco e aponta para o irmão dizendo "Foi ele!", deixando a mãe estarrecida porque ninguém vai assumir a responsabilidade. Num piscar de olhos, todos estão com raiva, presos na teia da natureza humana. Culpar o outro é parte da condição humana. É bem mais fácil apontar o dedo do que assumir que as nossas imperfeições podem nos ensinar muita coisa sobre compaixão.

★ **Somos patologicamente inseguros.** Outra estranha falha de projeto é nossa insegurança inerente. Ninguém escapa disso. Todos nos sentimos observados e julgados, se não pelos outros, pelas vozes que vivem em nossa cabeça, nesses intermináveis comentários que criam e alimentam as inseguranças. Mesmo com terapia e meditação, é muito comum que os resultados desapontem. Muita gente desiste quando o esforço não parece valer a pena, e muitos continuam batendo na tecla do "Tem algo errado comigo". Concluímos que, se somos infelizes, então é porque somos pessoas ruins. Que tipo de lógica é essa? (Touro, Virgem e Câncer são os signos mais suscetíveis à insegurança.)

★ **Aprendemos do jeito mais difícil.** Muitas vezes, é preciso uma tragédia, como uma doença séria ou um episódio quase fatal, para mudar nosso comportamento ou atitude. Quando eu tinha 20 e poucos anos, fui apresentada aos livros de Alice Bailey, o ponto de partida da minha jornada espiritual. No livro *Iniciação humana e solar*, ela afirma que o objetivo desse jogo chamado vida é passar por iniciações (mais conhecidas como crises) e decidir se a alma deve ou não intervir. Em outras palavras, o objetivo da crise é ver se o indivíduo vai despertar, se vai buscar a própria alma para transformar essas lições em total aceitação. Bem-vindo ao planeta Terra, onde você aprenderá lições cheias de significado o tempo todo, disfarçadas de dramas pessoais traumáticos, até por fim captar a mensagem, quer você goste ou não. Essa é a única maneira de aprender de verdade. Pena que talvez ninguém tenha dito isso a você (até hoje).

★ **Priorizamos a satisfação imediata.** Escolhemos o prazer instantâneo em vez da paciência. Não fomos projetados para mirar no futuro. Procuramos a satisfação instantânea em vez de nos preparar para o que está por vir. Acho muito estranho que, enquanto parte de um coletivo, não sejamos capazes de olhar para as gerações futuras a fim de contemplar as implicações dos nossos atos nos filhos dos nossos filhos. Humanos são máquinas de consumo. A humanidade não foi programada com uma visão de longo prazo nem com um controle de impulsos confiável. (Áries, Leão e Sagitário são os mais propensos a cair nessa armadilha.)

★ **Resistimos às mudanças.** Pense no passado e nos seus ancestrais; eles enfrentaram dificuldades, assim como você. Ficaram de coração partido, doentes, fizeram coisas das quais se arrependeram, foram feridos, viveram infelizes. Aqui estamos nós, gerações mais tarde, fazendo as mesmas coisas. Os pecados dos nossos pais e mães nos perseguem. Resistimos a mudar a história. Resistimos a qualquer mudança. Podemos até tentar, mas essa é uma tarefa fácil de imaginar e difícil de pôr em prática. Acho que podemos dizer que, enquanto espécie, somos preguiçosos, impulsivos e naturalmente desprovidos de sabedoria. (Touro, Câncer e Escorpião são muito resistentes a mudanças.)

★ **Temos gatilhos.** Ao ler um mapa astral, aprendo exatamente como pisar no calo da pessoa: para irritar um virginiano, faço bagunça e não arrumo; me recuso a conversar com alguém de Gêmeos; ignoro um leonino; discordo de um ariano; comento com a pessoa de Aquário que ela é igualzinha a todo mundo; insulto a família de um canceriano. Você pode ser uma pessoa muito sábia e educada, mas toda a sua compostura vai por água abaixo quando seu ego se sente ameaçado por um familiar, um chefe, um amigo maldoso ou um desconhecido na internet.

Pense na sua reação ao ser fechado por um carro no trânsito. Será que você mostraria o dedo do meio ou xingaria o outro motorista? Basta que alguém toque nos pontos sensíveis da sua psique para que você encare isso como um ataque pessoal. Quem diz que não leva nada para o lado pessoal está mentindo. Todo mundo faz isso, cada um à sua maneira. Um signo de ar vai reprimir os sentimentos e entrar em negação, dizendo: "Não estou nem aí." Um signo de fogo talvez seja guiado por um comportamento destrutivo que suavize momentaneamente a dor, como comprar compulsivamente ou se anestesiar com drogas ou álcool. Talvez você se retraia como um signo de terra ou caia no choro como um signo de água. Fomos projetados para sofrer com gatilhos.

Nossa, mas só tem desgraça? Não existe esperança? Óbvio que existe. Nossa configuração humana pode parecer ineficaz, frustrante e ilógica, mas não se preocupe: há método nessa loucura.

Você foi projetado como um experimento em nome da evolução. As almas chegam numa sala de aula chamada Terra, programadas para vivenciar insatisfação, tristeza, desarmonia e doença. A questão é: será que ainda somos capazes de amar, a despeito do que a vida nos reserva?

Você precisa errar para depois acertar. Tudo o que parece errado faz parte do seu currículo. É como um game show em que você sabe a resposta (seu drama pessoal) e precisa descobrir a pergunta. E a pergunta é: "O que a vida quer que eu aprenda?" Assim que você percebe que seus problemas não vão desaparecer, que sempre existirá algo na natureza humana que vai desafiá-lo, você começa a responder à pergunta: "Quais são as minhas tarefas?" É aí que entra a ajuda da astrologia. Seu mapa astral descreve suas tarefas. O principal desafio é aceitar com gratidão exatamente o que foi oferecido a você. Parece simples, mas eu garanto que não é.

O entendimento e a aceitação chegam quando percebemos que (1) estamos todos juntos neste barco e (2) todas as pessoas que conhecemos, sem exceção, têm segredos e supostos defeitos. Como psicoterapeuta e astróloga, aviso desde já: esses fatos são imutáveis. Quanto mais cedo você aceitar a condição humana, mais rápido encontrará a paz. A aceitação surge quando não existe mais resistência aos fatos da vida. É nesse momento que começa a cura.

O exercício de evolução que você aceitou vai muito além da memória consciente. Você não se lembra de ter concordado com as coisas que tanto o incomodam. Assim que você percebe que as falhas de projeto são reais e que não vão desaparecer… elas desaparecem. O aquariano pensa: "Sou muito estranho. Não sei me entregar às minhas emoções. Detesto me sentir humano." Só que aí, por estar atento, ele conclui: "Opa, essa é a minha tarefa!" Assim começa o livre-arbítrio. A saída é aceitar as coisas como elas são, sem resistência.

Se você for de um signo de terra ou de ar, vai reclamar durante toda a sua tarefa. Se for de fogo, vai tentar escapar da obrigação. Se for de água, vai se sentir agredido – não à toa esses signos são ligados à depressão: "Como assim? Preciso sofrer para me curar? Isso é tão triste! Acho que vou chorar!"

A única saída é se apaixonar pelo seu destino. Esse é o objetivo da vida. Finja que o seu trabalho consiste nisso e que você está com energia de sobra para pôr a mão na massa. Pronto, o foco vai mudar.

Desperdicei muitos anos pensando demais nas coisas. Debra Silverman quase me deixou louca. Não acredito que vivi tanto tempo ao lado dela. Mas certo dia percebi que ela não iria a lugar algum e que, se eu não aceitasse o fato de que tinha nascido grudada nela, acabaria me sentindo péssima, e ela também. (Isso é tão geminiano...)

Então olhei para a minha alma e disse: "Deb, sua coisinha carente, emotiva e sentimental. Temos que reagir." Eu era um ser muito movido pelas emoções. Não teria resistido à minha tarefa durante tantos anos se alguém tivesse me dito logo de cara qual ela era. "Você sofre de dependência emocional e precisa aprender a ficar sozinha." Eu tive que passar pelos 30, 40 e 50 anos imersa em equívocos. Que vergonha... Eu olho para trás e fico tentando entender o que se passava pela minha cabeça.

Por favor, não precisa me consolar. Sei muito bem que, naquela época, eu estava no auge da imaturidade. Neste momento, estou apenas compartilhando minha experiência humana, e tenho orgulho de dizer que sou um ser humano legal que carregava feridas psicológicas. Parei de sentir vergonha. (Ou melhor, sinto só um pouco.)

A natureza humana é constrangedora, para dizer o mínimo. Garanto que, quando analisarmos os aspectos psicológicos do seu mapa astral e pisarmos nos seus calos, você sentirá muita vergonha. Estou aqui não para dizer que todos os signos são um poço de fofura, mas para contar a verdade sobre nossas sombras. É ali que o tesouro está escondido.

A gente só muda de verdade quando a vida nos obriga. Só conseguimos abandonar padrões repetitivos quando somos submetidos a certo nível de desconforto. Então, sinto muito, mas trago más notícias. Você só vai mudar quando sentir dor suficiente ou não aguentar mais determinada situação, ou seja, quando chegar ao fundo do poço. E essa será a hora da virada evolutiva.

Nós, como espécie humana, estamos quase chegando a esse ponto. Será uma onda de choque, uma chamada para o despertar. Há uma energia estelar de guerra civil permeando o mundo inteiro. A mudança será radical. Alcançará um ponto crítico, e não vamos gostar disso.

Este livro vai ajudar você a entender melhor a si mesmo e aos outros, suas motivações e qualidades nesses tempos turbulentos. Você vai enxergar por que as coisas estão acontecendo dessa maneira e por que reagimos da forma como reagimos. Suas atribuições nesta vida ficarão mais nítidas, desde que você tenha ferramentas para reconhecê-las. Este livro ensina a procurá-las e a usá-las.

Estou aqui para dizer a toda a humanidade: "Vocês estão ferrados... mas ainda gosto de vocês." A boa notícia é que não importa o que aconteça nesta vida ou neste planeta, você e sua história são parte da evolução humana. Ela pode parecer vergonhosa e humilhante, assustadora ou impossível de suportar. Você não quer contar para ninguém que é viciado em pornografia, ou em açúcar, nem que é obcecado por TikTok. Não quer compartilhar com ninguém suas opiniões políticas. As pessoas à sua volta estão no limite, criticando, julgando, agindo de forma irracional. Não é fácil saber o que dizer ou fazer, e estamos todos tentando lidar com isso. Eu sempre fico chocada com a capacidade humana de aceitar o desconforto sem tomar medidas para combatê-lo.

Entender a astrologia pode mudar a sua vida porque, quando cai de amores pelo seu destino, você desperta e não consegue mais dormir. Vai querer ficar acordado, enxergando as coisas sob um novo prisma. Sua alma compassiva está comprometida a participar da evolução da nossa espécie, e você está prestes a ganhar um assento na primeira fila, então se prepare. É por isso que você está aqui.

Se está aqui, é porque sua alma quer ajudar. Existem bilhões de almas enfileiradas numa sala de espera, todas esperando para encarnar. Por que você acha que há 8 bilhões de pessoas neste planeta, e que esse número não para de crescer? É porque elas querem ser incluídas nessa experiência, aqui e agora.

"Quero ajudar", diz a alma. "Me escolha!" E chegamos aqui com uma mochila carregada de pedras psicológicas e nos esquecemos do que tínhamos prometido fazer, uma vez que o peso é muito grande. Temos que passar pelo processo de sofrimento para recuperarmos a memória.

Quanto pior sua angústia, maior é a contribuição que você dá ao planeta. Quanto maior a história, maior o espírito. Se você conseguir se livrar de todo o sofrimento, é porque está no caminho da libertação. Do contrário, continue tentando.

Em geral, seres humanos não exibem a melhor versão de si mesmos, e é por isso que o experimento da vida não parece estar funcionando muito bem. Acontece que, sendo uma astróloga que olha para o futuro, nutro muita esperança na nova versão da humanidade. Acredito que os seres humanos de amanhã serão bem superiores aos de hoje. Já vejo isso em alguns adultos e crianças que conheço. A Era de Aquário está chegando!

Sim, há esperança e podemos superar nossas falhas de projeto. Mais do que nunca, precisamos de esperança e otimismo. E sabe como podemos encontrá-los? Combinando astrologia com psicologia.

2

Astrologia pelas lentes da psicologia

> A astrologia entrou no nosso vocabulário como a psicanálise já entrou um dia. Em meados do século passado, já era possível ouvir falar de id, ego ou superego numa festa; hoje é comum escutar alguém se descrever usando termos como Sol, Lua e ascendente. E o mais importante é que essas pessoas não parecem insanas. Não são, por exemplo, negacionistas da mudança climática. Elas não veem contradição alguma entre usar a astrologia e acreditar na ciência ao mesmo tempo. É um movimento que está impulsionando uma nova geração de praticantes.
>
> – Christine Smallwood, "Astrology in the Age of Uncertainty", *The New Yorker*, 21 de outubro de 2019

Sou geminiana. Tagarelo muito. Quando estou conversando ou escrevendo, não consigo conter as palavras. Antes, eu me sentia culpada, constrangida, e me esforçava para ficar quieta. A pior coisa que alguém poderia me dizer era: "Você nunca para de falar?" E meu ego se defendia: "Eu não sou assim. Não sou esse tipo de geminiana." E ficava em silêncio… por um tempo. Certas vezes, minhas inseguranças me calavam e me impediam de ser eu mesma.

Até que fiz amigos que também não paravam de falar e, enfim, encontrei minha turma. Um belo dia, pensei: "Quer saber, Debra? Você é geminiana.

Então faça o seguinte: recorra às habilidades que você tem. Fale e aprenda a escutar." Isso mudou tudo. Aquele quase mantra repetindo "Pare de falar tanto" era um gremlin sussurrando no meu ouvido. Deixei a culpa e a vergonha de lado e aceitei quem eu sou, e junto veio o entendimento de que, óbvio, eu precisava falar, e também poderia aprender a fazer o caminho inverso com os outros. E exercitei bastante a escuta, o que faço até hoje, todos os dias.

Todos os signos carregam dinâmicas clássicas da natureza humana que tendem a operar de forma automática. É aí que perdemos nosso livre-arbítrio. Mas também é aí que a astrologia e a psicologia se cruzam. Sejam lá quais forem suas questões psicológicas, eu garanto que o que o incomoda em si mesmo coincide com as características dos signos. Vou descrever aqui doze traços de personalidade. Não importa qual seja seu signo, você provavelmente vai se identificar com algum destes atributos. Veja se algum deles combina com você. (Talvez você não se identifique com seu signo solar, e mais à frente entenderá o motivo.)

★ **Vivo caçando briga.** Você é antagônico e impulsivo. Propositalmente ou não, ofende as pessoas com sua franqueza e depois fica se perguntando por que elas não gostam de você. É muito confiante, mas cansa as pessoas porque tem energia demais. Aos seus olhos, os outros parecem sem sal e desmotivados. Você sempre tem energia para se levantar e seguir em frente. Oi, Áries!

★ **Tem algo errado comigo.** Você se sente inadequado e tem baixa autoestima. Às vezes, se acha tedioso ou muito previsível. É cabeça-dura e irredutível. Coleciona coisas. Quer conforto, segurança e prazeres simples, mas não consegue parar de pensar que tem algo de errado nisso. Você convive com insegurança em relação ao seu corpo e à sua vida financeira. Oi, Touro!

★ **Não consigo parar quieto.** Você é hiperativo e sente dificuldade para se concentrar nas coisas. Vive mudando de rota: de especialização, de trabalho, de carreira. Terminar as coisas é um desafio. Você se preocupa porque parece não estar alcançando nada. Fala sem escutar. Sua mente inconstante parece a de uma criança desatenta, e talvez isso lhe cause angústia. Mas você esconde bem o seu constrangimento atrás de um enorme carisma. Oi, Gêmeos!

★ **Viver é doloroso.** Você sente a dor do mundo. Não resta dúvida de que carrega isso no seu âmago, e sente dores físicas sem motivo aparente. Acha que pode ter nascido na família errada. É altamente sensível e se sente melhor quando está sozinho ou em casa, na companhia de animais ou das pessoas que ama. Desconhecidos não são bem-vindos! Você sente que muita coisa ruim tem acontecido com você e sua família, e tem tristes histórias para contar. A vida parece mais dura do que deveria. Oi, Câncer!

★ **Quero que olhem para mim.** Você precisa ser o centro das atenções e busca validação externa. Sem isso, sente-se inseguro e frustrado. Você se esforça muito para se destacar e deixar uma ótima primeira impressão. Porém, lá no fundo, fica se perguntando se alguém de fato sabe quem é você sem essa fachada. Suas opiniões afastam as pessoas. Você não consegue se manter calmo ou interagir com os outros quando está chateado. Sua natureza é ficar irritadíssimo. Oi, Leão!

★ **Ser bom nunca é o suficiente.** Você é perfeccionista. Com frequência, se pega tentando consertar, limpar e corrigir as coisas e ainda ajudar os outros a fazer tudo da forma que acha correta. Só que você nunca sente que está fazendo as coisas direito… ou que é bom o bastante. Você acha que o fracasso é inevitável. Quem dera conseguisse relaxar! Você acorda no meio da madrugada temendo esquecer algo importante para o dia seguinte… o que é óbvio que não vai acontecer, pois você já deixou tudo anotado. Oi, Virgem!

★ **Só preciso de amor.** Você passa boa parte do tempo pensando em si em relação aos demais. O romance é sua distração preferida. Você é um idealista, embora a realidade dos relacionamentos raramente esteja à altura das suas expectativas. Você nutre sonhos artísticos e enxerga o mundo com um otimismo ilusório. Não gosta de magoar ninguém. Considera uma tragédia um ambiente em desarmonia, e assume a responsabilidade em detrimento dos outros. Oi, Libra!

- ★ **Sou atraído pelas sombras.** Você se concentra no impulso sombrio que existe em todos nós. Fica preso, viciado no lado obscuro da natureza humana. Já viu o que existe de pior e tem dificuldade de confiar nas pessoas. Você se protege mantendo a guarda alta e um ar de indiferença. De forma instintiva, não se deixa enganar pelos outros e se sente um detetive. Não confia em ninguém! Esse é o seu lema. Oi, Escorpião!

- ★ **Está tudo bem.** Você sempre enxerga o lado bom das coisas, às vezes até se iludindo. Ao se deparar com algo ruim que precisa ser enfrentado, você varre para debaixo do tapete… até que uma crise exija a sua atenção. Quando as coisas ficam intensas demais, você sai pela tangente: foge, viaja, some desse mundo. Talvez se jogue numa aventura. Pode ter experimentado drogas ou outros excessos em algum momento da vida. Você se defende da dor zombando das pessoas sensíveis à sua volta. Oi, Sagitário!

- ★ **Meu lema é trabalho.** Você é uma pessoa ambiciosa, materialista, workaholic e centrada em seus objetivos. Bota a mão na massa e estabelece padrões extremamente altos para os outros, padrões que só ficam abaixo dos que espera de si mesmo. Você é metido a sabichão e pensa que, se não for o melhor, estará desperdiçando sua vida. Se não está trabalhando nem ganhando dinheiro, sente-se preguiçoso e triste. Com você não há meio-termo: ou está com a energia a mil no trabalho ou está sem o menor pique em casa. Oi, Capricórnio!

- ★ **Acho as emoções superestimadas.** Sejamos francos: você é um pouco estranho. Parece não se encaixar em lugar nenhum e acha que as pessoas não o entendem. Valoriza a liberdade acima dos vínculos e não lida bem com os próprios sentimentos. Às vezes, parece ser de outro planeta… e isso pode ser verdade. Na infância, você era o inteligente do grupo, sempre enxergando mais à frente. Leva jeito desde cedo para design, moda, artes e esportes. Seu gênio desabrochou na infância e é duro se manter à altura hoje. Oi, Aquário!

★ **Eu nem estou aqui.** Você sente *tudo*. É muito sensível. Fica desanimado e desencantado com a realidade, e vive querendo bater em retirada. Às vezes, pensa se não está aqui por engano. Não consegue entender por que o ser humano é tão cruel, sobretudo com animais e pessoas vulneráveis. Oi, Peixes!

Todo mundo carrega os doze signos dentro de si. Isso é universal. Todos nós temos um corpo físico (Áries); precisamos de recursos e dinheiro (Touro); dependemos de uma mente funcional para aprender e falar (Gêmeos); viemos de uma mãe (Câncer); buscamos o amor romântico (Leão); precisamos de saúde (Virgem); lidamos com pessoas (Libra); sentimos um impulso sexual em algum momento da vida (Escorpião); refletimos sobre o significado de tudo (Sagitário); precisamos trabalhar (Capricórnio); somos um pouquinho estranhos à nossa maneira (Aquário); e sonhamos em ver o planeta mudar para melhor (Peixes).

São doze signos, e eles são inerentes a todo mundo porque nascemos, essencialmente, com o mesmo sistema operacional. Um astrólogo habilidoso pode facilmente encontrar no seu mapa os temas e desafios que se destacam na sua vida.

ASTROLOGIA + PSICOLOGIA = ENTENDIMENTO

Costumo mencionar três conceitos que, na minha opinião, ligam a astrologia à psicologia: o ego (representado pelo signo solar), a alma (expressa pelo ascendente) e as lições de vida (descritas por Saturno). Em todos os outros livros de astrologia, você lerá que o Sol, a Lua e o ascendente são os aspectos mais importantes. Eu não discordo. Porém, como estamos unindo psicologia a astrologia, nosso foco será um pouco diferente. Mais à frente, vou falar sobre a Lua (as emoções) e sobre Mercúrio (a mente), mas vamos começar pelos três aspectos que considero mais importantes para compreender a psicologia da astrologia.

O ego é a personalidade, e é representado pelo signo solar. É como você se mostra ao mundo. Seu ego define suas preferências e opiniões. Por exemplo, ele gosta de mostarda e odeia maionese. Opina sobre o seu corte de cabelo e suas roupas. Ele se ofende fácil, adora elogios e prefere algumas pessoas a outras. Se seu ego não estiver saudável, se você não mantiver uma boa autoestima nem limites bem definidos, você acabará se perdendo. Ninguém fala sobre a importância do ego. Ele possui uma conotação negativa, mas é o impulso primário que faz você ser quem é.

A alma, por outro lado, é a parte de você que tem pouquíssimas necessidades e preferências. Representada pelo signo ascendente, a alma é gentil, apaixonada, generosa e só quer viver a vida em sua plenitude. Todo mundo tem alma, acredite. Na astrologia esotérica, a alma revela o maior propósito de cada indivíduo. O ego deveria ficar feliz a serviço da alma, mas a alma, ao contrário do ego, não é exigente. Até que você mantenha um relacionamento funcional com sua alma, será governado apenas pelo ego, pois ele está à frente o tempo todo. Ele é o culpado, o responsável pelo seu sofrimento. O ego julga, é impaciente e quase nunca está feliz. A menos que você saiba como ativar a sua alma, seu ego vai comandar tudo. Pessoas que conseguem acessá-la sabem como se render e aceitar por completo seu destino, quaisquer que sejam as adversidades.

Eis um exemplo de diferença entre alma e ego. Sting, que foi meu cliente durante muitos anos, tem ascendente em Leão. Em outras palavras, a alma dele é leonina. Ele tem prazer de subir ao palco e se transformar no grande artista que é, tocando seu baixo e com um belo figurino. Sting entrega um show incrível, depois se recolhe. Não é o tipo de cara que se apodera de todo o espaço disponível, como aconteceria se Leão fosse seu signo solar (seu ego). Ele é doce e até um pouco tímido. Está sempre querendo saber (honrando seu signo solar, que é Libra) se as pessoas à sua volta estão bem.

Madonna, por outro lado, tem o Sol em Leão. Ela se sente confortável no papel de protagonista. Gosta de ser o centro das atenções. Não tem problema em demonstrar seu talento, nos palcos e fora deles. Madonna exala vocação e presença assim como o Sol projeta luz e calor. Sting, com ascendente em Leão, é mais quieto, pois o signo ascendente é nosso aspecto privado (nossa alma), que só ativamos e revelamos com algum esforço. O signo solar tem a ver com instinto; o ascendente, com uma escolha para encontrar o caminho superior. As pessoas que têm Leão como signo solar querem se mostrar; as que têm ascendente em Leão conseguem resistir a esse impulso.

A alma é nossa faceta que está aberta a toda e qualquer experiência, sem restrições, sem preconceitos. Saudáveis ou doentes, altos ou baixos, jovens ou velhos... a alma nos ama como somos. Ela não pretende alimentar nosso ego nem amenizar nossas emoções; quer apenas experimentar a satisfação gloriosa de estar viva. Ela não liga se você é um "sucesso" ou um "fracasso"; esses termos pertencem ao ego. A alma faz qualquer coisa, a qualquer momento, para qualquer pessoa, só para aprender uma lição, para descobrir algo novo, a fim de experienciar a vida em sua plenitude. A alma é completamente comprometida com a vida, não importa o que isso envolva.

Todo mundo vem a este planeta para aprender algo. Você prometeu à sua alma que aprenderia certas lições nesta vida. Mas sejamos honestos: não é fácil aprender certas lições. É aí que entra a psicologia. Você procura terapia porque percebe que alguma parte do seu ser não consegue lidar bem com a resistência ou o conflito. Diante dos desafios da vida, é natural acionarmos, antes de qualquer outra coisa, a proteção e o medo. Essa é mais uma falha de projeto, e essas falhas jogam contra nós. As vozes dos gremlins alimentam a resistência, o medo e a negatividade, nos impedindo de encarar as lições da vida, o que gera consequências.

As lições vêm de Saturno, e você provavelmente tende a evitá-las. Sempre que ensino sobre Saturno, meus alunos de todos os signos comentam: "Odeio essa parte." Mas as lições são cruciais. Saturno é como o diretor inflexível de uma escola que insiste que você siga as regras para ser aprovado. Onde Saturno estava no momento em que você nasceu determina quais lições você veio aprender aqui. Vou falar mais sobre isso no Capítulo 7.

Começamos a entender como a astrologia se mistura à psicologia quando buscamos padrões que se repetem. Quais são os temas incômodos que perseguem você? Quais são os desafios que vivem aparecendo na sua vida? Quais são os temas que você não para de ruminar? O que fica chamando sua atenção o tempo todo? Qual obstáculo parece intransponível? A vida tem seu próprio jeito de nos tornar humildes: ela nos deixa de joelhos (parte do corpo regida por Saturno). De uma maneira ou de outra, todos temos desafios a enfrentar. Nem todas as lutas têm o mesmo grau de dificuldade, é verdade, mas ainda assim lutamos para encontrar o bálsamo capaz de curar nossa alma. A boa notícia é que existe solução.

Ao estudar astrologia, você entende por que odeia ficar sozinho (Libra) ou por que adora a solidão (Virgem) – e aceita esse lado de si. Reconhece que tende a se viciar no trabalho (Capricórnio), a ser uma pessoa um pouco excêntrica (Aquário), a se entediar com facilidade (Gêmeos), a ser moderado (Touro), a ser indeciso (Peixes), a ser muito sensível (Câncer), a se frustrar com frequência (Áries), a ser obcecado por tudo que é espiritual (Sagitário), a ser um pouco sombrio (Escorpião) ou a ser leve e infantil (Leão).

A astrologia nos imbui de linguagem para articular nossa personalidade divertida. Não temos contexto para entender nossas idiossincrasias. Por que você gosta de arrumar as coisas quando está chateado? Ah, seu signo é de terra. Por que você fala o que não deve e ainda por cima tão alto? Já sei, seu signo é de fogo. Por que você fica tão chateado à toa? Ah, um sensível signo de água. Por que não consegue ter um relacionamento duradouro? Signo de ar. Entendi tudo. Sem esse nível de compreensão, essas mesmas qualidades são apenas irritantes.

É preciso se aprofundar, sentar-se ao lado dos impulsos inconscientes, nomeá-los, virar amigo deles e depois convidá-los a atravessar a rua com você... uma rua chamada Avenida do Conhecimento. É aí que a astrologia e a psicologia se cruzam e é onde as respostas esperam por você.

A astrologia mostra exatamente em que ponto o ego atrapalha sua vida. Explica por que cada um faz o que faz. Se usada da maneira correta, é apaixonante. Unida à psicologia, desata os nós, as críticas e as distrações do ego que incomodam você e sua família. Sua angústia é sua libertação. Tudo o que o incomoda sobre si mesmo e sobre seus familiares e amigos é, no fundo, uma dádiva. Quem diria?

CARL JUNG E A CONEXÃO ENTRE ASTROLOGIA E PSICOLOGIA

A psicologia moderna, que teve origem em 1930, aborda nossos instintos primários. A astrologia, que já tem mais de 4 mil anos, sempre levou em conta nossos impulsos selvagens. A astrologia abrange a sabedoria que a psicologia busca. Os primeiros psiquiatras rotularam as vozes da nossa psique para entender a dinâmica da natureza humana. Freud introduziu três conceitos para descrever a psique: ego (nossa personalidade externa), id (nossos instintos primitivos e emoções) e superego (nossa bússola moral). Mas a astrologia já fala sobre isso há milênios.

Carl Jung sabia disso. O pai da psicologia moderna era astrólogo! Ele sempre mantinha à sua frente os mapas astrais dos pacientes durante as sessões. Sem fazer grande estardalhaço, Jung era um cientista e um visionário que buscava experiências místicas. Em segredo, integrou os dois campos do conhecimento em sua prática como psiquiatra e astrólogo.

Tanto Freud quanto Jung acreditavam que somos guiados pela mente inconsciente, e Jung estudou os arquétipos astrológicos que a influenciam. Ele descrevia o signo solar como ego e a influência de outros planetas como elementos da personalidade que orbitam ao redor do ego, como os planetas orbitam ao redor do Sol.

Ele buscou (como a astrologia busca) trazer à tona nossas tendências inconscientes por meio da terapia. Jung pretendia, como um dia escreveu, "libertar as pessoas dos fundamentos compulsivos do próprio caráter". Quando nossas influências arquetípicas se tornam visíveis à luz da consciência, nós nos curamos.

3

O observador e os gremlins

Amo as estrelas com tanta sinceridade que não tenho como temer a noite.

– Sarah Williams, *Twilight Hours: A Legacy of Verse*, 1868

Se você aprender apenas uma habilidade com este livro, que seja a de despertar seu observador. Todo mundo tem um observador esperando nos bastidores: eu o chamo de décimo terceiro signo. O observador é objetivo e tem o poder de entrar no palco da sua vida e lhe mostrar a verdade sem julgamentos. É um repórter imparcial que nos conta a realidade como ela é.

Os gremlins, por outro lado, são as vozes parciais, críticas e até perversas na nossa mente. Não são nada objetivas. Passam o dia inteiro nos criticando. Se você queimar uma torrada, os gremlins dirão: "Que idiota! Não sabe nem usar uma torradeira!" Já o observador dirá apenas: "A torrada está queimada." Sem culpa, sem vergonha, sem julgamento – só fatos. O observador não emite opinião, e esse é o segredo para o seu processo de cura.

Digamos que você seja um taurino econômico, um canceriano caseiro ou um geminiano sociável. Os gremlins vão criticá-lo, chamá-lo de avarento, entediante ou frívolo. Mas o observador rebaterá essa voz, dizendo: "Você sabe economizar, taurino", "Tudo bem ficar em casa se quiser, canceriano", "Olha como você é simpático, geminiano". É assim que deixamos de lado as vozes negativas e reestruturamos nossa própria mentalidade.

ENCONTRE SEU OBSERVADOR

Sem o observador, você é uma vítima dos caprichos e dos dramas do seu ego. Como o observador é neutro (pense nele como a Suíça), ele pode ajudar você a manter a calma quando as coisas derem errado. A natureza humana é muito reativa! O que o observador faz é descarregar e desligar a reatividade incensada pelo seu ego e pelo seu corpo emocional.

O que nos impede de ativar o observador? Os gremlins. Eles conhecem nossos pontos fracos e miram em cheio nas vulnerabilidades. Atribuem culpa e insistem que há um defeito em nós.

Gremlins adoram nos interromper. Não têm educação. São inconvenientes. Dá para imaginar como seria se sua mente os ignorasse e estivesse sempre repleta de confiança e sabedoria? Desculpa, isso não vai rolar – é mais um erro de projeto! Mesmo que você tenha se tornado uma pessoa iluminada e tranquila, se não adotar uma prática cuidadosa, os gremlins podem devorar os alicerces da sua psique saudável como se fossem cupins famintos. Mas vamos à boa notícia: quanto mais você adquirir experiência, mais fácil será ativar seu observador.

Eu mesma pratico isso há muitos anos. Hoje, quando alguém fica com raiva de mim, meu observador apenas sorri e conclui: "Olha só, alguém está sendo reativo." E me lembro de quando aprendi esse conceito. Eu morava em Vancouver, no Canadá, e meu senhorio começou uma discussão comigo porque queria aumentar o valor do aluguel. Meu observador entrou em cena e eu pensei: "Não quero brigar. Eu jamais ganharia essa discussão." Então deixei o senhorio falar e, com neutralidade, arrematei: "Vamos conversar sobre isso depois." Essa frase dissipou a tensão na mesma hora. Conseguimos resolver o problema de um jeito mais calmo e menos emocional.

Imagine que seu filho está fazendo pirraça e você está prestes a perder a paciência. Acione seu observador. Distancie-se da situação e a observe de maneira objetiva: "Espera aí, o adulto sou eu. Por que eu me nivelaria ao chilique dessa criança? Eu tenho a habilidade de manter a calma."

Agora se imagine brigando com seu cônjuge. Vocês ficam com cada vez mais raiva, um tentando se sobrepor ao outro. Até que você aciona seu observador e percebe que a discussão só está piorando as coisas. Então você decide seguir na direção oposta: se acalma e se mostra gentil e compreensivo, deixando o outro desconcertado.

Mais um exemplo: alguém dá uma cortada no seu carro na estrada. Você quer xingar alto ou perseguir o motorista para gritar poucas e boas para ele. Mas você aciona seu observador, enxerga o que está fazendo e percebe que está colocando a si mesmo e a outras pessoas em perigo, então respira fundo e deixa para lá.

Convenhamos, essa é uma reação bem pouco natural para o ser humano. Tentar se acalmar quando o corpo emocional se mostra reativo é algo completamente contraintuitivo. Para que o seu observador se fortaleça, você precisa exercitá-lo como se fosse um músculo. Mesmo que sua vontade seja gritar "Vá se catar!" para alguém, o observador percebe que isso só piora as coisas. Percebe que está se nivelando por baixo em vez de percorrer o caminho superior.

É assim que se evitam guerras e divórcios, apenas com a calma da curiosidade e da gentileza.

SINTA SUAS EMOÇÕES E ACIONE O OBSERVADOR

Aprender a acionar o observador vai mudar sua vida. Você vai passar a sair de situações emocionalmente carregadas e enxergá-las com neutralidade. Isso não é fácil quando nossos sentimentos são muito intensos. No momento em que perceber que precisa do seu observador, mas não conseguir acioná-lo, experimente o seguinte:

1. Coloque as mãos sobre o peito e se pergunte: "O que estou sentindo?" Talvez você não sinta nada, pois se desligou por completo, ou talvez sinta mau humor ou algo mais intenso, como raiva, angústia ou irritação. De todo modo, pare e sinta. Use o tempo que for preciso.
2. Agora mais atento, dê nome aos sentimentos. Saiba que todo

ser humano tem direito de vivenciar suas emoções. Você está se permitindo sentir? Se estiver, ótimo. Só observe.

3. Continue sentindo, mesmo que as emoções sejam intensas.
4. Quando já tiver se permitido o suficiente (você perceberá o momento), diga em alto e bom som: "Acionar observador."
5. Pergunte-se: "O que estou me ensinando agora? O que eu deveria estar aprendendo? Por que isso continua acontecendo comigo?" Quando for capaz de deixar a emoção de lado e de fato se dedicar a esses questionamentos, você saberá que acionou seu observador.

ATENÇÃO: Isso não envolve atribuir culpa. Você é responsável pelo que está ensinando a si mesmo. Nada de apontar o dedo para alguém.

Alerta de spoiler: você não pode seguir diretamente rumo à esfera espiritual sem percorrer o vale das suas experiências e da sua reatividade. Você precisa atravessar a dor. Se você vive entrando em conflitos, isso talvez aconteça porque não sabe como questionar, como identificar a emoção e parar para respirar fundo.

Eis um bom exemplo de como coloquei essa lição em prática. Eu estava andando de caiaque em uma lagoa, em direção ao mar. As águas da lagoa eram calmas, mas, de repente, ondas vieram na minha direção, pois o mar estava num nível mais elevado. O barulho era alto e assustador, e eu só pensava em dar meia-volta.

Um dia me ensinaram que, quando a pessoa se inclina para a direita ou para a esquerda, o caiaque vira. Mas, se eu começasse a remar mais rápido e seguisse em direção à onda, conseguiria atravessá-la. Quando as ondas se aproximaram de mim, fiquei assustada e voltei para a praia. Só que os golfinhos estavam mais lá para a frente, e eu queria muito vê-los! Então me forcei a seguir em direção às ondas para chegar ao outro lado, e deu certo. Essa é uma metáfora da vida real: a única maneira de avançar é avançando.

Moral da história: se você cair, tiver medo ou desistir, perderá a oportunidade de ver os golfinhos. Não desista. Como disse Rumi: "A luz entra pelas frestas." Para encarar seus gremlins, para remar em direção às ondas, você precisa encarar seu medo. Quer saber qual é minha definição de medo? É esquecer que está tudo bem.

Com o passar dos anos, aprendi a ativar meu observador. Identifico situações que costumavam me levar a discutir com alguém (tenho a Lua em Áries). Seja com um parente, um funcionário de aeroporto ou um garçom num restaurante, agora meu observador toma a dianteira e apenas me pergunto: "No que Deus estava pensando quando criou essa pessoa?"

Todos os impulsos humanos reativos vêm do ego. Eis uma dura verdade: o seu ego o domina, suas emoções o estrangulam e sua mente piora tudo. Você não consegue *não* reagir quando alguém grita com você. Se acha que vai se tornar uma pessoa espiritualizada que nunca mais terá gatilhos, sinto informar que está errado. Você sempre vai sentir raiva. Bem-vindo à espécie humana.

Mas você pode exercitar seus músculos (olá, observador!) para evitar que isso aconteça com frequência. Aceite que é suscetível a gatilhos, reconheça que fica muito chateado diante de um insulto e perceba que seu ego gosta de complicar as coisas. Em seguida, espere um pouco, respire fundo, e é nesse respiro que o observador surgirá.

Não se surpreenda se seus amigos e familiares não souberem como reagir quando você ativar o observador. Talvez eles queiram que você volte a ser a mesma pessoa de sempre, com o ego no comando. Quando você alcançar a liberdade de dizer "Não vou nem discutir", sentirá um poder sem precedentes.

Só que isso não é natural nem fácil. Como astróloga, garanto que você é uma pessoa viciada nos próprios dramas. Todos nós somos. Para sair desse círculo vicioso, você precisa parar de deixar seu ego dominar. A princípio esse é um exercício muito pesado, mas você acabará desenvolvendo seus músculos. É como ir à academia. No início, você não vai querer ir, mas seus músculos vão se fortalecer e, de repente, você perceberá: "Nossa, olha o peso que consigo levantar agora!" Em outras palavras: "Nossa, não sou mais afetado por tantos gatilhos!"

O observador é o ingrediente secreto. Ele levanta uma questão neutra:

"Por que eu brigaria com essa pessoa quando sei que todo mundo vai sair perdendo?" Isso é lógica do mais alto nível. Anote: o corpo emocional não opera no âmbito da lógica nem da objetividade.

O observador nos dá acesso à alma. Ele é a Pedra de Roseta, o código para traduzir uma linguagem secreta. Sua alma foi entregue a você por seu signo ascendente, e ela vive buscando o caminho superior. O ego não sabe rir de si mesmo nem valorizar suas peculiaridades, mas o observador sabe. Ele entende que o ser humano é cativante. Neste livro, quando me autodeprecio, é porque meu observador está brincando com meu ego. É divertido!

Seu ego está grudado em você feito cola, falando bobagens a seu respeito. Isso é, mais uma vez, uma falha de projeto. Mas você pode se perguntar: "O que eu deveria estar aprendendo? O que devo fazer para aceitar meus traços de personalidade?" Sem um observador treinado, uma ariana talvez não perceba que nunca deixará de ser insistente, uma canceriana não saberá que está tudo bem ficar em casa, um sagitariano não dará o devido valor a suas viagens, uma capricorniana talvez não reconheça que não conseguiria trabalhar menos. O observador nos arranca do ciclo de críticas e nos leva rumo à autoaceitação.

Os mestres iluminados sabem que, no mais alto nível de consciência, grande parte dessa ilusão chamada vida é apenas um filme. Você pratica ioga, faz aulas de meditação, lê livros como este... tudo com a esperança de ouvir a voz do seu observador. Você não pode evitar a natureza humana! Não pode sequer evitar os gremlins. É um padrão enraizado no seu cérebro, mais especificamente na amígdala. Mas, quando você diz "acionar observador", é como declarar aos gremlins: "Vocês não estão mais no controle." É como se você colocasse os gremlins (sua mente) num cantinho onde eles devem permanecer quietos por um tempo.

COMO EXERCITAR OS MÚSCULOS DO SEU OBSERVADOR

• • • • • • • • • •

Acionar o observador quando as coisas se complicam é uma arte. Quando suas emoções estiverem neutras (ou seja, quando você não estiver chateado, ansioso, com raiva), sente-se numa posição confortável e imagine que há uma câmera apontada para o seu lado direito, capturando uma foto sua de perfil.

Então posicione a câmera no seu lado esquerdo, capturando seu perfil oposto.

Em seguida, disponha a câmera bem à sua frente, como se você estivesse tirando uma selfie.

Depois, aponte-a para a parte de trás da sua cabeça. Repare no que você está vestindo.

Após ter feito tudo isso, perceba a mudança de energia. Quando o observador estiver acionado, pratique isso repetidas vezes. Será mais fácil se enxergar, sem julgamentos, de uma perspectiva superior. Imagine que você está observando através dos olhos do amor ou de um anjo, enxergando sua natureza humana. "Que espécime interessante!"

Quando estiver prestes a discutir com a pessoa amada pela milésima vez, diga em voz alta, como um comandante: "Acionar observador." É como apertar o botão do livre-arbítrio, que lhe permite dizer: "Sinto muito, esse é um gatilho para mim. Será que podemos respirar um pouco antes de voltarmos a esse assunto?"

Você consegue imaginar quantas guerras teriam sido evitadas se todos conhecêssemos essa técnica?

“POR QUE ESTOU AQUI?”, “CADÊ MEU AMOR?”

Se há um questionamento que escuto muitas vezes no meu trabalho é: “Por que estou aqui?” Talvez essa pergunta só seja superada por outra, ainda mais frequente: “Será que vou encontrar o amor em breve?” E, como psicoterapeuta, vou lhe dizer uma coisa: seja lá o que estiver fazendo, você já avançou mais do que pensa e foi muito além do que imagina… ou não estaria lendo este livro.

Sua alma está pressionando você para alcançar seu destino. É com isso que você está lidando agora. Para a maioria das pessoas, é muito difícil driblar o pensamento de que não estão fazendo o que vieram fazer neste mundo. Elas acham, por exemplo, que não estão com o parceiro certo ou que não estão na trajetória profissional mais adequada. É uma epidemia, uma doença do descontentamento. E um bom jeito de começar a explorar sua alma é olhando para o seu signo ascendente.

Vou dar um exemplo. Uma astróloga profissional que fez um treinamento rigoroso comigo começou com total dedicação, querendo ser excelente em seu trabalho. Ela completou todos os níveis do meu curso, depois assistiu a cinquenta das aulas avançadas que ministro. A alma dessa mulher exigia que ela se empenhasse mais do que qualquer um (ascendente em Capricórnio). Durante todo esse aprendizado, ela ficou hesitante, questionando se estava fazendo tudo certo. Com o passar do tempo, começou a receber as notas mais altas possíveis nos feedbacks dos clientes. Quando eu a elogiei, ela respondeu:

– Eu não acho que isso reflita a realidade. Ainda tenho muito a aprender.

E eu retruquei:

– Espera um pouco, ascendente em Capricórnio. Quem se matricula em cinquenta aulas avançadas? Quem passa o dia inteiro lendo material teórico? Quem faz pesquisa sem parar? Quando você vai perceber que já chegou lá?

– Não… – respondeu ela, balançando a cabeça. – Eu ainda não sou tão boa.

Naquele momento percebi que o observador dela não estava acionado e a encorajei a reformular seu propósito de vida como um presente, não como uma maldição. Será que funcionou? Só ela tem como saber.

Ela estava no caminho inferior do ascendente em Capricórnio.

OS CAMINHOS INFERIOR E SUPERIOR

....

Anote: cada signo tem um caminho inferior e outro superior. O caminho superior é seu eu mais evoluído, enquanto o inferior é a voz do seu gremlin. O caminho inferior de Touro é a preguiça. De Capricórnio, a arrogância. De Libra, a codependência. De Virgem, as obsessões e compulsões. De Câncer, a hipocondria. De Áries, a fúria. Acho que já deu para entender, né?

O caminho superior de Leão é ter um grande talento artístico. O de Escorpião, ajudar os demais a encontrar um caminho para fora da obscuridade, como é característico de terapeutas em geral. De Peixes é ser um gênio criativo. De Gêmeos, o brilhantismo na comunicação. De Sagitário, colecionar sabedoria e compartilhá-la com os outros. De Aquário, mudar o mundo por meio do ativismo.

Em outras palavras, o caminho superior nos conduz aos desejos da nossa alma.

Um grande amigo meu, universitário e budista, estava num longo voo para a Europa quando a passageira ao lado dele resolveu lhe contar sua história de vida: ela tinha acabado de se divorciar porque o marido estava tendo um caso. Ela e as duas filhas estavam saindo de casa, muito ressentidas com ele. A mulher estava arrasada pela traição.

Meu amigo olhou para ela e disse:

– Vou tomar um remédio para dormir, mas, antes disso, me deixe perguntar uma coisa: seu casamento era bom?

– Não – respondeu ela.

– Vocês viviam brigando?

– Sim.

– Bem – retrucou ele –, tente encarar a situação da seguinte maneira: esse homem libertou você para encontrar sua vida. Ele a amou o suficiente para deixar você sair desse casamento, e a única forma de ele garantir que o fim seria definitivo era fazendo algo imperdoável. Quero que você repasse isso às suas filhas.

Dito isso, ele tomou um remédio e caiu no sono.

Quando acordou, ela o observava, ansiosa para falar com ele.

– Acabei de escrever uma carta para as minhas filhas – anunciou ela. – Você mudou minha vida. Muito obrigada! Você tem toda a razão. Eu me sinto livre agora. Não queria mesmo estar ao lado dele.

No fim das contas, meu amigo serviu como um observador, permitindo que a mulher enxergasse que todo o drama tinha sido criado pelo amor. O casamento não havia terminado porque alguém estava tentando prejudicá-la. Esse leve ajuste de interpretação permitiu que as filhas parassem de crucificar o pai e que a mulher desistisse de travar uma batalha. Os gremlins foram neutralizados.

Nem todos nós vamos encontrar nosso observador num voo, alguém que nos ajude a enxergar com mais nitidez. Ainda assim, todos temos acesso ao nosso próprio observador com essa prática que estou sugerindo. Então, quero que você escreva as seguintes palavras num papel:

Estou cumprindo minhas obrigações.

Estou fazendo o melhor que posso.

A vida está do meu lado.

Estou recebendo apoio.

Saiba que você pode mentir para si mesmo. Escreva essas palavras mesmo que não acredite nelas num primeiro momento. Recite-as em voz alta. Deixe que a astrologia lhe ensine, no mínimo, que você é um ser humano encarnado e espiritual. Você é membro do que chamo de "clube do espermatozoide sortudo". O mero fato de estar aqui, considerando todas as almas que desejavam encarnar e não encarnaram, significa que você é uma pessoa de muita sorte por ter essa vida, esse corpo e essa sua "história complicada" (todos temos uma história complicada; essa é a condição humana).

Estou cumprindo minhas obrigações. Estou fazendo o melhor que posso. A vida está do meu lado. Estou recebendo apoio. Estou no processo de aprender exatamente o que vim descobrir. Repita isso ininterruptamente e prepare-se para um milagre.

4

Como a astrologia funciona

ELEMENTOS, MODALIDADES E SIGNOS

> O normal é ser diferente. Cada pessoa é única. E um dia você precisa reconhecer sua diferença, reconhecer que não é igual aos demais. Isso é ser normal.
>
> – Alejandro Jodorowsky

Este livro não pretende lhe ensinar tudo sobre astrologia. Vamos tratar aqui da sua alma, do seu observador e das ferramentas para acessar seu verdadeiro eu. Para isso, existe uma linguagem específica. Nos próximos capítulos, vou abordar o vocabulário necessário para entender os ingredientes essenciais do seu mapa: elementos, modalidades, signos, planetas e casas. A astrologia é a ciência das distinções da natureza humana. Em breve você vai saber por que seu signo solar nunca é suficiente para descrever quem você é como um todo.

Dito isso, entenda que estes capítulos contêm explicações superficiais de um fenômeno de extrema complexidade. Não se trata de um curso de astrologia. É mais um glossário de termos para que, quando chegar à Parte 2, você consiga aplicar ao seu caso específico os conceitos que abordo.

FAÇA SEU MAPA ASTRAL

O primeiro passo é fazer seu mapa. Para isso, acesse www.astro.com/horoscopo/pt (ou o site de sua preferência) e clique em “Mapas, Cálculos, Dados”, depois em “Mapa Astral, Ascendente”. Insira a data e o local do seu nascimento, assim como a hora em que você nasceu (se não souber a hora exata, digite meia-noite). Eis um exemplo de um mapa astral:

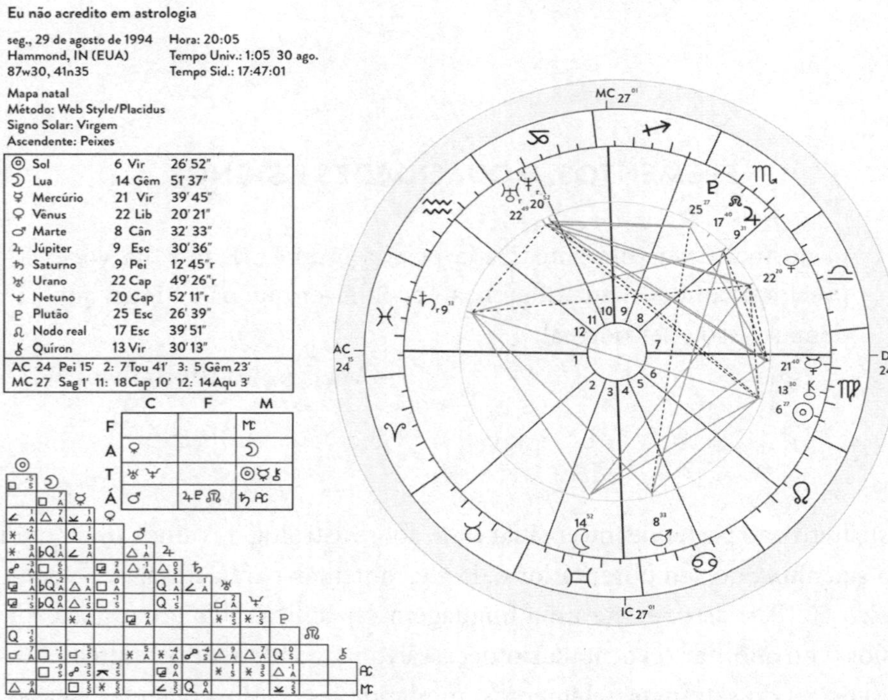

Como você pode ver, um mapa astral (também chamado de mapa natal) parece uma torta com doze fatias e símbolos hieroglíficos egípcios que indicam onde os planetas se encontravam no instante do seu nascimento. Com base na astronomia, esse mapa é executado com o auxílio da matemática e de fórmulas que determinam a posição dos planetas em determinado horário da história. Talvez esta seja a primeira vez que você vê um mapa astrológico.

Esse círculo representa o céu quando você nasceu. Os planetas no topo do mapa estavam visíveis, e os de baixo, não. Mais importante: o que estiver no horizonte leste estabelece seu signo ascendente (AC). Pegue uma caneta e anote seu Sol, Lua, ascendente, Mercúrio, Saturno, nodo norte e meio do céu (MC).

OS QUATRO ELEMENTOS

Os quatro elementos são a base de toda a astrologia. Conhecê-los é a forma mais simples de entender os tipos de personalidade. Já escrevi um livro inteiro sem discorrer nada relativo à astrologia, com base apenas nos elementos, chamado *The Missing Element* (O elemento perdido).

Os elementos funcionam como um "gabarito" que facilita a compreensão da astrologia, e cada um deles engloba três signos:

- ★ **ÁGUA:** Câncer, Escorpião e Peixes
- ★ **AR:** Gêmeos, Libra e Aquário
- ★ **TERRA:** Touro, Virgem e Capricórnio
- ★ **FOGO:** Áries, Leão e Sagitário

Comecemos pela água. Passamos nove meses nesse elemento, dentro do útero, permitindo que o destino, o carma, a genética, o tipo de corpo de cada um, a cor de cabelo, a cor dos olhos... que tudo, enfim, fosse determinado pelo mistério (Peixes) da água. É o elemento mais abstrato e fluido, ligado ao mistério supremo: de onde vem sua linhagem, como será sua psique e quais serão seus dons e maldições. Em outras palavras: "Por que eu?"

Como a água inicia a vida, pense nela como o início do dia: você acorda e vai ao banheiro, toma banho, bebe uma xícara de café, lava o rosto, escova os dentes. Esse é o ciclo da água. É uma porta de entrada universal para o ser humano. Bem-vindo à nossa espécie.

Todos temos uma mãe (Câncer). Todos chegamos aqui por conta de um contato físico íntimo (Escorpião). Todos temos uma família de origem, não importa se a conhecemos ou não. Isso é essencial à existência.

A água é o elemento predominante no planeta Terra. Na astrologia, a água é o elemento poético, místico e que adora o silêncio (Peixes). Representa um tipo de personalidade que tem sentimentos, é intuitivo e fascinado por tudo relacionado à magia. É um elemento espiritual que se pergunta o que é Deus, por que cada um está aqui e o que acontece após a morte. Tem tudo a ver com mistério e grandiosidade.

Quando um bebê nasce, ele respira por conta própria pela primeira vez. Bem-vindo, ar! As energias estelares são impressas em nosso mapa astrológico. Somos ungidos com um nome, escutamos nossas primeiras palavras, a voz da nossa mãe, e começamos a entrar na consciência.

O ar é o elemento da mente curiosa quando ela se familiariza com essa realidade. O ar é repleto do desejo de entender e aprender (Gêmeos). Quando passamos a frequentar a escola, aprendemos a soletrar, ler, escrever, usar nossa mente, socializar e conviver com os demais (Libra). O período que passamos estudando pode se estender por mais de duas décadas. No pior cenário, nos tornamos "cabeças de vento": não analisamos nossos pensamentos e suposições sobre a realidade e seguimos os ditames sociais sem questioná-los, em nome da conformidade e da aprovação (Libra). Na melhor das hipóteses, nossa mente inquisitiva cria sua própria individualidade, pesquisa e estuda mentes incríveis do passado e cultiva tecnologias avançadas e novos valores sociais que vão fazer nossa espécie progredir e evoluir (Aquário).

Após o período de estudos, entramos na idade adulta, o que inclui praticidade e "pé no chão", nossa habilidade de nos manifestar como cidadãos produtivos, buscando segurança e proteção (Touro). Começamos nossa carreira, e então nos tornamos responsáveis pela administração do nosso dinheiro, do nosso trabalho e do nosso tempo. Assim nasce o desejo de ser perfeito e fazer tudo certo (Virgem). Como adultos, nosso objetivo é ter responsabilidade financeira e demonstrar nosso valor, contribuindo com o mundo (Capricórnio). É comum que as personalidades de terra sintam que nunca fizeram o suficiente e carreguem um sentimento de inadequação. Elas também julgam a si mesmas e os demais segundo seus êxitos e fracassos.

Se você for bem-sucedido, na última etapa da vida terá a liberdade de festejar e desfrutar sua criação. É o ciclo do fogo. É quando compartilhamos nossas alegrias e nossa paixão pela vida (Áries). Nessa era, nos transformamos em professores, passamos nossa sabedoria adiante e participamos de tudo o que a vida tem a oferecer (Sagitário). Curtimos ao máximo nossos hobbies e a família que construímos (Leão). Celebramos a existência, mesmo que não sejamos de fato livres para fazer o que queremos (e é óbvio que nem todo mundo seguirá esse caminho, mas o espírito do ciclo de fogo está disponível para qualquer pessoa, seja qual for sua história de vida).

AR E FOGO, ÁGUA E TERRA

Há um conceito na astrologia que chamamos de compatibilidade. É uma espécie de dança entre os elementos. Por exemplo, ar e fogo se dão bem juntos. Mesmo que nunca tenha soprado gravetos para acender uma fogueira, você sabe que o fogo aumenta quando alimentado pelo ar.

Da mesma forma, água e terra combinam. Quando regamos o solo, ele floresce e dá frutos.

Quando esses pares se misturam, não raramente surgem conflitos. A água silencia o fogo. O ar perturba a terra. Estude os elementos mais pessoais dos seus signos (Sol, Lua, ascendente e Mercúrio). Com elementos complementares, você se sentirá em harmonia, enquanto elementos conflitantes geram confusão e desconforto. Não há combinação certa ou errada; apenas padrões cármicos postos em prática pelo seu destino.

MODALIDADES: FIXA, CARDINAL E MUTÁVEL

Cada signo se identifica com uma de três modalidades: fixa, cardinal e mutável – categorias que distinguem outra gama de tipos de personalidade. Cada modalidade contém um signo de um elemento.

★ **Signos cardinais:** Áries, Câncer, Libra e Capricórnio. Essas pessoas não podem seguir; elas são líderes. Não trabalham para terceiros. São as que iniciam o movimento, que ficam na frente dizendo: "Sigam-me!" A falha de projeto dos signos cardinais é que eles podem ser mandões, dominantes e não aceitar instruções vindas de pessoas que eles não respeitam.

★ **Signos mutáveis:** Gêmeos, Virgem, Sagitário e Peixes. Gênios multitarefa, eles fazem muitas coisas ao mesmo tempo, e ainda sofrem achando que não fazem o suficiente, pois não são capazes de manter o foco. Presenteados com o dom de mudar em um segundo, podem ser mal interpretados como inconstantes ou descompromissados. A falha de projeto deles é achar que não conseguem persistir em algo ou decidir o que querem. Eles julgam a si mesmos e sofrem de um sentimento de indecisão.

★ **Signos fixos:** Touro, Leão, Escorpião e Aquário. São pessoas fortemente estáveis, confiáveis e pé no chão. É muito difícil pressioná-los ou persuadi-los. Eles se convenceram de que tendem à estagnação. A falha de projeto deles é sentir que nunca fazem o suficiente ou que são incapazes de agir de modo flexível e de mudar com facilidade.

OS DOZE SIGNOS

Vejamos agora um resumo dos doze signos: período de nascimento, elemento, modalidade, características gerais e parte do corpo associada a cada um deles (perceba que Áries, no topo, rege a cabeça, enquanto Peixes, no fim da tabela, rege os pés).

Lembre-se de que, por conta dos anos bissextos, a cada quatro anos temos um dia a mais, por isso as datas de cada signo variam. Para confirmar seu signo solar, você precisa olhar as datas no ano em que nasceu.

SIGNO	DATA	ELEMENTO/ MODALIDADE	QUALIDADES	PARTE DO CORPO
Áries	21/03 – 19/04	Fogo/Cardinal	Independente, assertivo, obstinado	Cabeça
Touro	20/04 – 20/05	Terra/Fixa	Leal, econômico, pé no chão	Garganta
Gêmeos	21/05 – 20/06	Ar/Mutável	Social, curioso, distraído	Braços
Câncer	21/06 – 22/07	Água/Cardinal	Intuitivo, nostálgico, caseiro	Ventre
Leão	23/07 – 22/08	Fogo/Fixa	Impetuoso, talentoso, performático	Coração e costas
Virgem	23/08 – 22/09	Terra/Mutável	Atraente, organizado, perfeccionista	Cólon
Libra	23/09 – 22/10	Ar/Cardinal	Romântico, criativo, mediador	Rins
Escorpião	23/10 – 21/11	Água/Fixa	Ousado, introvertido, intenso	Genitais
Sagitário	22/11 – 21/12	Fogo/Mutável	Aventureiro, otimista, inspirador	Coxas
Capricórnio	22/12 – 19/01	Terra/Cardinal	Ambicioso, tradicionalista, sagaz	Joelhos
Aquário	20/01 – 18/02	Ar/Fixa	Excêntrico, intelectual, futurista	Tornozelos
Peixes	19/02 – 20/03	Água/Mutável	Empático, sonhador, esquivo	Pés

A RELAÇÃO ENTRE TARÔ E ASTROLOGIA

Eu estudei a fundo o tarô e me apaixonei pela filosofia e pela mensagem que acompanham esse recurso mágico. George Bernard disse que, se algum dia ele tivesse que ficar numa ilha deserta, as duas coisas que levaria consigo seriam a Bíblia e um baralho de tarô.

Os arcanos maiores são compostos por 22 cartas. No século XV, os astrólogos reservaram uma carta para cada um dos doze signos e cada um dos dez astros. O engraçado é que, naquela época, somente sete astros eram conhecidos. Nós só passamos a conhecer Urano em 1780, Netuno em 1890 e Plutão em 1930. A olho nu, conseguimos ver até Júpiter, mas não além disso. De algum modo, os astrólogos tinham conhecimento suficiente no século XV para reservar três cartas para planetas que ainda nem tinham sido descobertos! Isso é incrível.

Sim, estou querendo dizer que o baralho de tarô foi criado com o conhecimento prévio de que deveriam existir doze signos e dez astros. Essas 22 cartas carregam em si um enorme conhecimento. Qualquer místico nos diria que as cartas de tarô são um recurso antiquíssimo que não deve ser negligenciado.

O tarô conta a história da evolução humana, da primeira carta (o Louco) até a última (o Julgamento). Tudo começa com um ato de loucura (o louco saltando de um penhasco) e termina no dia do julgamento, a avaliação final de Deus sobre nossa trajetória de vida. O baralho de tarô é um tesouro de sabedoria trazido até nós desde tempos remotos, não muito diferente da astrologia, e merece sua atenção. Mas este livro não é sobre tarô, então vamos em frente.

5

Os planetas

Olhando para cima, eu enxergo o que está embaixo.

– Tycho Brahe, astrônomo do século XVI

A astrologia tem três ingredientes principais: os planetas, os signos e as casas. Pense nos planetas como se fossem o "quê", enquanto os signos são o "como", e as casas, o "onde". Esses três fatores influenciam o seu mapa.

Vamos começar pelo primeiro ingrediente da receita: os planetas.

Imagine um conselho formado no interior da sua mente por dez personagens, como se administrassem uma empresa. Cada um tem uma voz única. Eles falam sobre diferentes aspectos da sua vida: seu estilo, seus sentimentos, suas lições de vida, seus objetivos e muito mais.

- ★ O Sol é seu ego e sua força vital.
- ★ A Lua é seu mundo interior e suas emoções.
- ★ Mercúrio é seu processo mental e a maneira como você se comunica.
- ★ Vênus é o amor e as partes da sua vida que você valoriza e considera maravilhosas.
- ★ Marte é a energia masculina e a determinação.
- ★ Júpiter é a diversão, a alegria e as coisas que você mais gosta de fazer.
- ★ Saturno é o professor, o disciplinador e o carma.
- ★ Urano é a rebelião, a estranheza e a genialidade.

★ Netuno é o sonhador e o místico interior.
★ Plutão é o poder e a paixão.

Vamos deixar claro: ter o Sol em Libra é diferente de ter a Lua ou Mercúrio em Libra. Conhecer a natureza de cada astro é essencial para entender seus efeitos na sua personalidade.

AS CONJUNÇÕES E A COMPLEXIDADE DA ASTROLOGIA

Antes de partir para este tópico, quero ter certeza de que você entendeu que este capítulo oferece um resumo superficial sobre os planetas. Não cometa o erro de pensar que o que estou apresentando abarca tudo. A astrologia é muito mais complexa do que apenas o signo solar ou um planeta isolado. Esse é mais um motivo que pode explicar por que você não se identifica tanto assim com seu signo.

Por exemplo, se dois ou mais astros estão muito juntos, chamamos isso de conjunção. É como se eles estivessem de mãos dadas, operando como um só. Olhe para o seu mapa astral e descubra qual é seu Sol. Ele aparece como um círculo em volta de um ponto. Você está vendo mais algum planeta perto dele, com até dez graus de diferença? É bem provável que Mercúrio esteja por perto, pois sempre viaja no mesmo signo do Sol, ou um signo à frente, ou um signo atrás. O Sol é seu ego e Mercúrio é sua mente, permanecendo sempre a serviço do seu ego. Na verdade, eles são melhores amigos.

Outros planetas podem estar perto do seu Sol, exercendo uma influência significativa. Por exemplo, se Plutão estava no mesmo signo que seu Sol (o que acontece apenas uma vez por ano, durante dez dias), ele terá mais influência na sua personalidade do que o Sol em si. Esse é o tipo de coisa que ninguém conta. Na astrologia tradicional, esse dado é subestimado. Porém, como terapeuta, acredito que Plutão seja uma figura central no desenvolvimento e na expressão do seu caráter. Só existe um dia no ano em que Plutão e o Sol estão no mesmo grau. A cantora India Arie é uma libriana que tem Plutão em conjunção com seu Sol, no exato mesmo grau. Ela sem dúvida tem uma personalidade digna de Plutão: poderosa, constante e altamente influente como artista. A presença dela no palco muda a energia do público e do ambiente; ela não é como a maioria.

A astrologia é um quebra-cabeça complexo. Não podemos isolar uma peça se pretendemos descrever por completo a personalidade ou o destino de alguém. No caso de India, essa peça do quebra-cabeça certamente exerce uma enorme influência. Porém, todos os ingredientes devem ser considerados, ou vamos acabar fazendo uma astrologia barata.

Ninguém pode reger uma orquestra sinfônica sem ter estudado música durante anos. E eu digo isso para afirmar que, se você quiser fazer uma leitura profunda, uma leitura que tenha o poder de mudar sua vida, procure um astrólogo profissional e experiente. É aí que percebemos o salto de diferença. Eu mantenho no meu site uma lista de astrólogos certificados e rigorosamente treinados. Pensando melhor: venha estudar com a gente! (Veja o Apêndice I.) Ensinar cada aspecto da astrologia vai muito além do escopo deste livro. Saiba que o céu é o limite, e essa ciência é tão antiga quanto as montanhas. É preciso estudar seriamente a astrologia para extrair dela o maior impacto possível.

SOL: SUA FORÇA VITAL

Não é por acaso que a astrologia prioriza o signo solar. O Sol é a principal influência na nossa vida, e quem já flertou com a astrologia possivelmente sabe qual é seu signo solar.

A vida acontece ao redor dessa grande bola de fogo. Sem o Sol, não existiríamos. Todos nos vestimos de acordo com o clima das estações do ano (que determinam se vamos vestir um casaco ou levar um guarda-chuva). Todas as plantas da Terra crescem em direção ao Sol. Sem ele, toda a realidade que conhecemos faria *puf*... e desapareceria.

Seu signo solar é a peça central da sua personalidade: a expressão externa do seu ego, a maneira como você se apresenta ao mundo. É seu instinto, sua reação imediata. Se seu Sol está num signo de água, você é irremediavelmente sensível. Se seu signo é de ar, você é racional, comunicativo e pensador. Os signos de terra têm os pés fincados no chão e são, por natureza, práticos, querendo ou não. Os signos de fogo são fervorosos, cheios de energia e expansivos. Tudo isso são generalizações, é claro. No fundo, a realidade é muito mais complexa, mas acompanhe meu raciocínio.

O signo solar é consistente, fácil de identificar e previsível. Se você fosse uma empresa, o Sol seria o chefe do conselho de diretores e ocuparia a cabeceira da mesa, tomando a dianteira e comandando tudo. O Sol traz calor, energia e luminosidade. Seu chefe precisa de atenção e afirmação, elogios e reconhecimento. Sem essas coisas, a autoestima dele vai por água abaixo. O chefe da sua empresa, mais conhecido como Sol, determina se o negócio vai crescer e florescer, ou encolher até murchar.

Todos os signos são regidos por um planeta (ou estrela, ou satélite), e o Sol rege Leão.

CADA SIGNO SOLAR CARREGA SEU OPOSTO

Neste universo, tudo tem um oposto complementar: yin e yang, feminino e masculino, Sol e Lua, claro e escuro. Ninguém nos diz que, no interior de cada signo solar, reside uma sombra do signo oposto. Se você é aquariano, carrega um pouco de Leão dentro de si, como um cientista que, em segredo, adora cantar. Se é geminiano, carrega um pouco de Sagitário, como uma pessoa simpática, falante e antenada que quer secretamente fugir de casa e viajar pelo mundo. Se é libriano, carrega um pouco de Áries, como alguém de coração romântico com temperamento impetuoso. Observe a si mesmo e as pessoas ao seu redor e veja se isso não é verdade. (Para descobrir seu signo oposto, consulte o mapa da página 54.)

LUA: SEUS INSTINTOS E EMOÇÕES

A Lua surge à noite. Portanto, lida com nosso mundo interior, com a parte de nós que é feminina, emocional, sensitiva e intuitiva. A Lua influencia a mente inconsciente e se revela na hora do sonho. Um intérprete de sonhos bem treinado recorre à linguagem da Lua e às suas mensagens, que podem parecer sem sentido. Eu garanto que os terapeutas que analisam sonhos muitas vezes têm uma forte influência da Lua ou da água em seus mapas astrais. (Olá, junguianos!)

Existe um almanaque publicado desde o século XVIII que indica, por exemplo, quando devemos plantar flores ou quando a maré vai subir ou descer. Esses dados são baseados nos ciclos da Lua. A personalidade temperamental da Lua pode mudar sem motivo aparente. A espécie humana é composta, acima de tudo, por água. E a água está sempre em movimento.

Ninguém consegue mudar de humor só com um pensamento. Não se diz "Pare de sentir" a alguém que está vivendo uma intensa reação emocional. Devemos esperar que os sentimentos percam força e volume. Os humores não mudam reagindo à lógica. No pior dos casos, a influência da Lua pode gerar uma personalidade depressiva.

Eu observo a Lua de cada um dos meus pacientes para determinar os padrões de reação emocional. Isso fica claro quando os coloco contra a parede. Se a Lua estiver num signo de água, a pessoa reage quieta à pressão, e talvez se retraia por completo. Se a Lua estiver num signo de ar, a mente fica maquinando, tentando explicar de forma lógica o que sente. Uma Lua no elemento terra traz praticidade acima da experiência emocional: "Calma, vamos descobrir como resolver isso. O que importa é o resultado." Uma Lua em fogo faz a pessoa reagir com uma irritação que vai aumentando rapidamente.

No seu conselho diretivo, a Lua se senta em silêncio num canto, monitorando as emoções de todos: "Caramba, estou sentindo uma mudança na energia e não gosto do rumo que as coisas estão tomando." Ela provavelmente fez uma previsão antes de a reunião começar e detectou um problema no início do encontro. Ela fica feliz em oferecer água ou café. É maternal e sempre carrega lenços de papel e óleos essenciais na bolsa.

O caminho superior da Lua é a sabedoria emocional. Ela é confiável, intuitiva, conhece os ciclos e estações do ano, acredita na astrologia e está sempre em sincronia com os ciclos lunares. O caminho inferior é o mau humor, a hipersensibilidade e a insônia. "Estou nervosa, assustada, não consigo dormir. Acho que tem algo errado. Devo estar com algum distúrbio emocional." A Lua rege o signo de Câncer.

MERCÚRIO: A LUZ DA SUA MENTE

Mercúrio representa a mente e a facilidade que ela tem de trabalhar (ou não). A mente é evasiva. Pense num mensageiro alado, como o da mitologia grega, aquele que não para quieto, sempre à velocidade da luz. Mercúrio influencia a comunicação e a troca de mensagens, num fluxo incessante como o de um bando de macacos selvagens saltando de uma árvore para outra. Como Pac-Man, a mente vive faminta.

Na reunião de diretoria, Mercúrio se senta à frente, ao lado do chefe. Ele preparou com antecedência um PowerPoint com a pauta do dia, carrega um aparelho para gravar a reunião e vive conferindo se todos estão presentes. Mercúrio é quem faz a chamada.

Sempre fazendo perguntas e coletando informações, Mercúrio diz: "Para que não restem dúvidas, será que você poderia repetir o que acabou de dizer e confirmar se eu entendi corretamente?" Depois olha para a secretária e pede: "Anote isso!"

No melhor cenário, ele é eloquente e organizado. No pior, é despreparado, pois se move rápido demais. Mercúrio não é capaz de tomar decisões, por isso pergunta a opinião de todo mundo e perde o foco. É ele quem rege os signos de Gêmeos e Virgem.

MERCÚRIO RETRÓGRADO

• • • • • • • • • •

"Ah, não! Mercúrio está retrógrado!", as pessoas costumam dizer em desespero. Não é para tanto! Não precisamos jogar toda a culpa nas costas de um só planeta. Mercúrio retrógrado não é uma coisa ruim. Esse fenômeno acontece quando ele parece estar se movendo para trás em relação à Terra, e trata-se de uma oportunidade para fazer exatamente o que Mercúrio está fazendo: retroceder. É hora de uma análise retrospectiva. Será que você está com alguma pendência? Priorize os verbos que comecem com "re": revisar, reconsiderar, retornar.

Eu comprei uma casa quando Mercúrio estava retrógrado. Admito que fiquei um pouco preocupada, já que todos os astrólogos que eu conhecia me alertavam: "Não faça isso!" Mas é difícil pedir ao corretor: "Por favor, podemos esperar três semanas porque Mercúrio está retrógrado?" Quando tudo é uma questão de timing, quando uma oportunidade surge na nossa vida, é bem provável que seja melhor partir para a ação. Eu fui cuidadosa com a papelada, que revisei várias vezes. A parte engraçada é que, dois anos depois, eu vendi essa mesma casa e ganhei um bom dinheiro. Que surpresa: não aconteceu nada de ruim.

Um período de Mercúrio retrógrado não é certeza de que vamos fazer tudo errado, mas é, sim, um convite para sermos meticulosos e conscientes. Há quem diga que Mercúrio retrógrado afeta o funcionamento de dispositivos eletrônicos, como celulares e computadores. Seria um sinal para você pausar e revisar seu trabalho? A mensagem de Mercúrio retrógrado é simples: permaneça atento, com os olhos bem abertos.

VÊNUS: BELEZA E AMOR

Vênus rege suas papilas gustativas e as coisas que você adora. Tem a ver com as relações amorosas e com as partes deliciosas da vida. Vênus é doçura, beleza e arte. Dinheiro, comida, valores e segurança, tudo isso está sob o domínio de Vênus, que também tem a ver com lençóis macios, cheiros gostosos e gentileza. Ao contrário da energia masculina de Marte, Vênus tradicionalmente representa a energia feminina.

Vênus é a diretora de recursos humanos da empresa. Entra na sala de reuniões vestida para impressionar, olha ao redor e percebe que ninguém providenciou o almoço. Com a ajuda de Mercúrio, prepara uma lista com o que todo mundo quer comer e comenta que poderiam ter reservado um hotel mais chique, cinco estrelas, para aquela reunião. Vênus sempre tem sugestões de melhoria para dar. Tem um desejo genuíno de saber como todos estão. Antes de chegar, ela deu uma lida nos valores da empresa, pois queria saber se a companhia é empática, se opera de forma ética, se os funcionários amam o que fazem, se todos estão na sua área de expertise. Vênus quer que tudo esteja certo para todo mundo.

O caminho superior de Vênus é manter relacionamentos firmes, harmoniosos, com um cuidado sincero. O caminho inferior é viver em desarmonia e ser fofoqueira, crítica e vaidosa (ela sempre para diante de um espelho).

Vênus rege os signos de Touro e Libra.

MARTE: PODER E ENERGIA

Marte, o planeta vermelho, rege os guerreiros. Ajuda você a aplicar seu poder pessoal e ser destemidamente direto e assertivo. A posição de Marte descreve como o indivíduo vai usar a energia masculina, a proeza física e a habilidade atlética. É o planeta do impulso e da iniciativa.

Marte entra na reunião usando botas, como se fosse o Super-Homem. Está pronto para assumir o controle. Quer que o grupo concentre sua energia e vá direto ao ponto. Pode até ter um martelo para bater no tampo da mesa, exigindo a atenção de todos. "Ordem na sala!", vocifera Marte. "E rápido!" Ele não é nada sutil nessa energia: é movido por objetivos, sempre focado e cheio de vida.

O caminho superior da energia de Marte é buscar eficiência e orientação. Ele alcança metas com facilidade. O caminho inferior é ser muito dramático, insensível, duro e arrogante, sem pensar nos sentimentos dos outros. Ele pode viver interrompendo as pessoas, sem perceber que está sendo desagradável. Marte rege Áries.

PLANETAS EXTERNOS

Entre os traços de personalidade que permanecem conosco a vida inteira estão aqueles influenciados por um planeta externo próximo ao Sol. Os planetas externos são Júpiter, Urano, Netuno e Plutão. Grande parte das pessoas não tem um planeta externo próximo ao Sol, então não fique chateado se você não tiver. Porém, caso tenha, saiba que esse é um traço que indicará sua singularidade para o resto da vida.

No nosso curso, passamos um bom tempo analisando essa questão. Observe seu mapa astral para ver se algum planeta externo está perto do símbolo do Sol.

Talvez você perceba outros planetas ali perto, mas não se preocupe com isso. Vênus e Marte costumam viajar com o Sol, o que não é relevante. O que importam de fato são os planetas que permanecem no mesmo signo por um ano ou mais. Quando o Sol atinge um planeta assim, isso ajuda a explicar por que você é de determinado jeito. Por favor, reserve um momento para estudar seu mapa. Planetas externos são um fator determinante para entender uma pessoa mais profundamente.

JÚPITER: DIVERSÃO E PREFERÊNCIAS

Júpiter é tão grande que, dentro dele, caberiam 1.300 planetas Terra. Segundo a última contagem, tem 92 luas. Não é surpresa que seja o planeta de tudo que é grande. Eu descrevo Júpiter como um Papai Noel enorme, redondo e gordo, que distribui presentes e come muito, sempre exclamando: "Ho, ho, ho!" Júpiter adora gastar dinheiro, aproveitar a vida e viajar. Se ele está numa posição favorável no seu mapa, você nasceu com muita sorte. Júpiter tem a ver com as coisas que você adora genuinamente. Ele sabe que Deus ama você e quer que você viva sua vida ao máximo!

Na reunião da empresa, Júpiter é quem deixa todo mundo animado com uma viagem corporativa ou com a festa de Natal. Motiva e inspira. Conta piadas e faz todo mundo rir.

O caminho superior de Júpiter pode ser bem divertido. Ele é um especialista em tiradas engraçadas. O caminho inferior é ser permissivo, crítico, presunçoso ou inflexível, acreditando, por exemplo, que apenas a sua religião está correta. Júpiter rege Sagitário.

SATURNO: O MESTRE DE OBRAS

Saturno chega na hora certa, sempre carregando um relógio, com uma expressão séria de leve descontentamento. Considerado o idoso do zodíaco, determina como você deve agir para alcançar seu propósito e manter a promessa que fez à sua alma.

Saturno é o guardião das regras de conduta. Se você não terminar o que se dispôs a fazer, haverá consequências. E você pode até tentar argumentar, mas isso não vai ajudar em nada. Saturno é impiedoso e implacável. Vive no reino dos fatos, das expectativas sociais, de tudo que é sólido e de peso. Saturno rege as montanhas, os edifícios e os dentes. Seu mundo é de regras, regulamentos e leis. Tente tirar sua carteira de motorista sem ter um documento de identidade. Seria impossível! Essa é a essência de Saturno.

O difícil e severo Saturno vive questionando: "O que você está fazendo com seu tempo? Por que veio a este planeta? Qual é seu propósito? Você está cumprindo sua missão? Está seguindo instruções ou continua evitando seu destino?" Saturno tem a ver com trabalho duro e carma. Caso você não siga as regras, a consequência será o fracasso. Saturno testa sua índole. Você é suficientemente forte? É corajoso? Paga seus impostos?

Eu passo muito tempo encorajando alunos e pacientes a prestarem atenção nessa influência. Para mim, trata-se da influência mais importante do zodíaco. Nosso curso se concentra bastante no estudo do elemento, do signo e da casa onde Saturno está.

Saturno é o diretor de operações que entra na reunião vestindo terno e segurando uma maleta de executivo. Assume o controle da reunião e diz: "Temos objetivos. Temos um cronograma, uma pauta e resultados a alcançar." Saturno vem com tudo e coloca todo mundo para trabalhar. "Quero um relatório que mostre os progressos, as análises comparativas e as projeções."

O caminho superior de Saturno ecoa o slogan da Nike: *just do it* (apenas faça). Seja disciplinado, responsável e pontual. O lado positivo de Saturno é íntegro e oferece reconhecimentos merecidos. Sendo um diretor de operações, ele diz: "A empresa está se saindo muito bem. As projeções estão sendo cumpridas. Estamos respeitando os prazos. Bom trabalho, pessoal!"

O caminho inferior de Saturno é crítico e rabugento. Ele é o avô mal-humorado que pensa que ninguém é bom o suficiente e nada agrada o bastante. Até quando você se esforça ao máximo, o caminho inferior de Saturno lhe diz que poderia ter se saído muito melhor.

Quando você aceita as sugestões de Saturno, sua empresa acaba sendo bem-sucedida, sua margem de lucro aumenta e o público fica satisfeito. Aprenderemos mais sobre Saturno no Capítulo 7.

Saturno rege Capricórnio.

URANO: SEU LADO EXCÊNTRICO

Urano influencia a singularidade, a excentricidade e a astrologia, pois é preciso estar disposto a pensar fora da caixa para acreditar na influência dos astros na nossa personalidade. E, sem dúvida, Urano se encaixa nessa característica. Esse planeta foi descoberto durante a Revolução Francesa, época em que, de repente, a burguesia se cansou de ser pobre e resolveu partir para cima dos ricos. A Revolução Francesa foi radical e cabeças rolaram. Mais ou menos ao mesmo tempo, chegavam navios repletos de pessoas desfavorecidas em busca de um novo lar. Um grupo se reuniu e disse: "Ei, temos novas ideias! Liberdade de expressão! Liberdade religiosa! Qualquer um pode morar aqui! Esqueçam o rei!" Eles jogaram o chá ao mar e começaram uma revolução. Nascia um país.

Mais uma mudança de paradigma que aconteceu no período em que Urano foi descoberto foi o uso da eletricidade. Urano influencia surpresas e choques elétricos. Ele é o fator desconhecido que ninguém esperava. Rege a intuição, como quando você sabe que um telefone vai tocar ou tem *flashes* do futuro. Você já pensou em alguém e de repente essa pessoa apareceu na sua porta? Influência de Urano.

Urano rege a rebelião e o inconformismo. Sob a influência dele, você não consegue seguir o rebanho. Talvez até sinta vontade de virar astrólogo, trilhando a estrada menos percorrida. Nada de seguir o líder, pois você está ocupado demais mudando o mundo! Talvez fique pensando no que há de errado com você. Esse tipo de personalidade se sente muito diferente da parcela mais convencional da humanidade.

Urano chega na reunião vestindo roupas que não combinam, ostentando tatuagens e um corte de cabelo esquisito (tipo Einstein). Enxerga as coisas de uma perspectiva completamente distinta, o que pode abrir outras mentes a novas possibilidades. Eu tenho Urano no topo do meu mapa (no chamado "meio do céu", que representa nossa vida profissional). Como podem perceber, tenho uma carreira peculiar. Não sou uma astróloga comum nem uma psicoterapeuta convencional. Quebro as regras nas duas categorias. Profissionalmente, sempre fui rebelde. Eu me senti diferente por muito tempo, até perceber que isso era fruto da influência de Urano… além de um trunfo que me tornava pioneira.

O caminho inferior de Urano é viver no futuro sem se preocupar em levar ninguém junto. Essas pessoas tendem a ser muito nervosas. São rebeldes sem causa que nutrem o impulso de ser do contra. Rejeitam o que é "normal" só para serem diferentes. Ansiedade, problemas no sistema nervoso e TDAH andam de mãos dadas com o caminho inferior de Urano. São pessoas que se remexem na cadeira, balançam os pés embaixo da mesa e nunca ficam quietas.

O caminho superior de Urano é fascinado pela tecnologia e pelas ideias inovadoras que sustentam uma versão mais gentil da humanidade. Urano é um líder não tradicional que, em vez de se postar na frente da sala, pede a todos que se sentem em círculo. Pessoas sob essa influência não querem controlar; querem compartilhar o papel de liderança a fim de desafiar a velha hierarquia. Você pode observar o caminho superior de Urano em pessoas que fazem trabalhos humanitários, praticam esportes coletivos ou se dedicam à filantropia.

Urano rege Aquário.

MEIO DO CÉU E CARREIRA

O meio do céu está bem no topo do seu mapa, marcado como "MC". Identifique o signo no topo do mapa e se pergunte se esse tempero aparece na sua carreira. Por exemplo, além de ter Urano no topo do meu mapa, eu tenho Câncer no meio do céu. Câncer é o signo da mãe e da criação. Junto aos meus clientes, sou o retrato fiel da mãe judia. A cada sessão, tento entender como oferecer calma e conforto. O meio do céu representa nossa maior vocação no trabalho.

NETUNO: O OUTRO LADO DO SEU MUNDO

Netuno foi descoberto na virada do século, na década de 1890, quando foi inventada a anestesia. E, quando o paciente está sob o efeito dela, para onde ele vai? Impossível dizer! A anestesia enfraquece qualquer parte da mente que registre dor, embora ninguém saiba explicar muito bem como ela funciona. Isso é típico de Netuno: explicar o inexplicável.

Netuno influencia os estados alterados, a sensação de estar fora do corpo, tudo o que é de outro mundo e que permite que você se esqueça um pouco dos aspectos mundanos: a música clássica, as artes plásticas, o balé… todas as expressões artísticas. Também rege o álcool, a maconha e outras drogas usadas para escapar da realidade. Ter essa forte influência implica alta sensibilidade ao que não pode ser visto: o reino invisível, a mediunidade, os espíritos e outras dimensões, incluindo o tão comentado multiverso.

Quem é regido por Netuno canaliza a energia de outras pessoas e é afetado por aromas e sons sutis. Pense em cristais, incenso ou velas num templo ou igreja. Toda livraria New Age com um incenso queimando representa a influência de Netuno.

Na sala de reuniões, Netuno é o diretor criativo. Os regidos por esse planeta criam mundos de fantasia que vão além da imaginação comum. A energia de Netuno está nos bastidores dos filmes. Por exemplo, você assiste a *O Mágico de Oz*, conhece Dorothy e seus amigos e sente como se os personagens fossem reais; você se preocupa com Totó; fica deslumbrado vendo o cavalo mudar de cor; prende a respiração quando a bruxa derrete. Ou seja, acaba sendo capturado pela tela. De bom grado, você suspende a realidade e parte em direção a outro mundo. Livre do cinto de segurança, você se vê na terra de Netuno! Depois que você volta ao denso plano físico, nunca consegue se sentir tão bem quanto no difuso mundo dos sonhos. As luzes se acendem e você pensa: "Isso aconteceu mesmo?"

Em seu caminho superior, a pessoa regida por Netuno é uma visionária/vidente que adora criar todo tipo de arte. Netuno inspira artistas e cineastas de talento extremo, capazes de criar cenas visualmente incríveis, ou músicos que provocam reações emocionais sem recorrer a uma palavra sequer. Esse tipo de personalidade conhece profundamente a vida.

O caminho inferior de Netuno é a confusão, a ilusão e a ambivalência. São pessoas que podem carecer de ambição e viver no mundo dos sonhos, entregues aos prazeres e vícios. Não gostam da realidade e preferem ficar anestesiadas o tempo todo. No pior dos casos, ficam trancadas no próprio quarto e se tornam paranoicas.

Netuno rege Peixes.

PLUTÃO: SUA MENTE INCONSCIENTE

Chegamos ao nosso último astro, e não ouse dizer que ele não é um planeta! Centenas de astrônomos tentaram rebaixar Plutão, que rege a sombra humana, a terra dos gremlins. Por natureza, a espécie humana evita e teme a sombra, mas, apesar de todos os esforços, Plutão não será renegado.

Plutão está tão distante de nós que os cientistas só o viram pela primeira vez em 1930, no Observatório Lowell, no Arizona. A princípio, eles detectaram Plutão apenas por seu campo eletromagnético. Perceberam que havia algo lá, embora não pudessem ver, o que me parece incrível e uma metáfora perfeita para a energia desse planeta. Mesmo que não consigamos enxergá-lo, ele exerce uma influência significativa.

Plutão representa o poder da mente inconsciente, descoberto numa época em que Hitler, Freud e Einstein lidavam, cada um à sua maneira, com forças invisíveis. Não tínhamos uma palavra para descrever a mente inconsciente até Freud cunhar esse termo, na década de 1930. Ele nos apresentou a noção de que existe algo invisível que pode criar ou destruir nossa psique. Hitler conquistou um continente manipulando o lado obscuro da natureza humana. Einstein descobriu o que a menor partícula de todas, que não pode ser vista a olho nu, é capaz de criar ou destruir por meio do poder nuclear. Tudo isso reside no reino dos mundos invisíveis. Para o bem e para o mal, Plutão vive nas sombras.

Imagine Plutão como um diretor que chega à sala de reuniões usando óculos escuros, uma camisa desabotoada revelando um peitoral peludo e um cordão com pingente de ouro. Ele se senta e não fala nada. É um pouco assustador, de certa forma atraente e completamente intenso. O que ele está fazendo na reunião? Ninguém sabe, mas todo mundo tem medo de perguntar. Talvez seja um sócio silencioso.

As pessoas de Plutão são saudáveis, feitas de aço. Plutão fica muito distante da Terra, é muito pequeno e frio, mas não há limites para o poder que ele exerce. Você pode usar esse poder para se concentrar na saúde, na criatividade e nos resultados, ou para ser destrutivo, soturno e violento. Eu poderia escrever um livro inteiro sobre como lidar com a energia de Plutão; ela muda a vida das pessoas. O posicionamento de Plutão revela qual é sua paixão.

O caminho superior de Plutão é ser um líder poderoso que tem em mente os grandes interesses da coletividade. Estamos falando de pessoas magnéticas, fortes, com capacidade de curar, como um cirurgião que retira o mal do paciente: "Vai doer, mas depois você vai me agradecer." No caminho inferior, a pessoa regida por Plutão é controladora e, apesar de calada, quer que tudo seja feito ao seu modo. Pessoas assim são insensíveis e muito críticas. Se tem uma coisa que Plutão é capaz de fazer é controlar e intimidar sem dizer uma única palavra.

Plutão rege Escorpião.

Agora que conhecemos os planetas levando em conta a astrologia, vejamos quais são as doze casas.

6

As doze casas

As casas lidam com as coisas mundanas e materiais; com a mente objetiva e os temas ambientais.

– Llewellyn George, *A to Z Horoscope Maker and Delineator*, 1910

É aqui que a astrologia começa a ficar um pouco complicada. Sempre que dou aulas para iniciantes sobre as doze casas, os alunos me olham com cara de interrogação. Eu só quero que você entenda, claramente, como as casas influenciam o seu mapa, sobretudo a posição do seu Sol. Resumindo de maneira bem simples, a casa em que o seu signo solar está estabelece o tema da sua vida inteira. E esse tema nunca desaparece, nunca muda. Eu costumo me usar como exemplo.

Durante grande parte da vida, eu fui a certinha, a líder de torcida, uma menina popular, características muitas vezes associadas aos geminianos. Esse aspecto da minha personalidade sempre se destacou. Tenho facilidade para socializar. Mas, no fundo, isso sempre me exigiu um grande esforço. Na faculdade, eu prestava atenção em quem ria das minhas piadas porque, sabendo a quem poderia agradar com maior facilidade, eu não precisaria me empenhar tanto para ser fofa e simpática. Quando me casei e formei família, mantive meu sorriso e minha personalidade animada. A líder de torcida e a certinha nunca se distanciaram muito da linha de frente da minha vida.

Ao longo do tempo, manter esse segredo me deixou exausta, afinal é cansativo esconder nossa verdadeira natureza. Muita gente chama isso de "depressão". Eu mantenho minha máscara encantadora, jogando muito bem o jogo dos extrovertidos, mas, certas vezes, socializar gera em mim a mesma sensação de unhas arranhando um quadro-negro. Nem eu entendo por que preciso fazer tanto esforço para ser sociável.

Quando enfim fui à minha primeira sessão de terapia, admiti a verdade: eu não estava tão feliz quanto parecia. Não era uma pessoa tão animada assim. Na verdade, eu carregava uma profunda tristeza que parecia muito real para mim, bem mais real do que as qualidades leves que todo mundo enxergava. De algum modo, aquela leveza não se refletia em todos os aspectos do meu ser, embora ninguém fosse capaz de notar isso só de olhar para mim.

Quando descobri que meu Sol estava na oitava casa, regida por Escorpião, que é a casa da introversão, tudo fez sentido. Eu precisava de alguém que me escutasse profundamente, que guardasse meus segredos e me mostrasse como me curar. Eu escondia uma escorpiana dentro de mim. Fiz terapia e mais tarde viria a me tornar terapeuta. As características de Escorpião são úteis para um terapeuta, um médico, um cirurgião ou qualquer tipo de pessoa que tenta curar os demais. Porém, com frequência, as pessoas da oitava casa precisam de cura para si mesmas.

Outra característica minha que é típica da oitava casa (e que me levava a demonstrar tendências de Escorpião) é o certo interesse que sempre nutri pela morte. Que assunto mórbido para uma líder de torcida que tenta confortar os demais e fazer com que se sintam em segurança! Eu sinto muita satisfação ao conhecer as pessoas a fundo. Fico feliz em conversar sobre o que ninguém mais conversa: dor, amor, sexo, dinheiro. Ajudar os outros a lidar com seus segredos, com as coisas que não querem demonstrar nem para si mesmos, é minha especialidade.

Que tipo de geminiano estaria interessado em fazer isso? Aqueles com o Sol na oitava casa. Eu posso acompanhar qualquer pessoa às profundezas da sua dor sem nunca largar meus pompons coloridos.

A hora do seu nascimento estabelece as posições das casas no seu mapa. Descubra em que casa o Sol estava quando você nasceu (no exemplo da página 54, estava na sexta casa), e você saberá onde seu Sol prospera.

PRIMEIRA CASA

Áries rege a primeira casa, a casa do eu. Você adora seus aspectos físicos: aparência, força vital e ego. Entender e aceitar que seu tema de vida é ser egocêntrico vai aliviar qualquer culpa que sinta a respeito disso, já que não consegue evitar. Mesmo sendo um doce canceriano devotado à família, se seu Sol estiver na primeira casa, você precisará de um tempo para se dedicar a seu próprio espaço. Embora a natureza canceriana goste de se ajustar e se doar aos outros, a primeira casa modifica isso. Você precisa cuidar de si mesmo.

Você é ativo e precisa partir para a ação, porque sabe que o melhor remédio é o movimento. Ainda que seja um taurino e prefira ficar em casa fazendo biscoitos, se seu Sol estiver na primeira casa, você vai colocar uma música para dançar enquanto cozinha. As pessoas da casa 1 também são independentes e autossuficientes. Todos que têm o Sol na primeira casa já disseram pelo menos uma vez ao parceiro ou à parceira, em voz alta: "Pare de me dizer o que devo fazer!"

Mesmo sendo capricorniano e tradicionalista, você não quer a opinião dos outros. Sua energia é assertiva, física e atlética. Ter uma personalidade de casa 1 é libertador. Essas pessoas querem liderar, não seguir os outros, e ainda não querem olhar para trás; por isso são chamadas de autocentradas. A verdade é que elas simplesmente não precisam se misturar aos demais para encontrar sua identidade. Muito pelo contrário: estão aqui para se distinguir por sua personalidade específica.

Ter o Sol na casa 1 é ter licença para escapar do rebanho sem culpa nenhuma. Você precisa ser autêntico o tempo todo, sem ferir sua essência em busca de um meio-termo. Você tem a permissão para se perguntar: "Quem sou eu? Como ser fiel a mim mesmo? Como desafiar as expectativas alheias sobre mim? Como ter uma energia física, atlética e assertiva que não seja influenciada por outra pessoa?"

Se a casa 1 fosse uma casa de verdade, ela estaria decorada com um espelho, luvas de boxe e um saco de pancada. Teria livros de desenvolvimento pessoal, roupas esportivas, tênis, raquete e bicicleta.

Se você tem três ou mais planetas na primeira casa, veio a este mundo para se sentir soberano e independente. Você comanda o barco; não veio até aqui para fazer nada além de descobrir qual é sua própria vontade. Embora pareça egoísta, é essa a exata promessa que você fez: de que se distinguiria dos demais e desfrutaria disso sem culpa.

SEGUNDA CASA

Touro rege a segunda casa, que está relacionada às posses, ao dinheiro, aos investimentos, aos hobbies práticos e a tudo o que for sólido, pé no chão e tiver valor material. Se seu Sol estiver na casa 2, então seus valores são mais tradicionais. Pessoas dessa casa adoram colecionar coisas e dão muita importância às suas posses, pois isso as conforta. Não querem computadores ultramodernos; estão mais interessadas em antiguidades, em especial em relíquias de família. Não ligam tanto para reconhecimento social, e sim para estabilidade, sustentabilidade e sobrevivência.

A casa 2 imprime praticidade, acolhimento e conforto ao seu signo solar. Talvez sua mãe tenha lhe deixado de herança um lindo anel e você se sinta feliz ao usá-lo todos os dias. A segunda casa é terrena e tribal, regida por um toque de tambor constante. Quem é dessa casa gosta de escutar a mesma música repetidas vezes, vê sempre os mesmos filmes, é apegado à rotina. É também bagunceiro e não faz questão de deixar tudo perfeito e arrumado; pelo contrário, gosta das coisas um pouco desorganizadas. Adora comidas reconfortantes e se sente mais seguro quando tem dinheiro suficiente no banco, flores frescas em casa e muitos travesseiros e almofadas. É uma pessoa metódica e estável, que transmite uma sensação de segurança aos demais.

Ainda que você seja um geminiano versátil que adora novidades e mudanças, se seu Sol estiver na segunda casa, talvez você adore ler livros antigos e frequentar sebos. Um escorpiano na casa 2 pode se tornar um bancário ou corretor de seguros que lida honestamente com o dinheiro dos outros. Um ariano mandão pode ser o coordenador de uma casa de repouso, administrando tudo para todos. Um capricorniano na casa 2 é absolutamente firme e estável, o provedor da família. Se for aquariano, talvez você seja fascinado por criptomoedas – um futurista que pensa em dinheiro. Já um canceriano vai preparar bolos, biscoitos, pães e guloseimas para a família.

As pessoas da casa 2 são sistemáticas: mantêm os pés no chão e são repetitivas. Avançam de maneira lenta e constante até que, em algum momento, acabam atingindo seus objetivos.

Eu conheci uma pisciana com Sol na segunda casa. Ela trabalhava com idosos e vivia falando sobre seus pais, já falecidos. Essa mulher inventou uma vida imaginária completa que girava em torno de seus parentes mortos e escreveu um livro sobre as coisas que eles lhe diziam. Ela escapava para um mundo de fantasia, como os piscianos adoram fazer. Por conta da casa 2, suas histórias sempre envolviam seus ancestrais e como eles a faziam se sentir segura. Ela não queria se esquecer deles.

A decoração da casa 2 poderia incluir um tambor, pilhas de moedas, livros de contabilidade e demonstrativos financeiros, além de móveis grandes, pesados e confortáveis, joias e, claro, um pouco de chocolate. Essa casa tem um cheiro delicioso.

Se você tiver três ou mais planetas na casa 2, veio a este mundo para aprender sobre valores, estabilidade e uma espiritualidade que está enraizada e fundamentada na natureza. Jardinagem e música são essenciais para você.

TERCEIRA CASA

Gêmeos rege a casa 3, dos marqueteiros, comunicadores e criadores de tendências. As pessoas dessa casa podem ser grandes jornalistas e autores de contos (escrever romances leva muito tempo). Adoram aprender e consumir informações e são fascinadas pelo intelecto. São ligeiras e conversam com todo mundo, inclusive desconhecidos. São muito ligadas aos irmãos e adoram contar histórias sobre sua família. Gostam de tecnologia e marketing, de pensar em inovações, de encontrar maneiras mais rápidas de fazer as coisas. São ótimas para fazer networking. A terceira casa imprime uma energia inteligente, rápida e comunicativa ao seu signo solar.

Eu tenho uma amiga escorpiana na casa 3. Ela diz que não gosta de pessoas em geral (algo bem típico de Escorpião), mas seu telefone toca o dia inteiro e ela conhece todo mundo da cidade onde mora. Um capricorniano na casa 3 pode trabalhar para uma empresa de celulares ou ser um profissional na área da comunicação, como editor, marqueteiro ou influenciador digital. Pessoas de Peixes podem recitar poesia ou fazer documentários sobre ciência – a terceira casa é a casa do teatro e consegue arrancar até um tímido e poético pisciano da sua zona de conforto. Um ariano pode inventar novos dispositivos de comunicação, criar um novo tipo de rede social ou trabalhar na TV. Um sagitariano pode pesquisar ou escrever sobre religiões para compartilhar com os outros tudo o que aprendeu, ou ainda virar um coach motivacional.

O problema da casa 3 é que, a menos que a pessoa seja de Escorpião ou de um signo de terra, ela não será muito minuciosa. Nunca poderemos saber ao certo se ela está falando sobre algo com propriedade ou se só folheou um livro e leu as últimas páginas. De todo modo, pessoas da casa 3 são divertidas, fazem amigos em todos os lugares e enxergam esses amigos como irmãos.

A decoração da casa 3 poderia incluir um computador, jogos de raciocínio, revistas, carteirinhas de biblioteca, livros didáticos, documentários e materiais de escritório.

Se você tem três ou mais planetas na casa 3, veio a este mundo para aprender a se comunicar e se conectar com as pessoas, e também para ter um relacionamento próximo com seus irmãos, mesmo que não sejam de sangue.

QUARTA CASA

Câncer rege a quarta casa, ligada à família, às tradições, à ancestralidade e às linhagens. As pessoas dessa casa são grandes cuidadoras. Mesmo se forem de Áries, elas visitam os avós toda semana, cuidam da mãe, ficam em casa quando as crianças estão doentes… tudo isso de bom grado! São caseiras. Preferem receber visitas a ir à casa dos outros. Elas cuidam de você, oferecem o remédio de que você precisa, aconselham sobre o que deveria comer e preparam algo para você levar para casa. Tendem a ser introvertidas e guardam tudo o que seja nostálgico e traga à tona lembranças pessoais ou familiares. São um arquivo ambulante e adoram explorar a genealogia. Também gostam de estudar história e têm aptidão para a psicologia.

Eu tenho um amigo capricorniano na casa 4. Ele é um terapeuta renomado, com Ph.D. Oferece workshops sobre o poder do inconsciente e costuma questionar: "Essa é uma questão de uma vida passada ou da sua vida atual?" Ele nos ensina a alterar a herança psicológica (que chama de carma) que recebemos dos nossos parentes e acredita que, se quebrarmos os padrões negativos na nossa família, não voltaremos com as mesmas questões na próxima vida.

A família é importante para as pessoas da quarta casa. Os geminianos adoram estar cercados de pessoas, mas, se tiverem o Sol na quarta casa, vão preferir estar cercados de pessoas com o mesmo sobrenome. Um capricorniano na casa 4 pode ser um construtor de casas. Um sagitariano talvez ame a *ideia* de viajar, leia livros sobre viagens e faça pesquisas sobre as malas mais modernas – embora, na verdade, raramente vá a algum lugar, a menos que a família inteira viaje junto. Um libriano pode ser um advogado especializado em divórcios, pode cuidar de fundos familiares ou ser um ótimo mediador.

A decoração da casa 4 pode incluir fotos antigas de família, livros de receitas, uma caixa de lenços de papel, mantas fofinhas e lençóis macios, além de livros sobre psicologia dos arquétipos, mitologia e astrologia. Quem mora ali talvez use algum serviço de busca de ancestrais, e sempre terá alguma comida gostosa no forno, pois começa a pensar na próxima refeição assim que termina a atual.

Se você tem três ou mais planetas na quarta casa, veio a este mundo para aprender sobre a psicologia da natureza humana e para ficar em paz com sua dinâmica familiar.

QUINTA CASA

Leão rege a quinta casa, ligada ao romance, à arte, ao drama, aos jogos e às crianças. As pessoas dessa casa são muito animadas e exuberantes. São dramáticas, elétricas, repletas de energia física e adoram chamar a atenção para si. Vivem em movimento. Seja qual for seu signo solar, se ele estiver na quinta casa, você será um pouco mais dramático, mais extrovertido e mais animado em qualquer situação.

Eu tenho um irmão com Sol e Lua em Escorpião, ambos na quinta casa. Quando conhece gente nova, ele conta a história completa do seu antigo vício em heroína e explica como o pai dele foi parar na prisão. Provavelmente outro escorpiano esconderia tudo isso, mas, como meu irmão está na quinta casa, seu drama pessoal extrapola qualquer vontade de manter segredo. Ele quer compartilhar isso com todo mundo. Que tipo de escorpiano revela toda a sua dinâmica familiar? O tipo que adora entreter os outros e ser o centro das atenções.

Até taurinos na casa 5 vão lhe contar tudo sobre o amor que nutriam pelos avós – com uma pitada de drama e floreios. Cancerianos na quinta casa falam alto e são divertidos e exibidos. Geminianos podem ter talento para escrever ou atuar, costumam exigir muita atenção e são capazes de ter novas ideias com facilidade. Na quinta casa, todo dia é uma festa.

A decoração da casa 5 pode incluir um espaço para karaokê, com muitas crianças correndo e brincando. Talvez haja um armário repleto de fantasias e chapéus coloridos e brilhantes. A atmosfera é barulhenta e exagerada. Todos estão festejando alguma coisa e tem sempre alguém se apaixonando. Ali não existe monotonia.

As pessoas com três ou mais planetas na quinta casa vieram a este mundo para desfrutar a maravilha de se estar vivo dentro do próprio corpo, aqui e agora.

SEXTA CASA

A sexta casa é regida por Virgem. É a casa da saúde, do serviço, dos detalhes e dos números. Pessoas da casa 6 gostam de organizar as coisas e manter tudo em ordem. Eu gosto de contratar pessoas dessa casa, pois são hábeis em criar sistemas e implementá-los. Neste exato momento, tenho uma funcionária que é taurina na sexta casa. Ela adora organizar, montar planilhas e me ajudar com os impostos. Ela se senta num cantinho e fica toda feliz fazendo contas. Não julgo, pode continuar assim.

A casa 6 se dedica a criar ordem a partir do caos. Pessoas com muitos planetas nessa casa costumam ser fascinadas por saúde e bem-estar. Gostam de fazer dietas especiais e processos de detox. Às vezes, são hipocondríacas. Podem decidir comer apenas arroz integral ou tomar bebidas orgânicas sem lactose. Adoram se informar sobre longevidade e as novas tecnologias que previnem o envelhecimento; poderiam ser *biohackers*. Muitas trabalham com administração e contabilidade.

Essa é a casa das plantas e das ervas medicinais. Conheço uma pessoa de Sagitário na sexta casa que viajou o mundo inteiro em busca de plantas exóticas, extraindo óleos essenciais para vendê-los na internet. Um capricorniano na sexta casa poderia abrir um negócio próspero na área da saúde. Um geminiano não teria problemas para ser coach de saúde ou oferecer seminários para ensinar sobre remédios naturais. Um ariano poderia bolar técnicas revolucionárias para ficar ou se manter saudável. Terence McKenna, escorpiano com Sol na sexta casa, foi etnobotânico e pioneiro nas propriedades curativas da psilocibina.

A decoração da casa 6 poderia incluir dispositivos de monitoramento da saúde, armários cheios de vitaminas e fitoterápicos, planilhas e lápis bem apontados, pilhas de caixas e estantes para organização, planos de dieta e listas de alimentos, além de muitas plantas.

Caso tenha três ou mais planetas na sexta casa, você veio aqui para aprender a cuidar da sua saúde e da saúde das pessoas ao seu redor.

SÉTIMA CASA

Libra rege a sétima casa, relacionada a harmonia, parceria e busca por relacionamentos. As pessoas dessa casa se apaixonam por tudo, inclusive por seus amigos e funcionários. Sabe essas bicicletas para duas pessoas? Elas adoram.

Pessoas da sétima casa contam histórias – e exageram. Tenho uma grande amiga com Sol na casa 7 que adora contar histórias que vivemos juntas. Só que eu fico na dúvida se de fato estivemos no mesmo lugar e na mesma hora, pois a narrativa dela não tem nada a ver com o que aconteceu. Pessoas assim criam versões idealistas e românticas de tudo.

A beleza ao redor é importante para elas, pois têm um incrível senso estético e muito estilo. Muitas são artistas ou designers. Um aquariano na sétima casa sabe como juntar coisas que você nunca imaginaria que combinariam. Um capricorniano pode ser um artista que ganha dinheiro fazendo arte, e pode ter uma linda casa repleta dos melhores e mais caros móveis.

As pessoas com Sol na sétima casa são boas comunicadoras e podem seguir carreiras que envolvem leis, justiça e mediação. Sabem escutar e são bem articuladas, focadas na harmonia e, por isso, podem se tornar excelentes conselheiras matrimoniais. São boas em colaborações, e a parceria é importante para elas porque, a despeito do signo solar, sempre serão librianas disfarçadas.

A decoração da casa 7 pode incluir um martelo de juiz, compêndios sobre direito, livros sobre relacionamentos, romances e lindos corações decorativos.

Se você tem três ou mais planetas na sétima casa, veio a este mundo para aprender a ter relacionamentos saudáveis.

OITAVA CASA

Escorpião rege a oitava casa, ligada à mudança e à transformação, ao nascimento e à morte, ao sexo e ao dinheiro. Essa casa é forte, intensa e sigilosa. Rege a morte e os impostos. É a casa das coisas sobre as quais ninguém quer falar.

Se seu Sol está na casa 8, você talvez seja fascinado por histórias de assassinato e psicopatologia. Pode ganhar dinheiro sem saber por quê – essa é a casa da herança, dos fundos fiduciários e de um destemor em relação a grandes quantias de dinheiro. É também a casa dos terapeutas, onde se cava fundo na mente inconsciente.

A oitava casa contém uma força magnética, quase como um vórtice. É repleta de todos os tipos de tabu: maldade, desvios de comportamento, assuntos paranormais, segredos, violência, vícios e obscuridades. É a zona crepuscular, um pouco assustadora, e você meio que gosta disso, mas não conta a ninguém que mora lá. As pessoas da casa 8 guardam segredos até de si mesmas. Eu me lembro de acompanhar o julgamento de um serial killer que não queria ouvir os testemunhos sobre o que tinha feito, pois dizia ser "muito perturbador" – comportamento clássico de oitava casa.

A decoração da casa 8 pode incluir DVDs de thrillers psicológicos e de histórias sobre fantasmas, livros de filosofia complexa (qualquer coisa escrita por Nietzsche), um tabuleiro Ouija, uma coleção de armas e espadas antigas e talvez até alguns brinquedinhos sexuais (numa gaveta escondida). A oitava casa é repleta de passagens secretas e paredes com estantes de livros que se abrem e revelam salas ocultas. É assustadora, mas também eletrizante.

Se você tem três ou mais planetas na oitava casa, veio a este mundo para trazer de volta à luz aqueles que estão presos no lado obscuro.

NONA CASA

Sagitário rege a nona casa, relacionada aos objetivos de vida, à filosofia, à racionalidade e à busca pela verdade por meio da religião, da contemplação, das viagens e da obtenção de conhecimento. Eu imagino as pessoas dessa casa segurando um megafone: elas gostam de contar a todo mundo as últimas novidades espirituais sobre Jesus, Maomé e Buda. Viajam pelo mundo e têm um passaporte repleto de carimbos. Adoram mover a energia pelo corpo; seu tipo de prática preferida é a ioga Kundalini.

Essa é a casa das publicações. Meu agente literário, aliás, tem uma nona casa forte. Essas pessoas adoram compartilhar informações e difundi-las pelo mundo, entre as mais diversas línguas. Muitas estudam fora de seu país de origem. São atraídas pelos aspectos multiculturais e aprendem outros idiomas com facilidade.

Se seu Sol estiver na casa 9, você vive buscando a espiritualidade, sente-se atraído por viagens e sempre fala a verdade, mesmo quando ela não o favorece muito. Até um tímido taurino que não gosta de falar talvez tenda a ser brusco e direto sob a influência dessa casa.

Qualquer signo de terra na casa 9 sentirá o desejo de viajar com a terra sob os pés, se voluntariando, por exemplo, numa fazenda de produtos orgânicos na América do Sul. Carlos Castaneda era um capricorniano na nona casa. Ele foi um sociólogo interessado nas práticas xamânicas antes que isso virasse moda. Esse amor pelas viagens pode ser confuso para um canceriano, pois ele quer ficar em casa e, ao mesmo tempo, sente uma forte vontade de sair mundo afora.

A decoração da casa 9 pode incluir uma mala de viagem, passaportes, livros sobre filosofia e religiões do mundo, esteiras de ioga e documentários sobre outras culturas, além de um celular com aplicativos de meditação.

Caso você tenha três ou mais planetas na nona casa, veio a este mundo em busca da verdade, não importando aonde tenha que ir para encontrá-la.

DÉCIMA CASA

Capricórnio rege a décima casa, que tem a ver com status social, ambição, sucesso e fama. As pessoas dessa casa são focadas na carreira e em alcançar seus verdadeiros propósitos. "O que vim fazer aqui?", é a questão que elas ecoam.

Essas pessoas são líderes natas. Muitos presidentes e CEOs têm o Sol na casa 10. São pessoas que precisam ser bem-sucedidas, querem ser famosas, alcançar grandes objetivos ainda jovens e não conseguem deixar de dar seu melhor. Às vezes, sofrem *burnout* por conta de tanta ambição desde a mais tenra idade. Mais tarde, porém, dão a volta por cima. Donald Trump, por exemplo, tem o Sol na décima casa. Ele era famoso na TV e nos negócios, e passamos um tempo sem ouvir falar nele... até que reapareceu e se tornou presidente dos Estados Unidos.

Pessoas da casa 10 tendem a ser tradicionalistas, viciadas em trabalho e gostam de saber as regras. Muitas tiveram infâncias difíceis e superaram obstáculos para alcançar o sucesso. Até um geminiano brincalhão será ambicioso e perseguirá altos padrões caso tenha o Sol nessa casa.

A decoração da casa 10 pode incluir ternos recém-chegados da lavanderia, uma maleta de executivo bem cara, um computador de última geração, passes VIP para eventos, as chaves de um Porsche e um plano de negócios detalhado. Seus moradores só querem o melhor e não toleram a mediocridade.

Se você tem três ou mais planetas na décima casa, veio a este mundo para aprender a trabalhar duro pelas suas recompensas.

DÉCIMA PRIMEIRA CASA

Aquário rege a décima primeira casa, ligada à comunidade, ao futuro, à amizade, ao ativismo e à humanidade. As pessoas dessa casa não conseguem seguir o fluxo; caminham na direção oposta. A casa 11 tem tudo a ver com a tecnologia que conecta as pessoas e difunde informação. Sem dúvida, influenciou a invenção das redes sociais.

Se seu Sol está na casa 11, você provavelmente se conecta com gente excêntrica. Valoriza menos o dinheiro e as posses, e mais as formas futuristas de vida em comunidade ou comunas focadas em sustentabilidade e agricultura regenerativa. Você pode ser um ativista em prol do meio ambiente, um vegano ou um cientista que desenvolve novas tecnologias para trazer perspectivas melhores para o futuro.

Pessoas da casa 11 têm tudo a ver com comunidade e serviços coletivos, e costumam se envolver em projetos humanitários. Conheço uma canceriana na casa 11 que adotou crianças com graves deficiências. Meu filho é de Áries na casa 11; há poucos anos, quando o inverno ficou bastante rigoroso, ele saiu e gastou um bom dinheiro comprando meias de lã para pessoas desabrigadas. Um libriano poderia ser um cientista nato com talento para reunir pessoas.

A decoração da casa 11 pode incluir aparelhos com tecnologia de ponta, agendas de eventos comunitários, panfletos de manifestações políticas, roupas consideradas excêntricas, comidas veganas na geladeira e talvez o contato de um tatuador.

Se você tem três ou mais planetas na casa 11, veio a este mundo para pensar fora da caixinha e mudar as coisas com seu espírito humanitário.

DÉCIMA SEGUNDA CASA

Peixes rege a décima segunda casa, ligada ao misticismo, à mente inconsciente, à criatividade, à emoção e a todas as coisas que vivem abaixo da superfície. A casa 12 é difícil de ser interpretada. Se seu Sol está nessa casa, isso sem dúvida explica por que você não se identifica com seu signo solar, pois ali ele se torna mais difuso e menos óbvio. Você talvez não se sinta tão bem neste mundo, podendo até ter conexões com mundos diferentes. Talvez fale com espíritos, veja anjos ou sinta vibrações que outras pessoas não conseguem sentir. É a casa das realidades alternativas, onde se perde a noção de tempo.

Um dos maiores astrólogos do meu curso é de Sagitário na casa 12. Um sagitariano típico adora viajar, mas um sagitariano na casa 12 talvez nunca queira sair de casa. Essas pessoas querem ficar dentro do quarto, vendo Netflix ou lendo um bom livro sobre espiritualidade, e ficam chateadas se alguém entra ali pedindo que façam outra coisa. Podem ser mais propensas ao alcoolismo e à dependência química por conta da necessidade de escapar do chamado "mundo real".

Eu conheço um capricorniano na casa 12 que é um empreiteiro de sucesso. Quando entra na casa das pessoas, ele alega sentir a história de vida de quem mora ali. "Seu avô está aqui", ele já disse a um cliente. Os signos de água se sentem bem na casa 12, enquanto outros elementos ficam desorientados e desconcertados. Um geminiano com uma natureza falante se sente atraído pelo silêncio. Um virginiano meticuloso pode ficar confuso por conta do impulso de fugir das responsabilidades. Um dramático leonino sente uma vontade repentina de evitar os holofotes.

Eu tive uma cliente com Sol e Lua em Virgem. Seu Sol estava na casa 12, e ela nunca se sentia virginiana, porque, no caso dela, a casa diluía os traços do signo. Ela se sentia como se vivesse num sonho do qual não conseguia acordar. A casa 12 envolve esse tipo de criatividade distraída e sonhadora. É a casa de todos os tipos de música, inclusive da música celestial. Os melhores fotógrafos e cineastas tendem a ser dessa casa. Inspiram-se facilmente e sentem atração pela beleza, pelas cores e pela musicalidade. Essa é uma grande casa para um astrólogo, pois as pessoas da casa 12 não precisam de provas para aceitar, acreditar e sentir a verdade da informação mística. Elas são empáticas e sentem o que os demais sentem.

A decoração da casa 12 envolve incensos, cartas de tarô, livros sobre magia, guias de interpretação de sonhos, teto com adesivos de estrelas que brilham no escuro e talvez todos os livros do Harry Potter.

Se você tem três ou mais planetas na casa 12, veio a este mundo para explorar e descobrir o que existe por trás das fronteiras do reino terrestre.

UNINDO TODOS OS PONTOS

Ao estudar essas influências, lembre-se do seguinte:

- ★ **O planeta diz *o quê*.** Que energia é essa? É a força vital do Sol? A energia emocional da Lua? A energia mental de Mercúrio? A energia severa de Saturno?
- ★ **O signo diz *como*.** Como essa energia se manifesta? A energia solar produz um geminiano distraído? A energia lunar produz um ariano impetuoso?
- ★ **A casa diz *onde*.** Qual é seu "endereço"? Em que arena essa energia aparece? Você está na casa da comunicação, dos sonhos, do trabalho, do amor?

É complicado interpretar tudo isso (e os astrólogos profissionais podem ajudá-lo). Contudo, destrinchar seu mapa astral permite entender como todas essas influências contribuem para formar a pessoa complexa que você é.

STELLIUMS

Quando existem três ou mais planetas no mesmo signo ou na mesma casa, a astrologia chama esse fenômeno de *stellium*, e ele representa o tema da sua vida. Tendo três ou mais planetas em Capricórnio, sua energia capricorniana será especialmente forte: você poderia ser um CEO de uma empresa bilionária. Tendo três ou mais planetas na primeira casa, regida por Áries, sua energia ariana será potencializada: você poderia ser um atleta profissional ou algum tipo de líder. Saiba que você pode ter um *stellium* em uma ou mais casas, e também em um ou mais signos. É possível que sua vida tenha múltiplos temas que podem estar em harmonia ou em conflito.

7

Astrologia esotérica

SATURNO E O SIGNO ASCENDENTE

> O valor da astrologia não reside em seu poder de prever o que os deuses têm reservado para os humanos, mas na sua capacidade de revelar os poderes divinos que residem bem no fundo de qualquer pessoa.
>
> – Glenn Perry, Ph.D.

Este capítulo vai se afastar um pouco da astrologia tradicional para tratar de dois conceitos essenciais à astrologia esotérica: o signo ascendente e Saturno. Esse é um grande diferencial do meu modelo astrológico. Eu trabalho como astróloga em tempo integral há quase cinco décadas. Ao longo do tempo, e após anos de trabalho clínico, decodifiquei as maneiras de tocar seu coração, atravessar sua armadura e revelar o que se esconde por trás da máscara da sua personalidade. Eu me concentro nos seus gremlins, canalizando seu observador e oferecendo o remédio de que sua alma precisa, enquanto ela fica quietinha nos bastidores, esperando que você a perceba.

A maioria dos livros de astrologia se baseia na astrologia exotérica, que aborda somente o mundo exterior. Ela conversa com seu ego, que ajuda a cumprir as expectativas da sociedade: agir como adulto, construir uma vida estável e segura, encontrar uma esposa ou marido e ter filhos, e alcançar algum tipo de sucesso. O primeiro objetivo do ego é pressionar você a acumular altas doses de aprovação social. Seu ego quer ticar a lista de requisitos do que você "deveria ser", cultivando uma autoestima firme o suficiente para convencê-lo de que você é uma boa pessoa. "Estou me saindo muito bem. Meus objetivos são me manter saudável, ser bem-sucedido, estar num relacionamento sério e duradouro e, se eu tiver muita sorte, alcançar algum tipo de fama ou reconhecimento do meu valor." Oi, ego!

O foco da astrologia esotérica, chamada assim por Alice Bailey, é muito diferente. Versa sobre a conexão do indivíduo com seu mundo interior. É uma filosofia que quer induzir você a escutar as vozes baixinhas que lhe sussurram. É a voz da sua alma.

Na astrologia popular, o signo ascendente descreve a maneira como você se apresenta e é visto pelos outros. Na astrologia esotérica, o corpo representa sua alma. Em outras palavras, o corpo não mente. Você possui reações instintivas. Essa é a diferença: na astrologia esotérica, descrevemos o signo ascendente como um acesso à sua alma. Ele tem esse nome porque sugere a ascensão de partes superiores de você mesmo. Não se trata de um indicador superficial, mas de uma fonte de elevação. Na minha prática, o principal objetivo é mirar o ascendente.

Também enfatizo a importância de Saturno. Na astrologia esotérica, Saturno é o mestre de obras encarregado das lições que você veio aprender por meio do esforço. Você precisa ser disciplinado, pois Saturno exige isso. As palavras "disciplina" e "discípulo" têm a mesma raiz. E o que é um discípulo, senão um ser que serve a Deus porque é apaixonado pelo Criador?

Eu adoro Saturno. E tenho facilidade para exercitar a disciplina porque sei para quem trabalho. Esse é um foco espiritual que Alice Bailey chamava de hierarquia, "o grupo de seres espirituais dos planos interiores que são as forças inteligentes da natureza e que controlam os processos evolutivos". Eu e minha alma jogamos no mesmo time, e Saturno é nosso treinador. Essa é a única variável que mudou a minha vida, que fez com que me apaixonasse pelo meu destino e libertasse minha alma. Eu quero o mesmo para você, e neste capítulo vamos mergulhar no território da astrologia esotérica.

Meu objetivo como astróloga e psicoterapeuta é aconselhar cada um a alcançar o caminho superior do seu mapa, representado pelo ascendente e pela posição e o elemento de Saturno. É por isso que sempre falamos dos caminhos inferior e superior. Estou aqui para fazer você se concentrar no seu caminho mais elevado. É óbvio que uso o mapa astral inteiro, em toda a sua complexidade, mas esses dois ingredientes são os principais indicadores que levam você diretamente à sua alma.

Minha prática envolve os seguintes questionamentos: o que sua alma deseja? Que questões têm perseguido você? O que a vida quer que você aprenda? A astrologia nos ajuda a acionar nosso observador. Pense nisto: o ponto de vista do astrólogo é observar você à distância, com objetividade e neutralidade. É por isso que a astrologia reduz a reatividade e a negatividade emocional, acalmando nossos gremlins ao máximo para que consigamos escutar a voz da nossa alma.

Meu momento preferido numa leitura de mapa astral (e isso acontece com muita frequência) é quando um cliente chora porque sente que, enfim, está sendo visto por alguém. Eu me transformo na voz do observador, que enxerga através da perspectiva do amor. Porém, certas vezes, tenho que chamar a atenção dos meus clientes: "Contenha o impulso do seu ego. Você não pode ficar viajando o tempo todo, se escondendo de si mesmo. Acalme-se e coloque os pés no chão." Ou então digo o oposto: "Peça demissão desse emprego agora! O que você prometeu à sua alma não foi segurança. Você deveria ser um espírito livre, em constante movimento."

E como sei de tudo isso? Graças à posição de Saturno e/ou do signo ascendente. Essas são duas chaves para obter respostas sobre nossa parte mais elevada. O ascendente ecoa a voz-guia da alma. Toda astrologia descreve o ego, pois é essa sua função, mas não se engane: a astrologia esotérica é o caminho mais rápido em direção à sua alma.

SOBRE A ASTROLOGIA ESOTÉRICA

Os 24 livros escritos por Alice Bailey – entre eles *Astrologia esotérica e Psicologia esotérica* – nos preparam para a Era Dourada, que é como ela chamava a Era de Aquário. Foi ela quem cunhou a expressão New Age, ou Nova Era. Cada era dura cerca de 2.100 anos. Recentemente, passamos da Era de Peixes à de Aquário, mas não sabemos ao certo quando essa transição aconteceu. Imagino que tenha sido na década de 1960, quando nossos valores de mundo mudaram de forma radical. Alice Bailey canalizou isso e nos alertou, na década de 1920, que estávamos muito perto de virar uma página e dar início a uma nova versão da humanidade. Seus livros são um chamado para o despertar, para que identifiquemos nosso papel singular usando a astrologia e as leis esotéricas.

Bailey explicou que a Era de Aquário chegaria quando a ciência começasse a apoiar a metafísica. Quando esse momento chegasse – e chegou –, estaríamos vivendo a Nova Era. A ciência tem apoiado muitas coisas que costumávamos considerar místicas ou sobrenaturais, da física quântica à teoria das cordas e à possível existência de seres em outros planetas. Não acredito ser coincidência o surgimento de informações sobre seres extraterrestres que se comunicam conosco há anos. (Como astróloga, posso afirmar isso porque passo o dia inteiro falando sobre os planetas.) As previsões de Bailey estão se mostrando verdadeiras.

Ela revelou que o propósito da Era de Aquário é desmantelar a matriz social vigente, que em grande parte é dominada pelo ego e pela ganância, a fim de criar um novo padrão com base nos mais altos valores espirituais. Oi, Era de Aquário! Será que finalmente seremos capazes de deixar nosso ego para trás?

Foi na Era de Peixes que Buda, Jesus e Maomé apareceram com uma missão: aprender a amar e manter o coração aberto. Parece que a Era de Peixes falhou. Dê uma olhada ao seu redor: no geral, nossa realidade não se baseia no desapego nem no amor. Na verdade, a humanidade tem se baseado sobretudo no medo e na ganância.

Os gremlins se alimentam do medo. O ego diz que "deveríamos" estar fazendo algo monumental, ser produtivos, enriquecer e ser muitíssimo valorizados. Mas, se a Era de Peixes não deu certo, vamos tentar de novo. Quem sabe conseguimos ter um desempenho melhor nesta Era de Aquário?

Bailey afirma que, na Nova Era, nossos valores serão ajudar e amar o próximo, sem esperar reconhecimento, sem ganância ou glamour. No mundo de Alice, o amor é a peça central. As grandes realizações, na lei esotérica, não são medidas no plano exterior; pelo contrário, são medidas internas. Se uma pessoa está sofrendo, segundo Bailey, ela está servindo à humanidade ao aceitar parte da dor coletiva. Sofrer não é um sinal de fracasso. Pense em Nelson Mandela, Madre Teresa de Calcutá, Martin Luther King e Dalai Lama. Eles aceitaram nosso carma coletivo sem hesitar.

Esses seres altamente espiritualizados se doaram aos outros livremente, descolados do ego ou de necessidades próprias. Você também pode ser assim, mesmo que não perceba. Se sua vida parece dolorosa, tediosa ou se você se considera um fracasso, pare e reavalie. Do ponto de vista da alma, talvez isso esteja longe de ser verdade. Medir sua vida com uma régua externa, ou de acordo com parâmetros estabelecidos pela sociedade, não tem base esotérica. É bem comum as pessoas não terem ideia do tamanho da contribuição que fizeram até se enxergarem por meio dos olhos de Deus.

No início da minha carreira como astróloga, passei muito tempo analisando mapas astrais, tentando identificar os detalhes do que as pessoas aprenderam nesta vida. Estive com muita gente que passou por momentos difíceis, como abusos, privações, problemas de saúde mental, vícios. Eram heróis e heroínas que não recebiam reconhecimento por terem carregado o peso da condição humana sem sequer perceber.

Toby é de Peixes. Ele passou catorze anos cuidando da esposa, que sofria de uma doença rara que acabou se revelando fatal. Ela adoeceu pouco depois do casamento, e Toby ficou com ela até seu último suspiro. Quando tudo acabou, ele se mudou para a Colúmbia Britânica, onde passou a morar sozinho numa cabana. Continua sozinho até hoje, sorrindo e emanando paz. Toby está cumprindo a promessa do seu ascendente em Câncer e Sol em Peixes. Ele é uma pessoa com dois signos de água, que prometeu servir aos outros de forma altruísta, levando uma vida calma e confortável. A vida de Toby é repleta de alma. Alice Bailey aprovaria.

Muita gente se engana ao considerar os solitários e tímidos pessoas inertes ou inúteis. A alma discorda disso categoricamente. Esses indivíduos lidam com o carma coletivo para o benefício de todos nós. Toby está seguindo uma vida espiritual. Ele é um ser muito evoluído disfarçado de homem tímido, por nenhum outro motivo além de simplesmente ser ele mesmo. Toby está atendendo ao chamado da alma, e esse deve ser o objetivo da vida de todos nós.

É bem provável que você não conheça o carma que carrega com sua família, com seu parceiro ou parceira de vida, com seus amigos próximos e até com seus cães e gatos. Existem acordos tácitos a serem cumpridos, lições ocultas a serem aprendidas, e sua alma está pronta para tudo isso. Suas crises e lutas são mais do que meros obstáculos a serem superados; são o contexto no qual você pratica os princípios espirituais. Aos olhos da sua alma, você tem o mesmo peso que os grandes nomes que usamos como exemplos. Estamos juntos nessa. Nós somos um. Isso soa muito místico, mas é verdade.

De acordo com seu mapa astral, sua alma alistou você no serviço coletivo com atribuições específicas que você provavelmente detesta ou nem sequer entende. A crise que o rodeia, seu trauma de infância, até mesmo aquele relacionamento que deu errado... tudo isso surgiu para lhe ensinar como entrar no seu coração e depois levá-lo à cura. É assim que contribuímos para a evolução da nossa espécie. A alma nunca se cansa das feridas. Para a alma, a ferida é o coração sendo aberto, e esse é o objetivo final: quem sentir amor por mais tempo vence. É por isso que digo que a alma é comprometida com a vida: ela está sempre pronta para aceitar qualquer tipo de dor, sem resistência.

Precisamos ressignificar o ego no contexto da missão da alma, pois só assim nossa alma finalmente nos oferecerá paz, calma, tranquilidade e ordem divina.

Ninguém pode ser astrólogo sem ter a consciência de que, como disse Einstein, Deus não joga dados com o universo. A astrologia é tão confiável quanto o Sol, que surgirá amanhã de manhã, e quanto a Lua, que se desloca pelo céu seguindo sua ordem perfeitamente previsível. Eu acredito piamente (e testemunhei isso em várias leituras) que seu mapa astral explica por que você está aqui e o que veio aprender nesta vida. Ao estudar seu Saturno e explorar o caminho superior do seu signo ascendente, você terá acesso a esse conhecimento.

SATURNO, O FISCAL (OU POLICIAL, DIRETOR DE ESCOLA, MESTRE DE OBRAS...)

Quem me conhece sabe que sou muito disciplinada. Não sei por que levo a vida tão a sério, sobretudo sendo uma alegre geminiana. Quanto mais me aprofundo no estudo do meu mapa, mais percebo a influência de Saturno.

Isso explica por que odeio me atrasar, nem que seja por um minuto; por que não consigo ignorar uma mensagem e sempre respondo em até meia hora; por que gosto de usar as palavras com precisão e clareza; por que cumpro tudo o que prometo, mesmo quando não quero. Passei a amar Saturno, e credito meu sucesso à minha obediência a esse senhor idoso.

Saturno rege as regras. Na verdade, Saturno cria as regras! E eu só entendi que essa era a chave para o sucesso no meu segundo retorno de Saturno (falaremos mais sobre isso nas próximas páginas). Foi nesse momento que inaugurei meu curso de astrologia e me tornei CEO. Aprendi sobre administração de empresas e apliquei os valores de Saturno à minha. Comecei a analisar planilhas e hoje sei o que significa margem de lucro e o que é um relatório de demonstração de perdas e lucros. Tenho uma agenda de compromissos que sigo diariamente. Bem-vindo a Saturno.

Quando ensino sobre Saturno, as pessoas não gostam do que ouvem, embora estejam ali para aprender justamente isso. Quem dera não precisassem ouvir. Mas, para polir nossa espiritualidade, devemos nos dedicar às lições difíceis. É exatamente isso que contribui para a evolução humana, e todos temos nossas tarefas. Talvez você tenha imaginado que a vida seria fácil (mais uma falha de projeto), só que, como disse M. Scott Peck na primeira linha do livro *A trilha menos percorrida*: "A vida é difícil."

Atenção: os gremlins que reclamam e dizem que você está fazendo tudo errado estão sempre ao lado de Saturno. Afinal, quem neste mundo está disposto a enfrentar dificuldades como doenças mentais, mágoas, ruína financeira, traições, vícios ou coisas piores? Saturno parece inclemente. Você acreditaria em mim se eu dissesse que Saturno opera com ótimas intenções? Ele só está pedindo que você aceite seu destino, que participe desse jogo chamado vida atendo-se às regras e que faça isso com respeito, gentileza e amor. Na dúvida, basta fazer o que for certo. É assim que você conquista a amizade de Saturno. Sinto muito, não é um caminho fácil, mas é assim que funciona.

E quais são as regras, afinal?

Para começar, não se atrase. Levante-se e se exercite. Seja disciplinado. Pague seus impostos e seus boletos. Guarde seus recibos e comprovantes. Limpe seu carro. Coma alimentos de verdade, vindos da terra. Seja simples. Compartilhe. Perdoe. Beba água fresca. É preciso fazer tudo aquilo que demanda esforço (a menos, é claro, que você seja capricorniano ou tenha Saturno bem posicionado no seu mapa). As leis de Saturno dizem que, quando você tiver pagado o que deve e se tornar bom em algo graças à persistência (Saturno sempre se refere à persistência), então será recompensado. Trabalhe duro, mesmo quando não quiser – sobretudo quando não quiser. Esse é o segredo.

Aposto que você ficou reticente lendo isso. Cerca de 95% das pessoas com quem trabalho dizem: "Não tenho disciplina alguma." E isso não é verdade, pois acordar todo dia, escovar os dentes e enfrentar a densa realidade já demonstra disciplina, embora ninguém vá dizer que você tem motivos para estar depressivo e exausto. Saturno rege os ossos, os dentes, os governos e os edifícios – todos os fatores substanciais e pesados desta vida. Vivemos num mundo regido por Saturno, um mundo pesado, então somos obrigados a nos esforçar o tempo todo.

Essas são as duras verdades, as leis inflexíveis. Saturno é implacável e está nos observando. Mas não precisamos de um manual de regras. Todos sabemos o que é melhor para nós: comer bem, fazer exercícios físicos, terminar relacionamentos que não são saudáveis... "Por que não fazemos o que é bom para nós?", eu me questionei na época da faculdade. A resposta é: porque não temos um bom relacionamento com Saturno.

Vou dar um ótimo exemplo. Sting tem Sol em conjunção com Saturno (como já vimos, o planeta que está ao lado do Sol acaba ofuscando o signo solar). Eu nunca conheci um homem mais disciplinado. Ele toca baixo e ensaia sem parar. A cada show, antes de subir ao palco, faz exercícios para aquecer a voz. Ele é muito constante, e sua presença hoje é tão magnética quanto era quarenta anos atrás. Sting é a definição de uma velha alma que está em conformidade com as exigências de Saturno e que alcançou os êxitos interior e exterior. Ele se manteve comprometido com o processo, com a meditação e com seu chamado interior.

Se você não cumprir suas promessas nesta vida, não se preocupe: poderá tentar de novo na próxima. Essa é a astrologia cármica. Nosso relacionamento com Saturno nos acompanha de uma vida a outra.

Talvez Saturno esteja tirando você do sério. Talvez você ache que não entende a vida e que não está fazendo o bastante, mas isso não é verdade. A influência de Saturno não tem meio-termo: obedecer-lhe é tão incômodo quanto negligenciá-lo (só que sem as consequências). Há um atalho para descobrir onde está seu Saturno: procure seu ano de nascimento no Apêndice II.

O elemento de Saturno no seu mapa astral nos dá uma pista sobre o que você veio aprender nesta vida:

Saturno no elemento água (Câncer, Escorpião e Peixes) indica que você veio a este mundo para aprender a lidar com seus sentimentos, a estabelecer limites e a ser vulnerável. Toda vez que fica de coração partido, Saturno desafia você a se levantar e tentar de novo, impedindo que suas emoções esfriem até congelar. Saturno pede que você recupere sua fé no amor e nas pessoas, sem se importar com o que aconteceu no passado.

Saturno no elemento ar (Gêmeos, Libra e Aquário) indica que suas lições são os relacionamentos e a comunicação. Os relacionamentos podem parecer desafiadores e você pode resistir a eles ou se conformar com algo que não está à altura do que merece – não importa se você teve muitos ou poucos relacionamentos, nem se eles foram disfuncionais e por isso sua mente vive julgando seus parceiros, buscando motivos para terminar tudo. No melhor dos casos, você leva jeito para os relacionamentos, para as amizades e para a vida em comunidade.

Saturno no elemento terra (Touro, Virgem e Capricórnio) indica que suas lições podem envolver dinheiro, recursos ou segurança. Você teve dinheiro e perdeu, ou nunca se sentiu financeiramente seguro, por isso acredita que fracassou na vida. Um aviso: a alma não considera o dinheiro um parâmetro de sucesso. A verdadeira questão é: você respeita o domínio físico? Cuida do seu dinheiro, do seu corpo, deste planeta? Está disposto a aceitar um emprego sem glamour para trazer segurança à sua família e aos que dependem de você, sem reclamar? Está disposto a ser bem-sucedido e reconhecer suas habilidades?

Saturno no elemento fogo (Áries, Leão e Sagitário) indica que você veio até aqui para ser visto. Seu temperamento ou é contido ou sai do controle. Talvez já tenha se sentido mal sob os holofotes (literal ou metaforicamente) ou pode ser que tenha muito medo de se manifestar. Sua lição de vida é se expressar e ser notado; ter coragem para dizer o que precisa ser dito. Se você abandonou seus sonhos porque não recebeu o aplauso que esperava, não desista. Faça algo porque ama, não porque está buscando validação externa.

As pessoas que trabalham comigo costumam dizer que sou profissional até demais. E eu sempre respondo: "É porque vim a este planeta para ajudar nos preparativos da Era de Aquário." Respeito Saturno e adoraria poder dizer pessoalmente a Alice Bailey que assimilei tudo o que ela disse.

O RETORNO DE SATURNO

Saturno carrega um reloginho de bolso no colete de vovô. A cada sete anos, ele volta e pede que você mude algo na sua vida. Se concordar, a mudança será fácil. Se resistir… esteja pronto para as repercussões. Essa é a essência do fenômeno astrológico conhecido como "retorno de Saturno".

A primeira vez que Saturno se postou num ângulo de 90 graus em relação à posição que ocupava quando você nasceu foi aos seus 7 anos de idade. Esse foi seu primeiro passo em direção à individualização. Você entrou na escola, aprendeu a ler e escrever, a se moldar aos padrões.

A cada sete anos, Saturno volta a mostrar sua cara. Você se sentiu confuso aos 14 anos? Óbvio que sim. Ninguém está isento dos incômodos da adolescência.

Saturno reaparece de novo entre os 20 e 22 anos (um astrólogo poderia dizer exatamente quando esses trânsitos afetam você). É nesse momento que grande parte das pessoas se aventura pelo mundo, seja para terminar os estudos ou para começar uma carreira. Muitas vezes, é nessa época que você escuta o primeiro chamado do destino. Alice Bailey falou sobre isso: se você está destinado a seguir um caminho espiritual, receberá o primeiro chamado por volta dos 21 anos. Muita gente famosa foi descoberta nessa idade, como a cantora India Arie. Barbra Streisand atuou no musical *Funny Girl* aos 21 anos, quando sua carreira deslanchou. Não sei se é apropriado colocar meu nome ao lado dessas duas gigantes da música, mas, quando tinha 20 anos, entrei em contato com o mundo de Alice Bailey e comecei minha prática clínica.

O destino entra em cena no primeiro retorno completo de Saturno, quando ele volta ao local exato em que estava no momento em que você nasceu. Isso acontece entre os 28 e 30 anos de idade, e dura uns dois anos e meio. Quando Saturno retorna, a mudança é iminente. Você sente a pressão da insistência de Saturno. As pessoas costumam se casar, se divorciar, ter filhos, perder um ente querido ou vivenciar outros marcos nessa época.

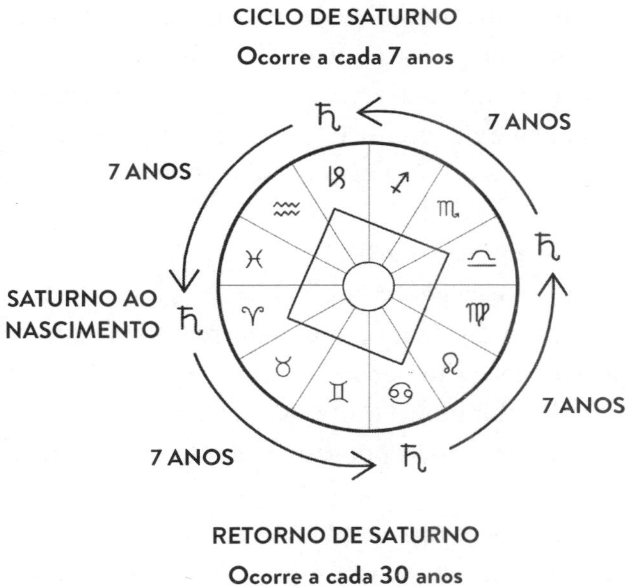

Veja o caso de um jovem que se casou cedo, aos 20 e poucos anos, com a namorada que conheceu na faculdade. Ele não estava louco de amor, mas gostava muito dela, e ela o amava. O casamento era afetuoso e estável, mas no fim o rapaz sentiu que estava se conformando com a vida esperada para ele. Passou sete anos relativamente satisfeito, mas sempre inquieto e sem grandes desafios. Por mais que tentasse se libertar, não conseguia tomar a iniciativa de terminar o casamento... até o início do retorno de Saturno. Quando Saturno entrou no signo dele a 0 grau, ele pediu o divórcio. Viajou, estudou e, sendo fiel ao seu ascendente em Gêmeos, foi capaz de recomeçar e reconstruir sua vida.

Sempre que pergunto “O que aconteceu entre seus 28 e 30 anos?”, as pessoas têm uma história para me contar. De repente, pareço ganhar poderes mágicos. Invocar o retorno de Saturno de alguém é o maior truque de mágica astrológico. Por experiência própria, afirmo que isso se aplica em 99% dos casos. Num seminário em Los Angeles, havia vinte pessoas na sala; conversamos com todas elas, e todas tinham uma história comovente para contar. Esse indicador constante é o que me faz acreditar na astrologia.

Em 1982, eu tive a certeza de que o retorno de Saturno era um fato real. Eu estava lendo o mapa astral de um general do Exército dos Estados Unidos. Ele era um típico ariano com Saturno em Capricórnio, um homem gigante com energia intensa e motivação enorme. Por algum motivo, eu lhe disse o ano e o mês exato do seu retorno de Saturno, o que não costumo fazer.

– O que aconteceu em maio de 1961? – perguntei.

Ele ficou de olhos arregalados e me disse:

– Eu estava voltando do Vietnã, muito atormentado com o que tinha vivido lá. Minha mente foi tomada por um pensamento louco: "Como posso bombardear Washington?" Entrei de licença. Eu não podia matar mais ninguém. Quando o avião pousou, procurei um psiquiatra e falei: "Preciso de ajuda."

Até então, aquele homem não acreditava em astrologia. Ele só havia me procurado por conta da insistência da esposa. E isso fez com que eu e ele entendêssemos que a astrologia era real.

Um dos ingredientes mágicos do nosso curso é que ensino as pessoas a fazerem uma leitura impactante, e isso sempre começa com os ciclos de Saturno. Imagine alguém descobrir, aparentemente do nada, quando você abriu um negócio, quando teve um filho, quando se divorciou... Esses fatos acontecem a cada sete anos.

O segundo retorno completo de Saturno acontece entre os 58 e 60 anos de idade. Quando eu tinha 58 anos, uma cliente chamada Destinee (juro que o nome era esse) me perguntou:

– Você já pensou em abrir um curso online?

– Abrir o quê? – perguntei.

Eu e Destinee inauguramos o curso juntas. Toda segunda-feira de manhã, nos cinco anos seguintes, nós duas tínhamos um encontro marcado. E esses encontros, bem no início do meu retorno de Saturno, mudaram a minha vida. Tive milhares de alunos. Eu recebi muita gratidão e muitos presentes por ajudar pessoas a se apaixonarem por quem são ou pelo próprio destino.

Os ciclos de Saturno indicam os melhores momentos para correr riscos e mudar de direção por completo, seja se libertando de algo ou fincando os pés no chão. O segundo retorno de Saturno é a oportunidade de encarar a mortalidade com sabedoria, entendendo que envelhecer não precisa ser um processo ruim. Também é comum vermos muita gente nos obituários entre os 58 e 60 anos. Isso faz sentido: você está no fim de uma era e já alcançou seu propósito. Mas será que alcançou mesmo?

Saturno pode ser um ditador arrogante que exige humildade. Ele rege os joelhos e, na pior das hipóteses, insiste que você se ajoelhe e peça ajuda. Se seu Saturno voltar para ferir, chocar ou pressionar você, saiba que ele está tentando libertá-lo de uma história antiga e obsoleta que você está vivendo: um relacionamento fracassado, um emprego que já viu dias melhores, uma parte da sua vida que está paralisada.

Não há como escapar da pressão de Saturno. Se você quiser desafiar esse chefe, vá em frente e boa sorte. Tentar evitá-lo não é boa ideia. A resistência é bem mais comum no segundo retorno de Saturno do que no primeiro. Eu já vi o temperamento cósmico aparecer quando um vício não é superado, quando um relacionamento fracassado é mantido, quando uma dívida não é paga. Se você escuta o chamado, alcança o êxito. Se resiste, acaba perdendo. Há um motivo para que na Índia existam tantos templos dedicados a Saturno; os indianos sabem que precisam deixá-lo satisfeito. Simples assim.

COMO SE PREPARAR PARA O RETORNO DE SATURNO?

....

"Posso fazer algo para me preparar para meu retorno de Saturno?", costumo ouvir com frequência. Sinto muito, mas não há nada que possa ser feito antes do primeiro retorno. Você estará com 20 e poucos anos, atravessando o deserto, mudando de ideia. Isso vai acontecer. Espere e verá.

Porém, caso esteja se aproximando do segundo retorno, prepare-se para se manter saudável ou abandonar uma velha carreira, um relacionamento antigo, algum problema de saúde ou padrões ultrapassados. Se você está chegando aos 55 anos e faltam três para seu segundo retorno, comece a cuidar do corpo agora. As pessoas costumam me perguntar por que pareço tão jovem para a minha idade, e eu digo que é porque sou 100% comprometida a honrar Saturno me mantendo saudável. Faço detox, me exercito todo dia, me alimento bem. Como você quer envelhecer?

ASCENDENTE: O CHAMADO DA SUA ALMA

Outro importante foco da astrologia esotérica é o signo ascendente, que representa o caminho da sua alma. Para a astrologia moderna, o ascendente descreve como você se mostra e é percebido pelos outros. Astrólogos antigos, por outro lado, costumavam listar características físicas associadas a cada signo ascendente: quem tem ascendente em Leão tem um cabelo lindo; quem tem ascendente em Câncer tem seios grandes; quem tem ascendente em Escorpião tem olhos sedutores, e por aí vai.

Existe alguma verdade nessa comparação. O corpo não mente. E você já deve ter se sentido desconfortável na presença de alguém ou tido o pressentimento de que estava sendo enganado, só porque seu corpo registrou uma sensação negativa. Ele estava apenas lhe dizendo a verdade.

A constelação no horizonte leste no momento em que você nasceu é seu signo ascendente. Eu costumo dizer que a versão mais simples da astrologia descarta o mapa astral, identifica direto o ascendente e aplica essa leitura no caminho superior.

Estude seu ascendente e dedique sua vida a entender a expressão completa desse signo. A alma é o foco da astrologia esotérica. Está preocupada com a evolução, com seu relacionamento com Deus (seja lá o que isso signifique para você) e com sua habilidade de encontrar a paz.

Esse é um caminho sagrado. A alma aproxima você de livros como este.

Leva você a querer meditar e estudar os princípios metafísicos. A alma ama o amor. Acredite ou não, sua alma é apaixonada por você.

Todos os animais são repletos de alma. Não têm ego. Pense no seu bichinho de estimação abanando o rabo, empolgadíssimo, sempre que você chega em casa. Ele tem poucas necessidades: comida, carinho, diversão. E sua alma não é diferente: ela está comprometida com você como uma mãe se compromete com o filho, ou como um amante se compromete com a pessoa amada. Mas... onde você guardou o impulso da sua alma? Ele só pode estar por aqui em algum lugar. É comum se sentir distante desse amor perfeito.

Num mundo ideal, sua alma perguntaria ao seu ego:

– Posso dirigir hoje?

– Não – responderia o ego. – Você nunca me leva às minhas lojas preferidas.

– Lojas? – retrucaria a alma. – Eu queria ir ao templo para podermos meditar.

Quando o ego está atrás do volante sem a influência da alma, em algum momento você passa por uma crise, bate num muro espiritual, entra em choque com suas necessidades e com seu apetite voraz por aprovação. Não se preocupe, a alma é paciente e observadora. Ela não se impõe a você.

No meu curso, quando alcançamos o nível três, eu sempre começo introduzindo, por meio da meditação, uma prece que se destina diretamente à alma: "Deixe que minha vida esteja a seu serviço. Assuma o controle. Eu não quero nada além de atender a missão da minha alma enquanto estiver aqui." Sinta-se livre para usar e adaptar essas palavras. Sugiro que você as repita no início da meditação para invocar sua alma e entregar a ela as chaves do seu carro.

Eu e minha alma assinamos um contrato de almas gêmeas, mas não foi sempre assim. Fiquei desapontada quando descobri que meu ascendente era Libra. (A maioria das pessoas não gosta do próprio ascendente.) Eu lembro que, nos meus 20 e poucos anos, minha alma libriana era muito dependente. Eu estava muito agarrada ao caminho inferior de Libra e me apaixonava por todo mundo que precisava de ajuda, mas não de um jeito saudável, e sim carente. Até que percebi que não precisava estar num relacionamento para me sentir normal.

Talvez este livro ajude você a acelerar o processo sem precisar enfrentar as duras lições que enfrentei.

Ao permitir que sua alma fique no comando, você passa a levar uma vida mais significativa, e a Nova Era ganha uma chance muito maior de mudar o mundo. Quando a Nova Era estiver assumindo o controle, aproveite para cumprir o propósito da sua alma e compreenda que seus gremlins, seu ego e sua história não passam de enormes distrações.

O papel definitivo dos desafios e das crises, segundo a psicologia esotérica, é criar angústia e dores suficientes para que você enfim pare um pouco, fique atento ao seu ascendente, se engaje no caminho superior e encontre paz na vida como ela é. Seu ego nunca estará em paz com a vida como ela é, então observe seu ascendente. Esse é um conselho simples que talvez você não encontre nos livros modernos de astrologia. Se uma pessoa está mostrando mais o signo ascendente do que o solar, eu sei que ela está tentando alcançar seus objetivos.

Após identificar seu ascendente, a questão mais importante é: você está percorrendo o caminho inferior ou superior? Uma pessoa com ascendente em Virgem resiste a críticas pessoais. Quem tem ascendente em Capricórnio pode ser tomado pela preguiça num primeiro momento, só depois descobrindo a ambição e a motivação necessárias para alcançar o sucesso. Alguém com ascendente em Peixes pode não se permitir ser livre e sonhador, até perceber que esse é o acesso artístico que tem a outros mundos. Uma pessoa com ascendente em Leão não quer ficar sob os holofotes até se tornar consciente e madura o bastante para reconhecer seu talento e seu potencial.

Vou dizer a verdade: você vai resistir ao seu ascendente. Nunca conheci ninguém que não tenha lutado um pouco ou muito para chegar ao caminho superior do signo ascendente, porque isso parece muito fora da própria realidade e pouco natural. Repito: a astrologia tem a ver com reconhecer e enfrentar essa resistência, se disciplinando para conseguir manifestar o melhor do seu signo.

Se você está lendo este livro, é porque em parte valoriza a busca pela sabedoria. E a verdade é que todos aprendemos da maneira mais difícil. Para permitir que sua alma assuma o volante e para mandar o ego para o banco de trás, é preciso haver uma crise ou uma decisão que surja da dor. Durante a dor, recorremos às preces e à espiritualidade, mas esse não é nosso primeiro instinto (outra falha de projeto do ser humano).

Uma parte de você vai querer pegar o caminho inferior; a outra vai seguir o caminho mais elevado. Alice Bailey disse: "O processo inicial é anormal. O ego não vai se dirigir à alma sem um comando consciente do seu eu superior." Se você não puder ativar um eu superior consciente para assumir a sua vida, ele não vai aparecer. Por quê? Porque a alma é gentil e espera um convite. O ego é desagradável e empurra você para onde ele quiser. Mais uma falha de projeto!

Imagine o que poderia acontecer se você deixasse sua alma assumir a direção.

– Muito bem, ego – diria ela. – Vamos rezar no templo.

– Certo – responderia o ego. – Mas vamos fazer um acordo. Vamos às compras primeiro. Depois vamos rezar no templo e nos dedicar às tarefas do nosso Saturno.

– Não, primeiro você vem rezar comigo – insistiria a alma. – Depois cuidaremos das pendências que Saturno nos deixou e só então iremos às compras.

– Ai, tudo bem – cederia o ego, por fim.

Primeiro você deve fazer o mais importante: identificar as lições de vida ditadas por Saturno.

Em seguida, deve descobrir o caminho superior do seu signo ascendente.

Por último, deve entregar sua vida à alma e estar preparado para ver milagres.

Assim que você entregar sua vida à alma, estará honrando seus objetivos aqui. Einstein disse: "A mente intuitiva é um dom sagrado. A mente racional é uma serva fiel. Criamos uma sociedade que honra a serva e se esquece do dom." Com a astrologia, você pode reescrever esse roteiro.

NODO NORTE: SEU ATALHO PARA A ILUMINAÇÃO

Embora ele não faça parte da teoria de Alice Bailey, eu considero o nodo norte uma arma secreta em nosso arsenal – um atalho para a iluminação. O nodo norte não é um planeta; é uma coordenada que indica o local exato onde a órbita da Lua se cruza com a da Terra durante o trajeto da Lua em direção ao hemisfério norte. (Quando a Lua está se movendo para o hemisfério sul, chamamos essa coordenada de nodo sul.) Admito que exagerei no jargão astrológico, mas você não precisa se lembrar de nada do que eu disse. Basta aplicar os significados na sua vida. No seu mapa, o nodo norte é descrito como "nodo real" e está num signo. O nodo sul não está indicado, mas fica implícito, por ser o lado oposto ao nodo norte.

Se você quer potencializar sua espiritualidade de um jeito bem rápido e precisa de permissão para fazer algo que contraria muito o restante do seu mapa, essa é sua permissão. É o segredo que poucos conhecem.

O nodo norte não é um traço de personalidade explícito; é algo a que devemos aspirar. É o seu norte, sua Estrela Polar. Você pode seguir em direção a ele e ser levado ao futuro. Ele está sempre na sua frente. É uma autorização dada pelo seu eu superior que diz: "Se você seguir esse caminho, poupará tempo e esforço e poderá ir direto à resposta."

O nodo sul, que está a 180 graus dele, é de onde você vem. É bem mais confortável, como usar pantufas velhas e voltar à casa da sua infância. O nodo sul é o padrão. Quando estiver chateado, você não vai querer seguir em direção ao novo. Estará em busca de conforto, e conforto é com o nodo sul.

Ele também descreve as vidas passadas, os padrões repetitivos, onde você teve sucesso ou até onde falhou (suas falhas são familiares). O nodo norte é o que você almeja para encontrar o crescimento. Ele o leva direto à iluminação. Quando você descobrir que o nodo norte é seu objetivo, vai perceber que sua sombra está no nodo sul, e que ela o distrai sempre que você dá um passo para trás ou opta pelo caminho mais fácil.

Buscar conforto não é ruim; é bom saber onde se pode encontrar tranquilidade. Mas, em seguida, estude seu nodo norte e aproveite a oportunidade de ir atrás do seu propósito real. Muita gente considera o nodo sul ruim. Não há nada de errado em voltar à sua fonte preferida de segurança, desde que você mantenha seu objetivo principal em mente, que é seguir em direção ao futuro.

PARTE 2

Entendendo a si mesmo e aos outros

Aposto que você está morrendo de curiosidade para entender o seu mapa astral. (Ou talvez já tenha se adiantado e lido sobre seu signo solar. Estou certa? Como boa geminiana, é o que eu teria feito!) Mas não pesquise sobre seu signo solar e pare por aí. Lembre-se: você não tem apenas o seu signo solar dentro de si, mas também o oposto dele. Você tem sua Lua, Mercúrio, Saturno, ascendente, nodo norte, e pode até ter um *stellium* (três ou mais planetas num signo ou numa casa). Há muita coisa a ser estudada. Você pode se identificar com o dilema de um signo completamente diferente por motivos que só um astrólogo profissional consegue enxergar.

No meu site (www.IDontBelieveInAstrologyBook.com, em inglês), você encontra uma ferramenta para registrar seus signos em cada um dos planetas, além dos signos de pessoas importantes na sua vida. Também é possível anotar seus signos neste livro, de acordo com o enfoque que estamos dando. Você pode preencher a ficha da página seguinte:

MEU SIGNO SOLAR É: ____________________

MEU SIGNO SOLAR ESTÁ NO ELEMENTO
(CIRCULE A OPÇÃO CORRETA):

ÁGUA TERRA AR FOGO

A MODALIDADE DO MEU SIGNO SOLAR É
(CIRCULE A OPÇÃO CORRETA):

FIXA CARDINAL MUTÁVEL

MEU SIGNO SOLAR ESTÁ NA ________ CASA

O SIGNO OPOSTO AO MEU SIGNO SOLAR É: ____________________

MEU SIGNO LUNAR É: ____________________

MEU MERCÚRIO ESTÁ EM: ____________________

MEU SIGNO ASCENDENTE É: ____________________

MEU SATURNO ESTÁ EM: ____________________

MEU NODO NORTE ESTÁ EM: ____________________

OUTROS DADOS RELEVANTES SOBRE O MEU MAPA ASTRAL: ________

____

____

____

____

8

Psicologia de Áries

EU SOU

Elemento: Fogo
Modalidade: Cardinal
Casa: Primeira
Planeta: Marte
Parte do corpo: Cabeça; os arianos são pessoas obstinadas.

Queria que você entendesse que sou, em parte, animal. Sou um ser potente, movido a energia. Eu testo limites, eu sei, e algumas vezes faço isso me exercitando, em outras me expressando em público. Isso não é ruim. Se pensarmos na época em que nasci, veremos que, em vários países, por exemplo, preciso de muita disposição para enfrentar a temporada de frio e sair bem dela. Sou a pessoa que resiste, que oferece força vital, e adoro isso em mim.

Eu falo mesmo. Quando demoram a me atender no restaurante, quando o trânsito está engarrafado ou, principalmente, quando uma discussão política fica acirrada, cabe a mim dizer: "Vamos logo!" ou "Isso não é verdade!". Não admito desonestidade nem injustiça. Não consigo ficar de braços cruzados, sem fazer nada. Alguém precisa dizer alguma coisa.

Tenho prazer em ensinar. Trago um conhecimento claro, que manifesto num tapinha nas costas, num coração afetuoso e sincero ou no exemplo que ofereço como líder. Não interprete mal minha impaciência nem me peça para me acalmar. Isso só vai me deixar com mais raiva, e você não vai gostar nada disso.

Quem disse que a raiva não é útil? Talvez "paixão" seja uma palavra melhor. Eu sou assim: uma pessoa apaixonada. Muitas coisas me empolgam. Se você souber valorizar essa intensidade, nos daremos bem. Se não cumprir suas promessas ou desrespeitar os menos favorecidos, pode ter certeza de que vou me manifestar. É da minha natureza.

Olha, eu não me importo se você não for de um signo de fogo como eu, mas saiba que não tenho paciência para nada morno. Gosto do calor. Procuro a excelência. A competição me inspira a dar meu melhor. Para mim, não existe meio-termo. Eu me entrego por inteiro em tudo o que faço.

A pessoa de Áries está sempre discordando, competindo e entrando numa boa discussão. Dá para reconhecer um ariano no recinto procurando quem fala mais alto e se destaca como líder. Arianos fazem perguntas que os demais têm medo de fazer. Praticam a escuta ativa e pensam e respondem rápido. Têm uma mente aberta e insaciável e um apetite voraz por aprender coisas novas. São capazes de devorar livros interessantes por horas a fio.

Eles se recusam a seguir cegamente o rebanho. Sendo o primeiro signo do zodíaco, Áries gosta de iniciar: seja uma conversa, a fila do cinema, a aula de ginástica. Arianos são rápidos, algumas vezes bruscos, e têm um lema na vida: "Eu sou."

Ariano, a sua mente é muito viva e apaixonada! Você adora compartilhar suas opiniões. É impossível encontrar um ariano que não se importe muito com algum tema, em especial com a injustiça ou com os menos favorecidos. Seja qual for o assunto (negócios, hobbies, pessoas), os arianos são entusiasmados. Ficam obcecados. Quando se dedicam a um projeto, não param até concluí-lo.

O estereótipo de que arianos são líderes combativos e cheios de opinião costuma estar correto, mas existem arianos introvertidos cujos traços não são tão óbvios. Mesmo os marcadamente calados ficam se questionando por dentro, e é apenas questão de tempo até acabarem dizendo alguma coisa. Eles não têm medo de enfrentar, argumentar e assumir a liderança. É instintivo. Signos de fogo se alimentam do drama para permanecer despertos (e nos despertar). Nada é sutil num ariano.

Crianças de Áries têm excesso de energia. Costumam ser vistas como excepcionais e/ou bagunceiras. Carregam em si um lado intrépido. Minha melhor amiga na escola era ariana. Bem cedo, como acontece com todos os arianos, ela demonstrou uma enorme aptidão para esportes, entre eles o tênis. Mas é óbvio que ela jogava a raquete longe e resmungava de raiva quando algo saía errado. No jardim de infância, quando chegava a hora da soneca, ela perguntava: "Minha mãe não está te pagando? Então não preciso dormir." Que grosseria! Os arianos não querem perder nada. São incapazes de descansar e relaxar até que a vida cobre um preço (muitas vezes alto, como um acidente) e os ensine a desacelerar.

Várias crianças de Áries crescem aprendendo a se conter. Se você vivesse escutando "Abaixe a voz", "Não seja insistente", "Não fale tão alto", "Não exagere", faria a mesma coisa. Quando são acusadas de exagerar na dose, ficam magoadas, embora não demonstrem. Elas não percebem que estão falando alto demais ou sendo egoístas até serem criticadas. Elas pensavam estar ajudando. Infelizmente, isso explica por que adultos arianos podem chegar a suprimir sua personalidade autêntica.

A boa notícia é que os arianos aprendem rápido com os erros que cometem. Acumulam a sabedoria de quem aprendeu a duras penas com as próprias experiências difíceis. Na maioria das vezes, o ariano se transforma num adulto calmo e focado, superando o rótulo de criança agitada. Um ariano pode envelhecer bem, nunca deixando sua jovialidade completamente para trás.

A habilidade atlética acompanha o ariano em todos os lugares. Lembra que, quando crianças, tínhamos muita energia para correr, jogar bola, pular na piscina? Para muitos de nós, essa energia diminui com a idade, mas num ariano a alegria infantil perdura.

Exercícios físicos ajudam os arianos a driblar o envelhecimento. Eu sempre os encorajo a sair de casa ou voltar à academia. Eles precisam manter a energia em movimento. Mesmo sem se exercitar, têm a aparência de alguém forte. É incrível como um ariano consegue desenvolver músculos e voltar à forma rapidamente após um tempo de sedentarismo. É da constituição deles.

Ariano, sua presença afeta a energia ao redor, seja ela visível ou não. Você não é tedioso nem fica em cima do muro. Por ter uma personalidade forte (e todo mundo percebe isso), não é fácil fazer você parar, não importa a idade que tenha. Mas você tem um segredo: sofre de insegurança. Ninguém sabe disso porque você é orgulhoso demais para tocar no assunto. Acha que, ao embarcar num projeto com todo o seu entusiasmo, vai ser apenas uma questão de tempo até que as pessoas comecem a considerar você exagerado demais. Você anseia por um feedback positivo, mas não pede, e as pessoas às vezes não o oferecem porque você transmite muita autoconfiança. Ainda assim, você não para de pensar que algo vai dar errado, e fica esperando ser rejeitado por ter assumido o controle. Como entende de críticas e rejeições, você é um defensor dos desfavorecidos. Dribla a própria insegurança em nome de uma causa alheia.

O maior presente para um ariano é ter um melhor amigo que o encoraje e que escute seus medos sem interrompê-lo. Uma pessoa de Áries precisa de alguém que lhe diga como ela é boa em diferentes aspectos, alguém que acolha suas inseguranças e que a conforte. Ser amigo de um ariano também é reconfortante. Um ariano é um protetor nato.

Meu filho, duplamente ariano (Sol e Lua), é um bom exemplo dessa energia. Certa vez, aos 11 anos, ele voltou da escola muito chateado e me disse:

– Mãe, acho que me dei mal.

– O que houve? – perguntei.

– Fui chamado na diretoria porque bati num menino que estava fazendo bullying.

A ariana em mim (tenho Lua em Áries) logo respondeu:

– Pois você está de parabéns! Quem, além de um duplo ariano, teria coragem de bater num valentão? Ninguém é tão corajoso assim. Alguém precisava dar um jeito nisso.

– Jura? – retrucou ele, surpreso. – Não vou ficar de castigo?

– Se eu não conhecesse seu mapa astral, você ficaria. Mas sei que você não teve como evitar.

É verdade que o ariano pode irritar as pessoas porque diz o que todos estão pensando mas não ousam verbalizar. Ser o responsável por dizer a verdade não é fácil. Nem todo mundo quer ver alguém vociferando que o rei está nu. As pessoas querem que você se cale, que guarde essa informação. Por que você precisa dizer em voz alta algo que todo mundo já sabe?

Um ariano é bom em romper os laços com alguém. Pode se afastar, depois interromper o contato e pronto, adeus. Ariano, você faz parecer muito fácil seguir em frente e dizer: "Próximo!" Mas eu aconselho que, antes de ir embora, pise no freio e escute a outra pessoa. Olhe para trás e demonstre que você respeita o outro, mesmo não querendo mais estar ao lado dele.

E que tal admitir que quer estar num relacionamento? Que tal lembrar que nem todo mundo é tão afiado quanto você? Relacionamentos podem ser difíceis para um ariano. Assim como acontece com o signo oposto, Libra, uma pessoa de Áries pode não perceber o quanto precisa de uma parceria... desde que envolva uma boa dose de liberdade. Parceiros e amigos podem ter dificuldade em lidar com a independência inata de um ariano, que diz coisas do tipo:

"Quer sair pra se exercitar comigo? Beleza, mas eu vou com *você*, não com o grupo inteiro."

"Só vou se puder ir no meu carro."

"Topo um cineminha, desde que não seja comédia romântica. Ah, é isso que você quer ver? Tudo bem, eu te encontro depois da sessão."

Um ariano não vê problema nenhum em ir ao cinema sozinho. Porém, essa independência pode fazer parceiros e amigos se sentirem meros figurantes em sua vida: "Eu acho que você não precisa de mim. Você é muito autossuficiente." Isso é verdade. Um ariano não precisa de você; ele quer você. Isso não é bom? É isso que ele argumentaria.

Ariano, talvez você precise exercitar o perdão, para os outros e para si mesmo. E precisa saber que suas palavras impactam, e muito, as pessoas, ainda mais quando você está agitado e sem freio. Você é mais forte e fala mais alto que todo mundo. Se alguém lhe pedir para abaixar a voz, isso só significa que essa pessoa é muito sensível a barulho. Você pode ajustar seu tom. Não leve para o lado pessoal. Você é um bom ouvinte e pode aprender a ser mais sensível com os outros.

Obrigada, ariano, pela sua coragem e por sua constante vontade de fazer a coisa certa. Você nasceu para argumentar, e pelos melhores motivos possíveis. Você denuncia os problemas esperando criar uma nova versão da realidade. É muito frequente que as pessoas interpretem mal seu entusiasmo. Você se deixa levar pela empolgação. Nós precisamos da sua paixão para não perder a nossa. Ficamos felizes quando alguém combate o bullying e defende os vulneráveis. Ficamos felizes quando você diz a verdade para que todos possam escutar. Você veio a este planeta para alterar a velha ordem. Continue assim.

PERFIL DE UM ARIANO

Um dos meus melhores amigos (que vou chamar de Carl) tem sete planetas em fogo, e cinco estão em Áries. Ele cresceu numa granja de criação de porcos no Canadá. Aos 5 anos, segundo contam seus familiares, quando estava ao volante num trator com o pai, Carl pousou a mão no joelho dele e disse: "Não se preocupe. Eu sei o que estou fazendo."

Carl se casou muitas vezes e, após cada divórcio, deixou a casa para a ex-esposa e ofereceu apoio financeiro para o resto da vida de cada uma delas. Por ser um líder, protetor e provedor nato, ele dava a impressão de ser invencível, até quando passava por dificuldades financeiras. Nunca deixava transparecer nada.

Quando conheceu um mestre espiritual, aprendeu a meditar. O mestre pediu a Carl que vestisse um terno e o acompanhasse ao banheiro. Depois pediu que Carl se sentasse em frente ao vaso sanitário e declarou:

– Você vai meditar aqui todas as manhãs.

– Por que aqui? – perguntou Carl.

– Porque você está precisando se livrar dessa imundície.

Só um mestre espiritual poderia falar assim com esse ariano.

O CAMINHO INFERIOR DE ÁRIES

No caminho inferior, os arianos são egocêntricos e não sabem que magoam as pessoas ao redor. Generalizam e exageram, anunciando sua opinião em alto e bom som, como se a *única verdade fosse a deles*:

"O mundo foi arruinado pelos ricos!"

"Se alguém fizesse isso comigo, ouviria poucas e boas."

"Tem algo errado com você."

Eles não aceitam outros pontos de vista e não reagem bem a críticas. Quando um ariano é bom, ele é muito bom. Quando é ruim, é o pior. É tudo ou nada.

Arianos acham que sabem do que você precisa, mas se esquecem de perguntar. Eles assumem a dianteira. Quando um ariano aprende a acionar o observador, a prestar atenção no que os outros dizem, isso suaviza seu comportamento.

O OBSERVADOR DE ÁRIES

O observador mostra ao ariano como ser atencioso e parar para respirar. Isso não é fácil, porque você, ariano, não nasceu com o impulso de controle. Talvez não seja capaz de acionar seu observador no calor do momento, mas precisa praticar essa habilidade. O observador pode ajudá-lo a reconhecer a hora de dizer "Sinto muito", e de dizer com sinceridade.

O observador o ajuda a aceitar que você se destaca. As pessoas enxergam sua energia forte como a de um líder e querem sua orientação, em especial se for uma orientação acolhedora. Seu observador diz: "Você é um ser encantador que enxerga a vida com entusiasmo, energia e frescor." Áries, nos ajude a relembrar como amar a vida. Precisamos da sua liderança.

O CAMINHO SUPERIOR DE ÁRIES

Todos precisamos de um entusiasta, de alguém que torça por nós e nos incentive, mas as pessoas de Áries, sobretudo as mulheres, costumam ouvir que são muito duras e diretas. E daí se for verdade? No caminho superior, um ariano ouve essa crítica com gentileza, pedindo desculpas: "Sinto muito. Não era minha intenção exagerar."

Não é todo ariano que sente a necessidade de pedir perdão. Você acha que Lady Gaga, Elton John e Celine Dion (todos arianos) pedem desculpas por sua personalidade forte? Dificilmente. Eles nos inspiram com seu entusiasmo. O ariano pode ser tudo, menos sutil. Isso, por si só, não é motivo para arrependimento.

Ainda assim, quem é capaz de pedir desculpas com sinceridade, sem sentir vergonha, é um ser especial. Pode ser quase impossível para um ariano dizer "Eu errei", "Preciso de você" ou "Me ajude, por favor". Quando você encontrar esse seu lado suave (e juro que ele existe), terá encontrado o caminho superior de Áries.

O REMÉDIO PARA ÁRIES

O melhor remédio para um ariano é mover o corpo. Você pode caminhar, cortar a grama, jogar tênis, correr... são muitas as possibilidades. Se você é de Áries e já ouviu que não leva jeito com esportes, ignore. Você apenas não encontrou ainda um exercício que realmente ame (talvez você curta simplesmente fazer uma caminhada enquanto ouve música alta no fone de ouvido).

Cante alto, extravase sua raiva e expresse seus sentimentos. Negar seu fogo sufoca sua energia e favorece a apatia e a depressão. Ponha para fora o que estiver sentindo.

LIÇÃO DE VIDA DE ÁRIES

Você está aqui para aprender sobre humildade. Eu sei que não gosta de ouvir isso. Tem dificuldades para entender por que as pessoas ficam chateadas com você. Mas está tudo bem admitir quando estiver errado. Não se esqueça de perguntar aos outros o que eles querem. Preste atenção no contexto da conversa e em quem está participando dela, ajuste seu timing e se lembre de incluir os demais. "Ah, eu devia ter perguntado antes de tomar essa decisão." A humildade libertará você do constrangimento. É óbvio que você ainda não entendeu isso... e vive aprendendo as lições da maneira mais difícil. Tudo bem – isso não é motivo de vergonha.

LUA EM ÁRIES

Você é impulsivo e nutre sentimentos impetuosos. No pior dos casos, intimida e até pratica bullying; no melhor, pode ser um líder inspirador. Quando suas emoções estão inflamadas, não há botão de "desligar". Você fica com muita raiva, e muito rápido. Mas, do mesmo jeito que veio, a raiva vai embora, deixando magoada a pessoa com quem você gritou. Como qualquer ariano, quem tem a Lua em Áries precisa praticar as palavras sugeridas pelo observador: "Sinto muito, eu errei." Uma coisa que não falta na sua personalidade é o entusiasmo em relação às pessoas que você ama e a energia para concluir um projeto – os maiores trunfos da Lua em Áries.

MERCÚRIO EM ÁRIES

Sua mente é ágil e impulsiva. Seguir seu ritmo não é fácil para ninguém. Você é um pioneiro, um desbravador; segue em frente quando todo mundo para. Ao contrário do restante de nós, está disposto a se libertar do status quo. Não tem medo de nos conduzir ao novo, sempre a serviço da coletividade.

Seria bom aprender a dizer "Prefiro não conversar agora, pois estou muito irritado". Não há nada pior para uma pessoa com Mercúrio em Áries do que, bem no meio de uma briga, escutar "Calma". É válido responder: "Preciso expressar o que estou sentindo. Desculpa se meus sentimentos são intensos demais." É quase impossível calar uma pessoa com Mercúrio em Áries. Aliás, nem deveríamos tentar fazer isso. Essas pessoas precisam extravasar o fogo que carregam dentro de si, e é melhor não discutir com elas quando estiverem chateadas.

O Mercúrio em Áries é um corredor de velocidade, não de longas distâncias. Quando perde o entusiasmo, já embarca no projeto seguinte. No calor do momento, fica muito animado e mergulha fundo nas coisas. Não se julgue por isso, Mercúrio em Áries. É algo natural para você. "Vou abrir um negócio!", "Vou me dedicar à astrologia". Você se entrega e, com a mesma velocidade, desiste. Eu já tive alunos com Mercúrio em Áries no meu curso de astrologia. Eles aparecem em algumas aulas, depois desaparecem.

Quando vou procurá-los, me dizem que já deslocaram o foco para outra coisa: "Ah, é que eu mudei de ideia. Agora estou estudando Reiki." O fogo inflama, depois apaga, e o cenário muda por completo.

ASCENDENTE EM ÁRIES

Você é um lutador, mas por que uma alma lutaria? No seu caso, lutaria por nós, para nos lembrar do privilégio que é viver esta vida, para incutir amor e honra no mundo. Se você é insistente, é porque é assim que deve ser. Você está apenas tentando fazer contato, se aproximar de nós. Acima de tudo, quer nos ajudar, nos lembrar de permanecer atentos e não desperdiçar a vida. Você, ascendente em Áries, com sua mera presença já grita: "Acorde! Atenção! Seja você mesmo!"

Você nasceu com um corpo naturalmente forte, portanto é um ser físico. Se estiver sendo quem é, vai se sentir mal ao ficar parado. Você precisa estar em movimento. "Vamos! Agora!"

Você é o tipo de pessoa que vocifera: "Não me diga o que fazer!" É rebelde demais para simplesmente obedecer sem pensar. Às vezes as pessoas se cansam só de olhar para você. Isso não quer dizer que você sempre se imponha: está apenas manifestando seu verdadeiro eu.

Ainda assim, como há quem resista ao próprio ascendente, talvez você resista a essa necessidade de estar sempre correndo. Talvez você não diga o que quer dizer por medo de ser grosseiro. Sua alma não quer se impor: "Será que estou exagerando?", "Devo assumir as rédeas de novo?", "Pareço mandão demais?", "Eu deveria ser mais gentil?". Lembre-se de que você nasceu para inspirar os outros a partir para a ação. Sua alma prometeu assumir a liderança. Esse foi o acordo.

Se seu ascendente é Áries, mas o restante do seu mapa é mais dócil, sinto informar: sua alma veio aqui para comandar e incentivar, por mais chocante que isso lhe pareça. A dinâmica entre o fogo do seu ascendente e outro elemento no seu signo solar pode criar um conflito interno. Você pode ter a sensação de que tem um pé no acelerador e outro no freio.

Verdade seja dita: você é uma pessoa intensa. Caso não se identifique com todo esse ímpeto, sugiro que repense. Se você não expressar seu fogo da maneira que sua alma deseja, isso vai afetar sua autoestima e até aumentar o risco de depressão. Talvez você se torne uma pessoa letárgica ou propensa a acidentes. Aceite que não foi feito para o ócio. Vamos lá, mexa-se!

No nível mais elevado, você terá coragem de pedir ajuda a alguém que entenda esse fogo e essa impulsividade desinibida. Esse é um atalho para que o ascendente em Áries se sinta confortável em ser quem é de verdade. O fogo está aí, esperando por você. Ele é sua herança divina.

SATURNO EM ÁRIES

Seja um guerreiro gentil. Defenda-se.

Tente admitir que você é uma pessoa mandona, agressiva ou insistente, que precisa fazer a energia se deslocar pelo corpo. Perceba que seu comportamento agressivo é sua forma peculiar de tentar fazer contato. Se estiver sendo agressivo demais, aprenda a reconhecer a hora de parar. Se estiver sendo passivo, exercite-se.

Saturno em Áries está aqui para ensinar você a praticar a independência saudável. Pense por si mesmo. Encontre seu senso natural de autonomia, autoconfiança e livre-arbítrio enquanto tenta ser gentil com os outros.

Lição de vida: Seja independente e espontâneo. Lute pelo amor, sem deixar de ser fiel a si mesmo. Se você tem medo do seu poder, potencialize-o. Se o usa em excesso, diminua o tom.

MEDITAÇÃO PARA ÁRIES

Estou aprendendo a perceber o efeito que causo nas pessoas. Estou cultivando a compaixão para entender que a verdade às vezes magoa. Que eu possa acessar o estado de paz que vive em mim e consiga permanecer um tempo ali, sem me distrair. Quando as pessoas me criticarem, dizendo que fui ofensivo, posso respirar fundo, pedir desculpas e tentar entender o que aconteceu. Que eu jamais parta do princípio de que tenho todas as respostas. Posso encontrar a humildade dentro de mim. A humildade é a minha força.

A ESSÊNCIA DE ÁRIES

Sabe quando você fica superanimado ao ver a pessoa amada, tipo um cãozinho alegre e saltitante que abana o rabo sem parar quando o tutor volta para a casa? Isso é Áries. É o impulso que existe em todos nós para fazer, agir, se mexer, se exercitar, cantar, dançar. É a criança que vive dentro da gente e que precisa ser educada; precisa aprender a trocar a voz exterior pela interior. Não pergunte a um ariano o que ele pensa sobre você a menos que queira ouvir uma resposta franca. Não peça que ele se acalme, não diga que a raiva dele é exagerada. Um ariano em fúria já perdeu a cabeça!

O ariano é tão claro que todo mundo sabe quando ele está falando sério e qual é sua opinião. Você vai perceber na hora se um ariano não for com a sua cara, e vice-versa. Eles têm gostos bem definidos: ou amam ou odeiam. São preto no branco. Quando enjoarem de você, sua companhia será dispensada… mas nunca sem um bom motivo. Todos gostaríamos de ser tão claros assim, de conhecer nossas preferências e de permanecer fiéis a nós mesmos. Há quem acabe encarando tudo isso como insensibilidade, embora não seja essa a intenção do ariano.

A versão evoluída de Áries é disposta a se comunicar. São pessoas atentas o suficiente para saber como afetam os outros, são abertas a mudar de opinião e se comunicam com gentileza e sabedoria. O ariano sabe que tudo muda, e não vai fingir que algo é verdadeiro quando já deixou de ser. Quando o ariano for capaz de amar a própria essência e dedicar uma boa dose de amor aos outros, sua verdade nos libertará.

9

Psicologia de Touro

EU TENHO

Elemento: Terra
Modalidade: Fixa
Casa: Segunda
Planeta: Vênus
Parte do corpo: Garganta; os taurinos têm como dom uma voz que ressoa.

Queria que você soubesse que fico muito apreensivo quando me sinto observado ou pressionado. Acho isso tão desconfortável que fico paralisado. Gosto de terminar minhas tarefas no meu tempo e de garantir que tudo fique bem-feito. Por favor, não me apresse.

Quando sei o que esperam de mim, dou meu melhor. Sou capaz de aprender qualquer coisa se você me der instruções precisas. No meu tempo, sem pressa, vou me tornando expert. Preciso de um método, de papéis bem definidos e de um contrato assinado. Que fique bem claro: eu adoro trabalhar. O problema é que muitas vezes digo "sim" quando quero dizer "não", e acabo trabalhando demais. Depois que começo, não abandono nenhum projeto. Preciso terminar o que comecei.

Na natureza (meu lugar favorito), tudo funciona em ciclos. Também sou assim. Tem épocas em que fico muito animado para me exercitar e mantenho a empolgação até perder o pique. Na verdade, eu adoraria ser mais proativo. Mas tudo bem – eu gosto do meu ritmo.

Adoro a sensação de segurança e conforto. Quando sei que tenho recursos no banco, quando vejo minha casa arrumada e quando estou na companhia dos meus entes queridos e animais de estimação, eu me sinto no paraíso. Você pode pensar que sou simplório, e sou mesmo. Sei do que gosto. Não me canso de desfrutar das coisas que adoro. Sou caseiro e detesto ter que dar explicações. Se eu convidá-lo para minha casa, saiba que é porque me sinto muito próximo de você (e não falo isso para muita gente). Se formos amigos, conte comigo para o que der e vier.

Sou muito leal. Você perceberá isso com o passar do tempo. Teremos um vínculo para a vida toda, você vai ver. Basta me dizer como posso ajudar que fico feliz em poder atender. Avisando com antecedência, você sempre terá lugar na minha agenda. Só não insista nem tenha expectativas altas demais. Vou sempre apoiar você e me esforçar ao máximo. Confie em mim: quando dou minha palavra, é para valer. Aprecio os valores simples, as músicas antigas, as joias e antiguidades que são herdadas há gerações, as minhas fotos de família. Adoro a História e tudo que resiste ao tempo.

Pode me chamar de antiquado. Para mim, é um elogio.

O taurino quer segurança, estabilidade financeira e conforto. Revê seus filmes preferidos diversas vezes. Escuta suas músicas favoritas sem parar, mesmo que isso enlouqueça as pessoas ao redor. A energia de Touro é assim: simples e consistente. Poderíamos comparar um taurino ao Ursinho Pooh: ele fala devagar, anda mais devagar ainda e vive passeando pela floresta, ávido por encontrar um pote de mel para compartilhar com um amigo querido.

É injusto estereotipar o taurino como uma pessoa lenta, preguiçosa, entediante ou teimosa. Nem todo taurino é devagar. Eles podem ser eficientes e não são preguiçosos, nem quando pensam ser. Muito pelo contrário: trabalham duro e nunca desistem de seu propósito. Na hora de descansar, buscam o conforto em casa. Mas é verdade: demoram a mudar de ideia. Mesmo insatisfeitos, podem permanecer anos no mesmo emprego, só mudando de rumo quando sentem que é necessário.

O taurino tem o dom da paciência. Acredita que a repetição leva à maestria, então não se incomoda de começar devagar e repetir a mesma coisa um monte de vezes até pegar o jeito. À sua maneira discreta, ele é brilhante.

Seu lema é "Pare e desfrute o momento". Taurinos gostam de saborear um croissant amanteigado quentinho enquanto tomam seu café ou chá na caneca preferida, sentados numa poltrona confortável e usando pantufas. Adoram comida. Taurino, você já notou que sempre pede a mesma coisa no seu restaurante predileto e que detesta quando o cardápio muda? Por que mexer num time que está ganhando, não é mesmo? Às vezes você já acorda pensando no que vai comer ao longo do dia. Sua relação com dietas é curiosa: você não quer fazer, mas acha que *deveria* perder peso. Tudo bem gostar do seu corpo do jeito que ele é. Ele faz parte da sua essência.

Como se fosse uma tartaruga, o taurino leva sua casa aonde quer que vá. Uma das minhas melhores amigas, que conheço desde o jardim de infância (e que é taurina, por isso nunca perdemos contato), tinha uma mãe também taurina. Eu costumava passar na casa dela a caminho da escola, e lembro que o cheiro que vinha da cozinha era inebriante, pois sempre havia algo no forno. Minha mãe nunca assava bolos nem nada assim, então eu percebia algo reconfortante na casa da minha amiga. Esse é um traço típico da pessoa de Touro: de maneira instintiva, ela sabe como transformar a casa num lar repleto de relíquias, fotos e muitas plantas. É gostoso estar na casa de um taurino. Pessoas desse signo adoram colecionar e catalogar coisas. Podem guardar objetos durante anos, assim como guardam aquele suéter confortável e as pantufas que usam para sempre (mesmo que estejam furadas). Lógico, eles sabem muito bem o que amam e odeiam – e odeiam surpresas. Preferem a previsibilidade. Quer dar uma sacudida num taurino, só por diversão? Chame alguém de Gêmeos ou Sagitário e veja o que acontece.

O taurino é um jardineiro nato: cultiva alimentos e flores com as próprias mãos. Afinal, é um signo de terra, e mantém os pés bem fincados no chão. Um taurino não entende gente aérea, inconstante ou que não cumpre compromissos. É comum ouvi-lo dizer: "Se for para fazer, faça direito" e "Não mexa no que está funcionando". Para que ter pressa? Para que mudar as coisas só por capricho? É assim que Touro pensa.

Eles são ótimos em trabalhos manuais: consertam coisas, dão os melhores abraços e fazem lindos arranjos de flores. Também levam jeito com massagem. Computadores e tecnologia não estão entre as preferências dos taurinos, pelo menos no início. Eles não gostam de interações distantes e impessoais: preferem o cara a cara. Criticam as redes sociais, mas adoram encontrar velhos amigos por ali. Primeiro o taurino reclama, mas, com o passar do tempo, acaba aceitando as novas tecnologias (e qualquer outra mudança).

Touro talvez seja o signo mais doce do zodíaco… até sair do sério, o que não acontece com facilidade. Taurinos preferem sair para dar um passeio, ver televisão ou ouvir música a entrar numa discussão. Se você estiver vendo um taurino raivoso, saiba que está testemunhando um fenômeno raro.

Infelizmente, são muito inseguros. Vivem achando que não são bons o suficiente. Acabam dando ouvido às críticas dos seus gremlins interiores. Por sempre se compararem aos outros, sentem-se aquém do esperado. Não conseguem se ver com objetividade. Para um taurino, não é fácil aceitar um elogio, ainda mais se for sobre aparência ou um talento. Barbra Streisand é taurina. Ela sente tanto medo de palco que, quando tem que se apresentar, dizem que até vomita. Imagine ser a melhor cantora do mundo e não assimilar isso. Taurinos costumam ter uma voz linda, cantando ou falando. Barbra Streisand, Cher e Adele, todas são taurinas. Mesmo que você não saiba cantar, aposto que cantarola determinadas músicas há anos. Talvez cante melhor do que pensa. Um taurino vai ser o último a se postar sob os holofotes e admitir o próprio talento. "Não sou tão bom assim", ele diria.

Minha sugestão, taurino, é que você escute alguém de confiança para saber o quanto é adorado e que seu potencial é enorme. Enxergamos seus talentos e suas lindas qualidades. Você é uma fortaleza, e é exatamente isso que nos permite confiar em você. Aliás, você não é nada enfadonho… isso é coisa da sua cabeça. Se você soubesse como sua estabilidade é reconfortante, talvez se sentisse melhor consigo mesmo.

Dá para entender que o taurino às vezes pareça antiquado e difícil, sobretudo para quem gosta de mudança e agitação. Mas não tente persuadir um deles a mudar sem um bom motivo. É nesse momento que a obstinação dele se revela. Aos olhos de Touro, a modernização, por si só, não é um bom motivo para mudança. Qual é o problema de deixar as coisas do jeito que estão? Se seus avós e seus pais viviam assim, você pode viver também.

E ponto final. O taurino pode parecer teimoso, mas, na verdade, ele apenas sabe o que quer.

Para ele, uma joia de família ou um anel da amizade significa conexão com o passado e com as pessoas que ama. O taurino tem um apreço especial por ouro. Pense no velho garimpeiro que mordia o ouro para se certificar de que era real. O taurino também só nutre interesse pelo que é genuíno e autêntico.

Eu conheço um taurino que enriqueceu depois de passar um tempo na pobreza. Quando ele gostava de um produto, comprava caixas e mais caixas, por medo de pararem de fabricar. Tive que rir quando soube que ele comprou três pares de tênis de corrida iguaizinhos, todos da mesma cor, só porque adorava aquele modelo. No armário dele havia várias camisetas iguais, todas devidamente dobradas e bem conservadas.

Como todo signo guarda uma centelha do signo oposto, existe um pouco de Escorpião em todo taurino, o que explica por que ele demora a confiar nos outros. Assim como o escorpiano, o taurino também precisa estar no controle. Ele pode parecer fechado, um pouco cauteloso, e sem dúvida desconfiado de gente que acabou de conhecer, mas, quando ama, é leal até o fim. Daí vem sua dificuldade em lidar com términos de relacionamento, brigas e divórcios. Quando sua sensação de segurança é abalada, um taurino paralisa. Uma vez criado o vínculo com alguém, ele sente que perder essa pessoa é como perder parte de si, e demora muito a se curar.

É irônico que um taurino seja um porto seguro e viva mergulhado na própria insegurança. Pessoas de Touro se preocupam por não terem um corpo proporcional ou um nariz que combine com o rosto. Elas se julgam de forma implacável. Onde enxergamos qualidades, elas só enxergam defeitos. Recentemente trabalhei com uma fotógrafa taurina. Nunca tinha visto uma mulher tão bonita, mas, quando a elogiei, ela retrucou: "Que nada... Mas obrigada mesmo assim."

Não há problema nenhum em ser lento, ponderado e cuidadoso. Tudo bem não ter certeza das coisas, taurino! Se escutar isso com frequência, será que finalmente acredita? Ao entender que sua autocrítica não está lhe dizendo a verdade e é apenas um mau hábito da sua mente, talvez você consiga trocar esse discurso repetitivo. Aposto que você já se livrou de muitos hábitos ruins na sua vida, e pode se livrar desse também. Comece dizendo coisas legais sobre si mesmo. Você é um provedor, uma bênção para sua família. Costuma ser a cola que nos mantém unidos. Nós amamos visitar sua casa, saborear o jantar delicioso que você prepara tão bem e curtir os amiguinhos de quatro patas que você tanto ama. Comida e amor – isso é tudo.

Obrigada por sua profunda capacidade de amar sem pedir nada em troca. Espero que receba em dobro tudo o que você oferece. Sua estabilidade nos conforta demais, mesmo que você se critique pela própria lentidão. Seu ritmo permite que sua vida melhore com o passar do tempo, então fique atento: as coisas vão acabar saindo do seu jeito.

PERFIL DE UM TAURINO

Everett é um taurino clássico. Adora comida e é louco por doces. É obcecado pela série *The Office* e já viu todas as temporadas mais de quinze vezes. Adora citar as falas dos personagens, que considera quase da sua família. Everett escuta sempre as mesmas músicas, e canta muito bem; sua linda voz foi burilada no coral da faculdade. Nunca gostou muito de holofotes. Sempre lutou contra a letargia e o apelo de uma vida sedentária. Só é capaz de praticar atividade física quando a incorpora numa rotina confortável, mas logo vem um dia ruim e ele perde a motivação. Às vezes, para ele, é muito complicado colocar o corpo em movimento.

Os familiares de Everett costumavam brincar dizendo que ele era comprometido com a gravidade, já que parecia colado ao chão. Nunca conseguiu andar de skate nem pular muito alto, ao contrário de seu irmão atlético, mas sempre adorou nadar, pois era o único momento em que conseguia tirar os pés do chão. Na água, ele era rápido e gracioso; na terra, sempre foi lento. Sua mãe dizia que ele era o menino mais lento do mundo. Hoje Everett trabalha com vendas e se pega duvidando do próprio desempenho, mas é tão carismático e gentil que se tornou um vendedor de mão cheia. É muito bom ajudando as pessoas.

Everett gosta do seu emprego e trabalha com afinco, embora todo mundo saiba que é mais feliz quando está no sofá, com seu filho, assistindo ao mesmo filme que já viram várias vezes. Isso faz com que seu filho ansioso

– de Virgem – se sinta seguro, e Everett adora prover segurança. Ele transforma a casa onde moram num verdadeiro lar.

O CAMINHO INFERIOR DE TOURO

O pior caminho de Touro é acreditar no que os gremlins dizem, o que só faz aumentar seu medo e sua insegurança. Qualquer coisa parece o fim do mundo, e aí a solução é se trancar em casa. Sabe o dinheiro de emergência que ele escondeu naquela bolsinha? Talvez seja útil agora! Diante de um acontecimento inesperado, taurinos logo enxergam uma catástrofe, pois não se sentem seguros. Adoram o conforto... e prefeririam nem precisar sair do sofá, nunca.

Para os taurinos, não é fácil pedir um aumento ou uma promoção no trabalho. Eles se subvalorizam e ganham menos do que merecem, sobretudo se estão em seu caminho inferior. Isso pode abrir espaço para a depressão e para a desistência, por conta de memórias ruins que não conseguem superar. Esse é um dos motivos que levam Touro à estagnação.

Não é fácil identificar um taurino em seu caminho inferior. Ele age como se tudo estivesse bem. No entanto, embora não diga nada, é rabugento e sente-se pouco valorizado, lamentando nunca alcançar seus objetivos. O medo do taurino pode ser descrito mais ou menos assim: "Vou passar o resto da vida achando que deveria ter sonhado mais alto, conhecido mais pessoas, feito mais atividade física, cultivado mais amizades. Não consigo encontrar minha energia, então vou ficar parado aqui, sabendo que não estou cumprindo meu objetivo na vida."

O OBSERVADOR DE TOURO

Para acionar o observador, você só precisa de uma boa dose de autocompaixão, ou seja, só tem que enxergar a pessoa gentil e generosa que você realmente é. Você sofre de insegurança, é verdade, e por isso nem sempre se sente muito motivado, mas saiba que fará as coisas quando estiver pronto. Você vai trabalhar duro, e depois terá permissão para relaxar e curtir uma pequena recompensa. A estabilidade é seu dom, e o observador sabe disso.

Eu sei que você tem dinheiro guardado, e tudo bem. Melhor ser econômico do que sair gastando tudo. E também não há problema algum em se deleitar com prazeres mundanos ou em fazer sempre as mesmas coisas. O observador vai ajudá-lo a enxergar isso. Você já viu aquele filme dez vezes? E daí? Vamos ver de novo! Vai ser ainda melhor do que da primeira vez.

O CAMINHO SUPERIOR DE TOURO

Para entender o caminho superior do taurino, pense em Buda, que nasceu sob a Lua cheia em Touro. Ele foi criado em meio a uma enorme riqueza, mas, quando viu pessoas passando fome nas ruas, se sentiu tão mal que abandonou seu mundo de privilégios e terminou sob uma árvore, onde começou a meditar. Isso é típico de um taurino: "Tive uma ideia… Vamos nos sentar aqui pelo máximo de tempo possível, em busca de paz!"

Pense naqueles budistas que usam túnicas laranja: eles comem *dahl* e arroz todos os dias, recitam os mesmos cânticos há anos, leem os mesmos livros há milênios. Ou pense nos fiéis da fé judaica, que leem o mesmo livro, a Torá, repetidas vezes, a cada Shabat. Na verdade, o signo de Touro rege todas as religiões: os cânticos do rosário, as parábolas, as regras familiares de uma boa vida, as preces repetidas, a fé inquestionável, as tradições. A religião adora ritual e repetição, assim como os taurinos.

No entanto, Buda evoluiu e percebeu que todo sofrimento surge do apego. Não é coincidência que essa seja uma das falhas de projeto do taurino. Ele pena para abandonar o passado, para jogar coisas velhas fora e para se perguntar: "Por que guardei tudo isso?" O desapego é o caminho da iluminação para o taurino (e para todos nós).

No caminho superior, a pessoa de Touro se preocupa mais em doar que em acumular. Idealiza a própria família e cuida dela. Quer se dedicar ao cônjuge, aos filhos e mimar os netos. "Por que você se entrega tanto aos outros?", alguém pode lhe perguntar. É da natureza de Vênus (e Vênus rege

Touro) devotar-se a quem se ama. E a promessa de lealdade que Touro faz à família, aos bichinhos de estimação e às pessoas com as quais se preocupa é inigualável.

Com o tempo, o taurino pode aprender a se doar sem amarras e a se libertar. Quanto mais vive, mais cultiva uma mentalidade de "Calma, tudo passa". Esse é o taurino maduro e tranquilo. Seu real desafio é entender o quanto é amado e permitir que essa verdade entre em seu coração. Touro também é amor!

O REMÉDIO PARA TOURO

O melhor remédio para você, taurino, pode ser apenas ficar em casa e não se sentir culpado por isso. Você adora ficar em casa, então não faz sentido se obrigar a sair, ainda mais quando precisa relaxar após um período estressante.

No seu caso, fazer um bolo, cozinhar e manter a geladeira sempre cheia funciona como um bálsamo. E você se sente bem sendo a pessoa que oferece ajuda – você é muito atencioso.

Lembre-se de que você é um signo de terra. Saia e vá cuidar do jardim (não que eu precise lhe dizer isso, pois é algo instintivo).

Você tende a resistir às atividades físicas, embora elas sejam muito gratificantes para qualquer taurino. Então tente praticá-las da maneira que você gosta, no seu ritmo, na sua casa ou em meio à natureza.

Você se dá bem com rotinas de treino e com alimentos orgânicos para fazer detox (não vamos usar a palavra "dieta", que você detesta). Comidas naturais, extraídas da terra, fazem o taurino se sentir incrível.

Dê uma geral no carro, compre almofadas e um edredom novo – você não gosta de desperdiçar dinheiro, mas talvez esteja precisando alterar um pouco o ambiente. É bom dar uma variada e se livrar de tralhas que só acumulam poeira. Sei que isso não é fácil para você, e estou apenas dando uma sugestão. Eu nunca exigiria que você fizesse nada contra a sua vontade. Longe de mim irritá-lo a esse ponto.

LIÇÃO DE VIDA DE TOURO

Taurino, sua lição de vida é abraçar a autoestima e reconhecer sua beleza física. Você é uma pessoa linda, tão linda quanto a terra: mesmo coberta por folhas secas ou revirada após uma tempestade, a terra é repleta de dádivas e glórias.

Seu ego não é muito inflado, o que é bom, mas não se esqueça: ele faz parte de você. O ego existe, e você merece valorizar toda a magia que oferece ao mundo. Sinta-se livre para cobrar mais caro pelos serviços que presta ou para pedir um aumento, por mais difícil que isso lhe pareça.

LUA EM TOURO

Essa é a posição lunar mais admirada de todas. A Lua adora estar em Touro por conta da estabilidade. Emoções volúveis são desnorteantes, mas a Lua em Touro é estável e bem menos temperamental. As pessoas com Lua em Touro só terminariam um relacionamento, por exemplo, se a situação ficasse incontornável. Elas raramente ficam chateadas, mas, quando ficam, extravasam fortes emoções – é nesse momento que o touro aparece. Leais e estáveis, elas têm sua grande força na inteligência emocional.

MERCÚRIO EM TOURO

Aqui temos uma pessoa confiável e responsável que, no passado, pode ter ouvido que tinha problemas de aprendizado ou que era "lenta". Sua mente trabalha mais devagar, mas isso não tem nada a ver com inteligência. Se seu Mercúrio está em Touro, você é um pensador cuidadoso e ponderado, uma pessoa que não fala sem pensar e que reflete sobre as próprias palavras antes de externá-las.

Você aprende na prática, com a experiência. Não é culpa sua que a educação tradicional não valorize isso. Você não quer escutar a teoria; quer fazer com as próprias mãos. Tudo bem se não acertar na primeira tentativa. Uma vez que aprende algo, é para sempre. Você tem memória de elefante e nunca se esquece de nada. Porém, por conta dessa insegurança que surgiu cedo na vida, você vive duvidando de si mesmo. Poderia ser um grande professor graças a essa organização sistemática e à sua capacidade de explicar conceitos difíceis em poucas palavras.

O contato físico pode ajudar uma pessoa que tem Mercúrio em Touro. Quando estiver conversando com ela, pegue em suas mãos e diga: "Preciso que você escute isso." Esse toque cativará sua atenção.

ASCENDENTE EM TOURO

Você tem uma energia parecida com a de Buda: dissemina a calma, mas também é forte; anseia pela normalidade, mas também busca o desapego e a tranquilidade. É uma combinação interessante: forte e gentil; livre e ávido por segurança. É isso que sua alma busca.

Você é um porto seguro para os outros, mas sente que não está em segurança. Só que você *está, sim*. Pare e pense: já aconteceu de você não ter o que precisava? Mesmo que nem todos os seus sonhos tenham sido alcançados da maneira como você imaginava, outros planos surgiram e superaram suas expectativas. Quando você está no auge, seu lema é "A vida cuida de mim". Eu sei que você carrega isso em seu âmago. O ascendente em Touro é confiável, calmo e paciente.

Seu corpo adora guloseimas, então não será uma surpresa se, com o passar dos anos, sua silhueta aumentar um pouquinho... tornando ainda mais gostoso o seu abraço. Talvez você tenha uma voz ressoante e um corpo belo e forte. Seus ombros são largos porque você oferece estabilidade e carrega o peso da responsabilidade.

Sua alma o convida a uma vida de gentilezas. É interessante notar como você é reservado. Consegue dar atenção às pessoas até quando se sente negligenciado ou incompreendido, e talvez não diga nada, embora não precise dizer muito. Nem todo mundo se preocupa tanto com os outros quanto você.

Do que uma montanha ou uma árvore precisa? De água e natureza. É essencial que você se conecte com o mundo exterior e com as poucas pessoas que considera sua verdadeira família. Ao levar uma vida simples, em contato com a natureza, repleta de beleza e conforto, sua alma se sentirá mais plena.

SATURNO EM TOURO

Tudo bem seguir um ritmo mais lento.

Você gosta de conforto, de fazer as coisas do seu jeito e nos seus termos. O segredo é perceber que isso pode aprisioná-lo.

Pergunte a si mesmo: "Há comportamentos repetitivos que posso alterar facilmente?" Saiba que, para ser feliz, você precisa de consistência e simplicidade. Não complique as coisas. Sua lição nesta vida é encontrar beleza no que é simples. Seja como a tartaruga que, andando devagar e com determinação, no fim das contas ganhou a corrida.

Lição de vida: Não se apresse. Aceite que sentir prazer é seu direito natural. Use seus sentidos para aproveitar a vida.

MEDITAÇÃO PARA TOURO

Eu me sinto bem sendo quem sou. Estou descobrindo meu valor. Estou disposto a reconhecer que trabalho muito e trabalho bem, ainda que minha mente não concorde com isso. Valorizo a lealdade. Busco ser um exemplo de simplicidade e estabilidade. Tenho tudo de que preciso.

A ESSÊNCIA DE TOURO

Quem disse que paz e sossego têm a ver com tédio? O taurino mantém uma foto antiga dos pais na estante porque essa imagem suscita lembranças felizes e remete à época em que a família inteira vivia junto, sob o mesmo teto. Ele pensa na criança que foi um dia, que amava *Mary Poppins* e que escutou "Supercalifragilisticexpialidoce" tantas vezes que decorou a letra da canção (e ainda se lembra dela).

O taurino adora celebrar as mesmas coisas repetidas vezes. A vida moderna é complicada. A presença constante e intensa das redes sociais é um atestado de que estamos expostos a dados infinitos. Os computadores substituíram o bom e velho jogo de tabuleiro, a caminhada no parque, o telefone com fio. Hoje todos temos um minicomputador nas mãos. O mundo moderno é tão cansativo que o taurino pode dar as costas ao seu lado mais proativo e se sentir paralisado. Mas esse "cansaço" não deveria aparecer apenas no fim da vida, quando a energia enfraquece e sucumbe à gravidade? O taurino vive pensando nisso.

Ele se sente "empacado" e gostaria de ser mais ágil ou bem-sucedido. Essa falsa impressão pode arruinar por completo a vida dele. Contudo, quando encontra na natureza exemplos de como continuar evoluindo e aceitando a realidade, ele se sente melhor: as árvores, o mar, as montanhas, tudo isso cresce ou muda o tempo todo, sem nunca julgar cada estação.

O taurino tem um cômodo preferido na casa, uma poltrona predileta. Adora se aconchegar com seu cãozinho ou gato de estimação, torcendo para que ninguém telefone. Muita gente chama isso de preguiça, mas é só um apreço pela tranquilidade. O taurino trabalha duro! Ele só quer um momento de paz e sossego no fim do dia, nos fins de semana ou nos dias de folga, quando pode ficar sem fazer nada. Qual o problema? Seria bom se todos nós soubéssemos relaxar e simplesmente viver. Isso mudaria o mundo.

10

Psicologia de Gêmeos

EU PENSO

Elemento: Ar
Modalidade: Mutável
Casa: Terceira
Planeta: Mercúrio
Parte do corpo: Pulmões, braços e dedos; os geminianos falam gesticulando e estão sempre sem fôlego de tanta animação.

Queria que você soubesse como é viver com empolgação, vendo diversão em tudo, sem conseguir ficar parado. Estou sempre disposto a fazer compras de última hora, a ler revistas de celebridades, a ver uma série saltando episódios e depois rever na ordem correta. Tenho muitos livros para ler, muitos podcasts para ouvir e pouquíssimo tempo para me manter informado. Não sei se dou conta de tudo, mas juro que vou tentar.

Tantos assuntos me interessam que não é fácil me concentrar em um só. Adoro estar em movimento. Embarco numa viagem feliz da vida, mesmo sem saber aonde vamos. Quando dou por mim, já estou numa loja comprando um livro que eu nem sabia que existia até vê-lo na vitrine. Se vejo um conhecido a pé, ofereço carona. Como posso ajudar? Estou à disposição para o que precisar.

Às vezes acho que você nunca vai entender como é ser alguém como eu. Será que mais alguém tem tanto interesse por novas ideias ou novos pensamentos? Estou sempre fazendo mil coisas ao mesmo tempo. Tenho energia para topar tudo e mudar de direção num piscar de olhos. Sei como me adaptar.

Levo a vida resolvendo os problemas que aparecem no caminho. Você por acaso consegue olhar o retrovisor do carro enquanto está parado no sinal vermelho, ao mesmo tempo que canta aos berros o mais recente sucesso da Adele (inventando as partes da letra que não sabe) e planeja seu dia no escritório bem no meio de uma conversa com um amigo no viva-voz? Pois eu consigo. E daí se estou atrasado, se me esqueci dos ingredientes do bolo que vou preparar hoje à noite enquanto termino meu trabalho, esvazio a lava-louça, dou comida ao cachorro e ajudo meus filhos com o dever de matemática? Posso resolver tudo isso em um minuto enviando uma mensagem rápida... Espera, onde deixei meu celular?

Se sua mente fosse um turbilhão como a minha, aposto que você também cairia na risada em momentos impróprios. Acabei de criar um poema lindo... que eu deveria ter passado para o papel, mas esqueci. Olha, achei meu celular! Espera, vou parar o carro para enviar uma mensagem de voz. Não há nada que eu não possa fazer num instante. Se você não gosta de agito, fique longe de mim. Transformo tudo numa grande festa. Tente se divertir na minha ausência – duvido que consiga. Você precisa da minha alegria na sua vida. Vivo procurando um parceiro de dança que me acompanhe. Será que essa pessoa é você?

O geminiano é curioso e interessado em tudo. Tem um apetite voraz por absorver novas informações. Adora conversar, saber o que está acontecendo e prestar atenção em tudo ao mesmo tempo. Nenhum outro signo é mais fascinado por pessoas. E lá vai ele, sugado pelo buraco negro das redes sociais e suas postagens infinitas. A internet é feita para os geminianos: tudo pode ser visto e revisto num instante, e nenhum detalhe precisa ser memorizado. Geminianos frequentam redes sociais como se fossem cafeterias.

Dizem que o geminiano gosta mais de falar do que de ouvir. Isso quase sempre é verdade, embora ele possa aprender o poder da escuta. Há, inclusive, geminianos calados, tímidos e introvertidos. Quando ninguém está olhando, eles falam sozinhos. E por que não falariam? São uma companhia fascinante! As mensagens de texto de um geminiano são curtas e misteriosas; talvez você precise de um intérprete para decifrá-las. Ou melhor ainda: ignore-as, já que ele vai ligar logo em seguida.

Dizem também que geminianos são volúveis e cabeças de vento. Na verdade, são intelectuais, embora nem sempre demonstrem isso. Provavelmente foram crianças que adoravam ir para a escola e tiravam boas notas no ensino médio mesmo matando aula de vez em quando. São nerds charmosos, professores encantadores ou políticos astutos que só dão respostas evasivas. Pode parecer que eles têm TDAH ou que são muito distraídos, mas a verdade é que estão dez passos à frente de todo mundo.

Embora o signo seja representado por dois irmãos, geminianos têm bem mais do que dois lados. Eles entendem conceitos não binários. Um geminiano pode ser ambidestro e explorar seus lados feminino e masculino, ou nenhum deles. Pode também trocar de faceta com muita rapidez e facilidade. Quando você acha que entendeu um geminiano, ele pode mudar. A mutabilidade e a variabilidade são seus dons naturais.

Se pudéssemos escutar o que se passa na mente de um geminiano, escutaríamos uma grande algazarra, um circo, um jardim de infância com livros espalhados por todo canto, canetas coloridas e uma mesa bagunçada. Geminiano, você tem a natureza de uma criança de 6 anos. Não que seja imaturo (embora, convenhamos, às vezes seja), mas é dono de um espírito alegre e infantil que enfeitiça até os mais calejados.

Você deveria crescer? Não, isso não combina com sua essência. Você é do tipo que some e não avisa, mas, poxa vida, é que você tinha marcado dois compromissos ao mesmo tempo, e se sente mal com isso. Está fazendo alguém de trouxa? Não é de propósito. É difícil administrar os relacionamentos e lidar com todos esses pensamentos e objetivos de uma vez só. Se alguém ouvisse sua voz interior (seus gremlins), notaria que uma "criança travessa" vive na sua mente, ou pelo menos uma criança que se acha travessa, porque sempre se mete em encrenca.

Se ser espontâneo é ser travesso, então você é mesmo! Sua mente curiosa não desliga. Você está sempre folheando uma revista, começando um livro pelo último capítulo, se perguntando como se fabrica papel higiênico... Sossegar é impossível.

Geminianos parecem confiantes, mas no fundo duvidam de si mesmos. “Não sou nenhum especialista. Será que estou fazendo direito? Acho que sim... Ah, ninguém vai descobrir se eu fizer errado. Ou vai? Ai, que tédio... Vou pensar em outra coisa. Não! Viu só? Não consigo me concentrar em nada!”

E existe o geminiano que é *muito* bom em várias coisas. Pode até se sentir culpado ou constrangido por ser mais esperto e mais ágil que a maioria. Acaba se destacando por conseguir fazer cinquenta coisas sem muito esforço, e faz tudo tão bem que as pessoas passam a imitá-lo. Isso acontece muito com os nativos de Gêmeos. Como eles conseguem ser tão inteligentes e divertidos, inventando apelidos para todo mundo? São leves, sagazes e carismáticos.

Um problema clássico do geminiano é a insônia, o que era de se esperar, pois ele mantém um diálogo ininterrupto em sua mente. Isso explica por que seu sistema nervoso faz hora extra. Ele opera numa frequência muito mais alta que o normal. É por isso que não dá muito certo quando tenta meditar. Ele é agitado demais, e fica impaciente se não alcança resultados imediatos.

Geminiano, você vive com o pé no acelerador, por isso se move com tanta agilidade. Sempre acha que vai se atrasar, embora não ligue muito para isso. Por sorte, você é encantador e consegue se safar de algumas broncas. O carisma fica evidente no seu sorriso. Você nos faz rir com seu humor e nos instiga com seus pensamentos interessantes. É um contador de histórias nato. Você alivia a tensão do ambiente e faz todo mundo se sentir melhor na sua presença.

E daí se você é inconstante? Como astróloga, lhe dou permissão para ser assim. Você vai se atrasar em alguns dias e chegar na hora em outros. Vai esquecer coisas importantes, mas também vai lembrar detalhes inacreditáveis. Sim, você pode ser volátil, mas note a importância que você tem para sua família, seus amigos e todos ao redor. Você é pura diversão!

Sua missão nesta vida é nos incutir curiosidade, é nos mostrar a inocência de uma mente original que valoriza os simples prazeres da vida. Se você se acha animado demais, saiba que é porque está sendo você mesmo, cumprindo a promessa de todo bom geminiano.

Obrigada por ser um espírito doce e leve. Quando acalma o turbilhão da sua mente e investiga o mundo com leveza, você sorri como ninguém. Não há problema algum em ser um eterno aprendiz; isso só significa que você não quer parar de aprender. O mundo é melhor porque você vive nele.

PERFIL DE UMA GEMINIANA

Jennifer foi criada numa fazenda no sul dos Estados Unidos. Ainda era muito nova quando os pais perceberam que ela jamais sossegaria. Jogava tênis, cantava no coro, tocava na banda... fazia de tudo. Sempre agitada e interessada em absolutamente qualquer coisa, era vista como uma jovem fora de controle.

Assim que pôde sair de casa, Jennifer se mudou para a Califórnia e se formou em marketing. Acabou no Esalen Institute, um centro holístico famoso por sua participação no Movimento do Potencial Humano na década de 1970, e que ainda serve de abrigo para pensadores criativos... o que é algo cem por cento geminiano. Eles se consideram "uma comunidade de descobridores", e Jennifer se deu muito bem por lá.

Em seu período no instituto, ela fez sexo com todo mundo: homens, mulheres, não fazia diferença. Estava tomada pelo amor. Um belo dia, se apaixonou por um homem que olhou para ela e disse: "Vou me casar com você." E, de fato, se casaram. Hoje moram no Colorado e têm três filhos, que ela educa em casa.

Todo sábado de manhã, Jennifer convida um grupo de mulheres à sua casa para cantar. Elas tocam instrumentos de percussão e Jennifer improvisa as músicas. Ela adora estar entre pessoas queridas no meio de uma agitação. Jennifer canta sempre que pode, até em pleno jantar. Sendo uma verdadeira geminiana, está sempre fazendo mil coisas ao mesmo tempo, como preparar um bolo de banana enquanto estuda fonética com a filha e se arruma para a aula de dança admirando as fotos de viagem no laptop. Jennifer parece uma dessas deusas que têm vários braços. Consegue fazer tudo ao mesmo tempo.

Jennifer continua sendo uma mulher linda, dona de uma energia muito sexy. É uma eterna fonte de entretenimento e acorda sorrindo todos os dias. Onde quer que esteja, ilumina o ambiente. Ninguém consegue tirar os olhos dela nem parar de escutá-la. Geminianos são assim mesmo: dão risada, falam alto, se agitam e nos deixam felizes por estarmos vivos. Sua alegria é contagiante.

O CAMINHO INFERIOR DE GÊMEOS

Na sua versão mais negativa, o geminiano é disperso, esquecido, ansioso e pensa demais em tudo. Não consegue ter uma noite inteira de sono, por isso fica um pouco aéreo ao longo do dia. Mantém certa distância e, no pior dos casos, não se aproxima profundamente de ninguém. Embora pareça muito sociável, se sente isolado. Pode ser muito irritante (inclusive irritando a si mesmo), sem nunca perceber que a culpa é do seu falatório e da sua personalidade frenética. Quem quer ficar ao lado de alguém que vive três passos à frente e não para de falar? No caminho inferior, o geminiano não fica quieto e não percebe que está incomodando. Já saí com um cara que me fez dizer: "Beleza, Sr. Gêmeos, que tal agora fazer alguma pergunta sobre *mim*, para variar? Basta fingir que está interessado."

As pessoas podem ficar magoadas com você, geminiano. Talvez você tenha pedido demissão de um emprego sem se despedir dos seus colegas. Ou tenha feito novos amigos e abandonado os antigos sem pensar duas vezes. Você partiu para outra tão depressa que nem reparou no rastro de mágoa que deixou para trás. Que tal parar para ouvir as outras pessoas?

Quando o geminiano está no caminho inferior, ele acaba morando na própria bolha. É descuidado e desleixado. Usa as pessoas quando lhe convém e as abandona sem aviso, partindo corações. No fundo, o maior medo dele é mais ou menos assim: "Ninguém sabe direito quem sou. Só estou interpretando um papel, que não me representa de verdade. Não consigo acessar minha verdadeira essência. Estou fingindo e ninguém percebeu ainda."

O OBSERVADOR DE GÊMEOS

Seu observador lhe diz: "Você fala muito, é verdade. Vive mudando de ideia. Parece um diabo-da-tasmânia fazendo tudo ao mesmo tempo. Não vê como isso é engraçado?" Quando o observador entra em cena, você passa a se enxergar com gentileza e reconhece que está vivendo no piloto automático. "Sabe de uma coisa?", você se pergunta. "Tenho uma atenção dispersa, e tudo bem. Vou ser assim para sempre. Só preciso pisar um pouquinho no freio." Você começa a rir de si mesmo e a refletir: "Por que faço piada sobre tudo? Será que consigo ser mais paciente? Sou capaz de acalmar minha criança interior quando a situação pede seriedade?"

Tenha em mente que falar é seu dom, mas não se esqueça de escutar. Pratique a escuta ativa. O observador pode ajudar você a parar de interromper os outros e terminar as frases alheias. Você pode se acalmar apenas se observando sem julgamentos. Cinco minutos de meditação podem mudar sua vida.

Seu observador quer fazer cosquinha até você gargalhar. Com humor, você desacelera e encara as críticas com leveza. O geminiano adora rir, até de si mesmo.

O CAMINHO SUPERIOR DE GÊMEOS

Na sua melhor versão, o geminiano leva a vida numa boa, sobretudo quando seu ego está controlado. Como é craque em mudar e seguir em frente, ele logo se desvencilha de situações tóxicas. "Anjos conseguem voar porque levam a vida com leveza." Essa frase é a cara do geminiano, que é capaz de mudar de opinião, com humor, em um segundo. Mesmo no caminho superior, ele ainda é inconsistente e pode se atrasar ou se esquecer das coisas, mas tem consciência disso e se ajusta quando necessário. Aprendeu a escutar e a ser tão atencioso com os demais quanto é consigo mesmo.

Geminiano, talvez você se torne um professor, escritor ou pesquisador. Quando percebe que é um orador brilhante e que tem o dom da palavra, acaba encontrando seu chamado. Aprenda a reconhecer a própria genialidade, em vez de sucumbir ao caos da mente. Suas descobertas podem beneficiar o mundo inteiro.

O REMÉDIO PARA GÊMEOS

Mesmo que o momento nem sempre seja adequado, você precisa falar. Se não tiver com quem conversar na hora, escreva num diário e o leia em voz alta depois. Geminiano que é, você pode acabar escrevendo sem parar, sem jamais ouvir a própria voz. Então, para se manter dentro da realidade, releia o que escreveu e escute sua mente inquieta. Assim, poderá aceitar seus pensamentos, ou escolher mudá-los. Se você escrever sobre o mesmo assunto centenas de vezes, é porque está evitando alguma coisa. Reconhecer isso o ajudará a entender sua mente.

A meditação faz bem para você, embora exija certo esforço. Talvez você comece a meditar e abandone o hábito no meio do caminho, fingindo que continua praticando. *Te desmascarei!* Tente então a meditação em movimento. Experimente caminhar, dançar ou praticar ioga. Você não precisa meditar por muito tempo para se sentir melhor. Sei que você só consegue meditar confortavelmente durante quinze minutos, e digo isso porque sou geminiana. Tenho uma amiga que costuma ficar dez dias seguidos meditando em silêncio total. Esse é nosso pior pesadelo. Ficar sem fazer nada, sem falar nada, durante tanto tempo… por vontade própria? É difícil, mas, se você conseguir acalmar seu ego (ou seus gremlins) mesmo que por poucos minutos, já conseguirá deixar seus nervos menos sobrecarregados.

Faça alguma atividade física. Você perceberá que, ao terminar seu exercício, estará mais aberto à criatividade. É importante cansar a mente de vez em quando.

Outra sugestão: escute música para acalmar o caos na sua cabeça.

A amizade também é uma boa fonte de cura para o geminiano. Não restam dúvidas de que você precisa falar! Eu e minha melhor amiga nos conhecemos há mais de trinta anos. A gente conversa quase toda noite, e isso é muito importante para nós duas (ela também é geminiana). Preciso conversar com ela para sentir meus pés no chão.

Para se sentir menos disperso e avoado, entre em contato com a terra. Ande descalço. Colecione cristais e carregue sempre alguns com você. Cozinhe. Estabeleça um cronograma e se mantenha fiel a ele, pelo menos por um tempo.

LIÇÃO DE VIDA DE GÊMEOS

Você está aqui para aprender a acalmar sua mente. Parece impossível num primeiro momento, mas melhora quando você começa a praticar a escuta. É curioso perceber que, em inglês, as palavras listen ("escutar") e silent ("silencioso") têm o mesmo conjunto de letras. Pense nisso, geminiano: para escutar, você precisa ficar em silêncio. Desligando o diálogo interno da sua mente você consegue escutar o outro sem interrompê-lo para impor sua narrativa: "Ah, isso me lembra daquela vez..." ou "Eu sei tudo sobre esse assunto". Quando você fica mais silencioso por dentro, acaba aprofundando suas habilidades de comunicação. Aprendi a passar muito tempo escutando, e até fiz uma tatuagem sobre isso no meu braço.

Você não vai conseguir acessar sua alma se seu ego estiver no comando. O falatório que toma conta da cabeça de um geminiano é o ego entrando em cena. Submetê-lo à influência da alma pode parecer um trabalho hercúleo, mas, ao aprender a fazer isso, você alcançará mais liberdade do que jamais teve. Aliás, que baita falha de projeto... Todo ser humano carrega em si uma fábrica de ruídos que pode arruiná-lo se não for abordada com consciência e sabedoria. É isso que destrói as pessoas. Quando a mente consegue se acalmar e obedecer aos chamados da alma, agimos com gentileza, compaixão e amor. Experimente... Você vai gostar!

LUA EM GÊMEOS

Você não chora com facilidade e pode parecer desinteressado. No pior dos casos, pode desenvolver problemas de relacionamento, afastando-se sempre que as coisas parecem ficar íntimas ou sentimentais demais. Você diz "Não quero falar sobre isso", evitando conversar sobre o diagnóstico da sua mãe ou sobre a doença do seu cachorrinho, por exemplo. Na verdade, você tenta mudar de assunto, comenta sobre o tempo, sobre o almoço, sobre detalhes insignificantes, só para descarregar a tensão interna. Você conversa, mas não sobre *o que precisa ser conversado*.

Pois verbalize seus sentimentos em alto e bom som. Fazer terapia é uma boa ideia. Pague alguém para escutá-lo. Você precisa falar sobre seus sentimentos e sua confusão. Do contrário, acabará se distanciando do seu corpo emocional e se tornando uma pessoa fria, ausente e estranha. Você é bom em racionalizar o que sente, mas não em demonstrar seus sentimentos. Talvez chore no cinema ou se emocione com a dor dos outros, mas nunca se permite chorar pelo que acontece com você. A desconexão emocional torna nossos relacionamentos menos saudáveis.

O desapego da Lua em Gêmeos pode ser desconcertante para muita gente. Se você ouvir alguém assim dizer "Estou com medo" ou "Estou triste", saiba que está testemunhando um fenômeno raro.

MERCÚRIO EM GÊMEOS

Mercúrio adora estar em Gêmeos, já que é seu planeta regente. Você tem o dom da tagarelice. Coleciona informações com uma memória inacreditável. É obcecado por minúcias e nunca deixa escapar um detalhe sequer. Usa a tecnologia para se comunicar com a maior naturalidade. Ninguém precisa adivinhar o que você está pensando. É ótimo fazendo networking, mas tem dificuldade para desligar a própria mente.

ASCENDENTE EM GÊMEOS

Sua alma quer se expressar através do coração. Se você aprender a tranquilizar sua mente e buscar a paz, poderá ensinar todo mundo a fazer isso. Quando sua alma lidera, você se torna um mestre e um grande exemplo de superação e sucesso espiritual.

Servindo de canal entre o céu e a terra, você tem um grande dom para a escrita, embora talvez não queira reconhecê-lo. É possível que evite escrever, já que isso demanda muito tempo, e você está sempre com pressa. Mas a fama o aguarda, se estiver disposto a compartilhar suas verdades. Você consegue ultrapassar os limites da mente e ir direto ao assunto, o que explica por que suas palavras nos tocam tão profundamente. Escritas ou faladas, elas são mágicas.

Você se sente confortável no seu corpo. Seus movimentos são naturalmente ágeis. Você leva jeito para trilhas, ioga, dança... e para qualquer atividade física, na verdade.

Caso resista ao chamado da alma, você pode se tornar uma pessoa indecisa, viciada em mudanças. Seu trabalho nesta vida é se conectar à voz da alma, abandonando o caos e a indecisão. O caminho inferior do ascendente em Gêmeos é não se dedicar o bastante ao que precisa ser estudado ou ensinado. Já o caminho superior é encontrar a própria vocação e ser fiel a ela.

SATURNO EM GÊMEOS

A comunicação é seu dom e/ou desafio.

Você precisa aprender a dominar sua mente. Ela pode subjugá-lo. Quando você perceber que ela é apenas uma das vozes que vivem no interior da sua cabeça, será capaz de encontrar seu observador, e ele o libertará. Experimente ouvir música para acalmar os ruídos da mente.

Você veio até aqui para compartilhar suas ideias: falar, escrever, transmitir, relatar, ensinar. Seja flexível com as próprias mudanças; essa é a sua lição. Pare de julgar a quantidade de mudanças que você precisa fazer ao longo da vida.

Lição de vida: Permita-se ter muitas ideias ao mesmo tempo. Não se julgue por ser complexo e repleto de nuances. Você veio até aqui para experimentar e mudar de rumo livremente. Quem liga para quantas vezes você já trocou de emprego?

MEDITAÇÃO PARA GÊMEOS

Só quero ser uma criança que vê o mundo pela primeira vez. Estou aqui para ser a centelha que lembra a todo mundo que a vida é deliciosa. Quando percebo que minha rapidez ao falar ou fazer as coisas incomoda os outros, respondo: "Eu posso desacelerar. Entendo seu ponto de vista." Quanto mais me permito ser pueril, melhor me sinto.

A ESSÊNCIA DE GÊMEOS

Quem disse que um adulto tem que deixar para trás sua alma de criança? Os geminianos, por exemplo, conseguem trabalhar e se divertir ao mesmo tempo. Podem ter dificuldade para se enquadrar nas expectativas da sociedade, mas, desde que consigam manter a curiosidade e a alegria, vão se divertir muito buscando respostas para suas inúmeras questões. Geminianos são especialistas em descobrir e se aventurar, e se jogam na ciência, na leitura e na escrita, sempre com muita agilidade. Não é de surpreender que acabem se enrolando com tantos interesses concomitantes. Podem levar fama de superficiais, mas não se engane: de superficiais eles não têm nada.

"Seja você mesmo", diz o nativo de Gêmeos. "Não aceite as normas da sociedade. Não aceite rótulos!" Afinal, todo mundo sabe que é impossível rotular o ar.

Geminianos caminham pelo mundo com tanta agilidade e deleite porque são fascinados por ele. Mudam de opinião e de papel porque o futuro é determinado a cada instante. Planos? Quem precisa de planos? Geminianos têm o dom da espontaneidade, uma energia flexível.

Adoram falar sobre o último livro que leram, o podcast que acabaram de escutar, o documentário que acabaram de ver. A mente deles continua jovem e curiosa em qualquer idade. A vida adulta é superestimada. Nunca é tarde demais para viver uma infância feliz... mais uma vez, ou pela primeira vez, sobretudo se você for de Gêmeos.

11

Psicologia de Câncer

EU SINTO

Elemento: Água
Modalidade: Cardinal
Casa: Quarta
Planeta: Lua
Parte do corpo: Seios e ventre; é o signo ligado às mães e às reações instintivas.

Queria que você entendesse o que é sentir a energia do ambiente sem que ninguém precise dizer uma única palavra. Vivo à mercê da condição humana, e isso é doloroso. Quando a energia pesa, quero voltar para casa. Adoro trabalhar na privacidade do meu lar, meu cantinho predileto no mundo. Costumo recusar convites para encontros na casa de amigos, porque é na minha casa que me sinto mais feliz.

No entanto, em caso de obrigação ou necessidade, faço o que for preciso, em qualquer lugar, em qualquer companhia. Embora eu nem sempre tenha percebido isso, sou uma pessoa muito empática. Sinto a dor de todo mundo e sempre priorizo os outros, o que às vezes me deixa exausto. Hoje tenho mais autocompaixão. Para mim, nunca foi difícil entender a dor que você sente e me importar com ela – meu verdadeiro desafio é cuidar de mim mesmo.

Talvez você não entenda por que me retraio tanto. Convivo intimamente com pouquíssimas pessoas, e mesmo com elas mantenho meu coração blindado. A culpa disso é das lembranças que carrego: a morte do meu primeiro animal de estimação, o meu divórcio, o afastamento dos meus pais... Tem muita coisa no meu passado que nem quero comentar. Não gosto de me abrir. Tenho muitas feridas, mas, com o passar do tempo, vou aprendendo a cicatrizá-las. Isso explica a atenção que dou à minha saúde e à minha alimentação. Aprendi na marra a cuidar do meu bem-estar físico.

Eu nunca admitiria em voz alta, mas gosto quando alguém me toca. Preciso de contato físico. Me chame para um evento em família... ainda que eu recuse o convite. Meu coração vai se encher de alegria. Melhor ainda: venha à minha casa e pergunte sobre meus filhos, meus bichos de estimação ou sobre meu passado. Adoro cumprir minhas promessas e passar um tempo com meus entes queridos. E gostaria que reconhecessem o quanto cuido da minha família e do meu lar.

A sociedade não entende a dor de ser humano, mas posso ajudar nesse aspecto. Eis alguns valores simples que me parecem óbvios: crianças precisam de estabilidade e de um cuidador presente e confiável; relacionamentos precisam se renovar para permanecer autênticos e felizes; todo mundo precisa ser honesto consigo mesmo; é essencial ter uma boa alimentação. Alguma pergunta? Para mim é bem simples: autocuidado, honestidade e família. É isso.

Consigo enxergar através das mentiras. Deveria ter sido terapeuta, mas acho que não conseguiria passar o dia inteiro escutando tantos problemas; seria um peso enorme para mim. Consigo captar com precisão os problemas dos outros, ainda que eles não verbalizem nada. Aliás, acho que já falei demais. Prefiro fazer outra coisa, como trabalhar, ficar na minha, cozinhar, costurar, pintar, cuidar das plantas e das pessoas, abraçar, me exercitar e continuar sempre em movimento. Com tudo que tenho para fazer, não tenho tempo de ficar falando. Você não saberá que eu te amo pelas minhas palavras, mas pelas minhas ações. Se você teve a sorte de entrar no meu mundo, é improvável que um dia saia. Sou muito leal.

Cancerianos se importam tanto com tudo que chega a doer. Adoram estar em família e são a cola que mantém todos juntos. Não é preciso haver laços de sangue – o canceriano se preocupa com o filho adotado, com o vizinho idoso, com o gato de rua. Ele vê um gatinho perdido, leva para casa, depois lembra que já tem outros sete gatos para cuidar e fica comovido ao pensar em todos os animais abandonados. Ele diz a uma criança necessitada: "Venha jantar com a gente; temos comida de sobra." Câncer representa nosso lado altruísta que se sente impelido a ajudar os desfavorecidos.

Dizem que o canceriano se faz de vítima, banca o mártir, chora o tempo todo, é sensível demais... Como se não bastasse, o nome do signo está associado a uma doença terrível. Só que, em geral, não vemos um canceriano expressando suas mágoas. Com o passar dos anos, ele aprende a administrar as próprias emoções. É vulnerável no início da vida, mas amadurece e ganha uma profunda sabedoria emocional.

Dizem também que cancerianos gostam de cuidar das pessoas porque esse signo representa a maternidade. Esse é outro estereótipo, já que nem todo canceriano é tão abertamente acolhedor. Eles carregam uma carapaça, como um caranguejo. Não devemos ir à casa de um canceriano sem avisar, ou ele talvez nem abra a porta. Alguns nativos de Câncer não querem ter filhos e ficam incomodados ao ouvir que seu signo é maternal e gosta de cuidar dos outros. Talvez tenham cuidado dos irmãos mais novos, sejam professores ou tenham animais de estimação, e isso já é suficiente para eles.

Saiba que nem todo canceriano chora com facilidade. Ao longo do tempo, eles aprendem a se conter, pois lidaram com emoções fortes desde cedo e suas lágrimas acabaram secando. Isso acontece principalmente com homens de Câncer, já que a sociedade ensina que "homem não chora". Então eles se transformam num bloco de gelo e se escondem na própria concha. É óbvio que o mesmo pode acontecer com as mulheres, ainda mais com aquelas que sofreram com algum término de relacionamento ou trauma de infância.

Porém, verdade seja dita, nativos de Câncer *são mesmo* pessoas sensíveis, ainda que escondam isso, e se preocupam com os outros, mesmo que não demonstrem. No fundo, canceriano, você é empático e tem uma intuição apurada. Sente as coisas com muita intensidade. Pode até se sentir egocêntrico enquanto processa todos os seus sentimentos. Um caranguejo se agarra a tudo com todas as forças... mesmo quando chega a hora de se soltar. Isso acontece por um único motivo: você se importa demais!

Um dos seus poderes mais mágicos é conseguir enxergar sua criança interior. Esse é um dos motivos pelos quais amamos os cancerianos. É muito fácil se conectar com você, pois você vê nossa essência e alcança nossos pontos vulneráveis – e por isso faz tanto sucesso com as crianças. Todo mundo quer se sentir cuidado e protegido, e você proporciona isso. Carrega muito amor dentro de si e se preocupa com todos, aplacando medos e assumindo preocupações como se fossem suas. Isso explica por que os cancerianos têm mais gremlins do que o restante de nós: eles se preocupam *muito* com tudo e com todos.

Também costumam se sentir vítimas da situação. "Por que eu? Por que sofro tanto? Estou com um pressentimento ruim. Será que vai acontecer alguma tragédia?" Eles carregam um medo universal de não ter controle sobre o mundo, mas essa negatividade muitas vezes é ilógica e injustificável. Às vezes absorvem como uma esponja o que se passa com os outros (sentimentos, medos e histórias tristes). Isso explica por que a comida é tão importante para eles – é uma fonte de consolo.

Cancerianos não convidam muita gente à sua casa. Eles se sentem atordoados no meio de desconhecidos. "Prefiro não sair com vocês amanhã e, a propósito, não traga o fulano no próximo encontro. Não tive afinidade com ele." Caso esbarre num canceriano de mau humor, faça um favor a ele: não diga nada e o deixe em paz. Não leve para o lado pessoal. Cancerianos precisam de um tempo e vão agradecer sua compreensão.

Você talvez se surpreenda ao saber que cancerianos são ótimos no meio dos negócios. A perseverança é um dos seus superpoderes. Quando um canceriano se compromete com algo, podemos esperar dedicação, trabalho duro e resiliência. Esse traço é uma herança de Capricórnio, seu signo oposto. O foco na produtividade e a sensibilidade incrível levam o canceriano a não perder nenhum detalhe. "Trouxe café para a reunião. Estou achando o Tom meio indisposto hoje... A propósito, ouvi dizer que sua mãe esteve doente. Ela melhorou? Todos estão bem? Ótimo, vamos trabalhar!" Cancerianos sabem conduzir um projeto prestando uma atenção inacreditável no que acontece com todo mundo, muitas vezes negligenciando as próprias necessidades.

Pessoas de Câncer são fisicamente fortes e resistentes. Têm uma das constituições mais vigorosas do zodíaco, mas nem sempre se sentem assim. Canceriano, você é muito mais forte do que parece. Vários fisiculturistas têm o mesmo signo que você. Sua alma gentil mora num corpo extraordinariamente firme. Seu limiar de dor é mais alto que o da maioria, e isso fica óbvio quando pensamos que Câncer está ligado à figura materna. Imagine uma grávida carregando um bebê durante nove meses, enfrentando a profunda dor do parto e se levantando no dia seguinte para alimentar a família.

Nas festas de fim de ano, essa mãe não descansa nem relaxa. Muito pelo contrário: passa a noite em claro embrulhando presentes, preparando a ceia e limpando a casa. Ela cuida de tudo, ainda que ninguém lhe agradeça por isso. Mesmo que você não seja mãe, pense que essa metáfora representa seu sacrifício e seu trabalho duro. Não se engane: não há nada de fraco nem vulnerável no seu signo quando você assume uma missão.

Já observou um caranguejo andando de lado? Ele não corre – primeiro espera e observa os arredores. Há quem diga que cancerianos são esquivos, mas na verdade são sensatos. Querem ver se o terreno é seguro. Hesitam até poder seguir em frente. Têm um detector interno que apita diante de mentiras e perigos: bip, bip, bip!

As emoções de um canceriano podem ir da alegria à tristeza num piscar de olhos. Câncer e Capricórnio são oito ou oitenta: ou se entregam ou querem distância; ou nos amam ou nos evitam por completo; ou vão a qualquer festa ou não saem de casa nem com a própria família. Um mero pensamento é capaz de levar um canceriano às lágrimas, e sua risada pode ser contagiante, até mesmo estridente.

Nem todo mundo sabe que cancerianos são divertidíssimos. Levam muito jeito para a comédia. Robin Williams era de Câncer com Lua em Peixes e ascendente em Escorpião: três vezes água! Ele era tão empático que sentia a energia de todo mundo. Até um canceriano no caminho inferior consegue disfarçar a dor com um sorriso. É um signo sinestésico, que se acalma com o toque físico, o abraço de uma criança, o chamego de um cachorrinho. A verdade é que, no fundo, todo canceriano quer receber um abraço.

Um canceriano fica exausto? Óbvio que sim. Mas vai admitir isso? Provavelmente não. "Não precisa me ajudar. Deixa comigo." Para ele, pedir ajuda não é fácil, mas admitir que precisa de apoio é sinal de maturidade. Canceriano, aposto que na infância você teve um relacionamento especial com um irmão mais velho, uma avó ou um melhor amigo que protegia e entendia você. Se não foi o caso, talvez hoje você resmungue: "Ninguém liga pra mim. Eu me viro sozinho, não se preocupe." O alçapão negativo que se abriu na sua mente na infância talvez nunca seja fechado de novo.

Se você costuma guardar memórias ruins (e provavelmente costuma), talvez acabe se contaminando pela história triste que sempre conta para si mesmo e para os outros. Suas memórias criam um medo que se baseia no passado: "Ah, não! Eu já vivi isso e não vou viver de novo." É um mecanismo de defesa, um escudo que você carrega de maneira inconsciente, com base em lembranças antigas que impedem você de ter uma vida diferente e até mesmo feliz aqui e agora.

Você tem certa razão: muitas coisas podem dar errado. Mas, quando aprender a viver no presente, você descobrirá um portal para a alegria e a verdadeira liberdade. Seu observador pode ajudá-lo a se desvencilhar do passado.

O canceriano, como já vimos, tem um coração sensível. Ao contrário dos outros signos, que podem evitar sentimentos e ignorar a realidade, Câncer nunca esquece. Quando um canceriano perde a mãe, por exemplo, ele fica sofrendo e chorando a cada aniversário dela. Se você tem a sorte de ser amado profundamente por um canceriano, saiba que jamais será esquecido. Ele lhe dará total acesso aos próprios pensamentos, mas guarde segredo – Câncer precisa de privacidade.

Obrigada por sua gentileza, canceriano. Você tem uma alma sensível, mesmo que não queira reconhecer isso. Quando perceber que as emoções são um dom, não uma maldição, você atenderá ao doce e belo chamado da sua alma.

PERFIL DE UMA CANCERIANA

Linda, uma das minhas amigas mais queridas, é canceriana. Com mais de 70 anos, ela finalmente aprendeu a lidar com suas emoções, e isso se refletiu em seu corpo. Alta, forte e deslumbrante, ela agora joga tênis melhor do que quando era jovem. Evoluiu até desenvolver as melhores qualidades de seu signo.

Linda cresceu num lar marcado pela violência, com um pai alcoólatra.

O irmão dela morreu aos 17 anos num acidente de carro, o que impactou a família inteira. Por instinto, para proteger a mãe, Linda assumiu a dor da família. Belíssima, tornou-se modelo internacional, depois ficou grávida bem jovem, quando ainda era solteira. Pouco tempo depois, acabou se casando e teve seis outros filhos com o marido. Linda virou uma supermãe. O esposo era muito rico, mas acabou perdendo tudo, e a situação financeira deles se complicou. Foi quando Linda tomou as rédeas da situação. Não há nada pior que depender de alguém em meio a instabilidades, sobretudo quando se é mãe. Ao viver tantos reveses, Linda adotou o lema "Deixa que eu cuido disso".

Para quem olhava de fora, tudo parecia estar bem. Mas ela me confidenciou que, nos anos mais difíceis do seu casamento, chegou a se esconder no armário, mordendo os dedos para aliviar a angústia, sem nunca contar a ninguém quanto estava mal.

Por fim, ela percebeu que estava ignorando os problemas. As emoções de Linda estavam congeladas e escondidas no armário. Ela havia passado muito tempo absorvendo a dor, até que decidiu fazer terapia e pedir o divórcio. Com muita coragem, virou mãe solo, publicou um artigo sobre criação de filhos e se tornou fotógrafa de crianças (o que é a cara de Câncer). Linda revelava as fotos à noite, em sua câmara escura, enquanto os filhos dormiam. Cancerianos arregaçam as mangas.

Linda passou muito tempo sendo mãe solo, mas enfim se abriu à possibilidade de um novo amor. Só que não foi nada fácil para seu pretendente. No início, como uma típica canceriana, Linda não confiou nele, mas ao longo dos anos esse homem permaneceu envolvido até Linda conseguir superar a desconfiança incutida pelo pai dos seus filhos (e pelo seu próprio pai). Com o passar do tempo, minha amiga percebeu que estava em segurança.

Os filhos de Linda vão jantar na casa dela todo domingo à noite? Sim. O Natal em família é animado e repleto de netos? Sem dúvida. Linda está morando com o homem com quem namora há dez anos? Não. Ela se recusa a deixá-lo se mudar para sua casa porque sabe que precisa de espaço para recarregar as energias. Minha amiga se conhece bem e parou de desrespeitar os próprios limites. É uma mulher bem-sucedida, feliz e em paz. Por vontade própria, oferece amor e compaixão a qualquer pessoa que permite entrar em sua vida. E, nossa, como ela arrasa no tênis... Quem diria que cancerianos são tão vigorosos? Eles carregam essa necessidade capricorniana de dar o melhor de si.

O CAMINHO INFERIOR DE CÂNCER

Em sua pior versão, o canceriano pode se tornar vítima da dor: o mártir, o sacrificado, o negligenciado. O ressentimento vive no corpo do nativo de Câncer, manifestando-se como um incômodo silencioso ou, ainda pior, como uma doença física. "Coitado de mim", repete o tempo todo.

Se uma pessoa de Câncer não suporta a sogra e, há décadas, é obrigada a sentar ao lado dela nas ceias de Natal, a tensão se acumula e acaba causando um mal-estar "inexplicável" sempre que essa época do ano se aproxima. O problema é que se alguém perguntar "O que está incomodando você?", o canceriano responderá "Nada" ou "Não quero falar sobre isso". O caminho inferior de Câncer absorve uma negatividade não verbal que, ao longo do tempo, se transforma em sintomas físicos. "Estou me sentindo pra baixo. Estou cansado. Não estou legal" são maneiras negativas de dizer: "Não estou sendo autêntico. Não quero fazer isso. Preciso ficar sozinho."

O canceriano no caminho inferior também pode ser uma muralha: nunca falta ao trabalho e jamais se queixa. Em segredo, recai em algum vício para liberar a tensão: abre um vinho ou fuma um cigarro quando ninguém está olhando ou come exatamente o que deveria evitar.

No pior cenário, esse signo de água congela e fica anestesiado. Pode até ficar doente por ter interrompido seu fluxo natural. Afinal, o que é a saúde senão a habilidade de manter o corpo e a mente em ação? Todas as doenças físicas são emoções não processadas, e, no caminho inferior, Câncer talvez seja o signo menos inclinado a processar as próprias emoções.

O OBSERVADOR DE CÂNCER

Acionar o observador pode ser mais difícil para Câncer do que para qualquer outro signo. As emoções negativas podem ser muito atordoantes e convincentes. Você se preocupa tanto que chega a doer, e essa dor o entorpece. Ativar o observador significa aceitar a vulnerabilidade. Acione-o dizendo: "Estou anestesiado." Depois pergunte sinceramente a si mesmo: "O que estou sentindo?" Se você repetir essa pergunta várias vezes, acabará recuperando sua sensibilidade. O observador ajuda você a ver sua capacidade de amar e cuidar como um ponto forte, não como uma fraqueza, e sua sensibilidade como um dom, não uma maldição.

Você tem permissão para ser uma pessoa que cuida dos outros. Seria loucura pedir que abandone essa habilidade natural. Só não se esqueça de oferecer a si mesmo a generosidade que dirige aos demais.

O CAMINHO SUPERIOR DE CÂNCER

O canceriano evoluído e maduro é um poço de sabedoria, experiência e conselhos. Câncer é magistral no caminho superior. Um ótimo exemplo é o Dalai Lama, líder espiritual que representa 4 mil anos de budismo. Entusiasta da paz e da bondade, ele tem Sol e ascendente em Câncer. Morava no Nepal, entre relíquias e memórias das suas doze encarnações anteriores (Câncer ama preservar a história). Acredita-se que já tenha reencarnado 23 vezes. Sua comunidade vivia ao redor de um lindo templo chamado Palácio de Potala, em Lhasa, no Tibete, no topo de uma montanha.

Porém, em certa noite de 1959, o local foi invadido pela China, e tudo – toda a história da tradição budista – se perdeu. O Dalai Lama teve que partir dali e nunca mais pôde voltar. O templo, repleto de artefatos históricos de várias gerações, com suas paredes imbuídas de séculos de cânticos budistas, foi destruído.

Que desastre emocional para um canceriano! Hoje o Dalai Lama mora no exílio, em Dharamsala, na Índia. Passa várias horas por dia meditando. Sua Santidade teve todos os motivos para perder a fé, após tudo o que aconteceu com ele e seu povo, mas sempre reza por seus invasores – os chineses. Inclusive pediu a ajuda de um autor chinês para escrever um livro chamado *A sabedoria do perdão*. Eis o caminho superior de um canceriano: oferecer perdão até a quem lhe causou grandes dores. Esse é um ato muito nobre.

Em sua melhor versão, cancerianos nos ensinam a nos libertar do sofrimento. Entendem que a dor pode destruir o amor, um direito humano. Aprendem a perdoar e a combater o ressentimento que surge quando a dor continua sem cura ou perdão. Aprendem a pedir ajuda, a recebê-la e a admitir seus medos... de preferência antes que causem problemas de saúde.

Todos sabemos que, quando alguém é diagnosticado com um tumor maligno, tudo muda: o paciente precisa cuidar melhor da alimentação e do estilo de vida; precisa buscar os cuidados médicos adequados e aprender a pedir ajuda. Ele para de se doar em excesso e se concentra em receber a cura. Essa é a lição de Câncer. Aprender a aceitar ajuda é seu maior desafio.

LIÇÃO DE VIDA DE CÂNCER

Viver a experiência humana não é fácil para um canceriano. Você é um presente, um veículo que aceita a dor, promove a cura e transmite sabedoria. Você é muito mais forte do que pensa. Curar é sua vocação mais nobre.

Com muita frequência, você assume a dor dos seus familiares e antepassados. Não é uma lição fácil, embora um dos caminhos mais avançados espiritualmente seja canalizar o carma familiar (o que, de certa forma, todos fazemos) com o desejo de superar o trauma e se curar. Essa é uma missão difícil e importante: curar a ferida dos seus ancestrais.

Aprender a estabelecer limites é tudo. É sinal de força saber a hora de chorar e de seguir em frente. Com o tempo e com a prática, você ficará muito bom em expressar suas emoções e encontrar a sabedoria que existe nelas.

Ser vulnerável demanda mais coragem do que fingir que está tudo bem. Você acha que sua fraqueza é se preocupar demais, só que isso não é verdade. Aposto que, quando era mais jovem, você ficava constrangido ao chorar ou demonstrar tristeza. Confie em mim, isso é um dom. Conseguir expressar amor com tanta facilidade é seu ponto forte.

Repita comigo estas palavras: *Eu escolhi encarnar nesta vida exatamente como ela é. Adoro estar vivo. Estou aprendendo a processar a dor e a cuidar de mim em primeiro lugar. Aprecio o sabor agridoce da vida, aceitando a dor e a alegria sem restrições. Aprendi que, quando evitamos a dor, ela permanece no corpo e vai se agravando, causando sintomas. Parei de me punir. Ser autêntico e enfrentar o sofrimento com amor e gentileza é uma jornada heroica. Aceito a missão de tornar a experiência humana mais nobre, custe o que custar.*

O REMÉDIO PARA CÂNCER

Faça preces e peça ajuda. Na terapia, revisite sua infância. Garanto que você tem material para muitas reflexões. Você veio a este mundo para curar. Observe seu passado e se faça uma pergunta importante: "O que eu deveria estar aprendendo?"

Caso tenha se fechado e parado de chorar sem encontrar a cura… não se julgue. O observador está ao seu lado, esperando você perceber que é uma pessoa maravilhosa, mesmo com toda a negatividade que acabou assimilando.

Choro e terapia são bons remédios para processar a dor. Quando deixamos a água fluir, aprendemos sobre o perdão. Acredito de verdade que cancerianos deveriam se permitir chorar pelo menos uma vez ao dia. A água salgada tem poder curativo.

Canceriano, você precisa parar de vez em quando e se concentrar na própria vida. Se estiver chorando demais, tente se acalmar. Separe um tempo para processar as emoções e relaxar. Você está sempre trabalhando, ajudando alguém, cuidando dos animais, dos idosos e das crianças sem pensar duas vezes. Às vezes é bom se perguntar: "Como posso cuidar mais de mim, mesmo quando precisam da minha ajuda?"

As práticas de atenção plena são um bálsamo para o canceriano, trazendo-o de volta ao presente e tornando-o mais consciente dos próprios pensamentos. Eu costumo ensinar este mantra aos nativos de Câncer: *O passado ficou para trás. Estou vivendo aqui e agora. Sei que a vida vai me proteger*. Peço que repitam isso mesmo que não acreditem. Uma hora acabam acreditando e se tornam pessoas completamente diferentes.

Um bom remédio para você, canceriano, é se libertar do passado. Esses objetos empilhados na sua casa até podem preservar memórias, mas também sugam sua energia. Em vez de guardar coisas velhas, aceite a água fresca. Livre-se da água suja que não pode refrescá-lo. Todo mundo sabe que água parada é veneno.

LUA EM CÂNCER

Está aí um signo em que a Lua se sente confortável. Por ser o astro mais ágil do céu, ela permite que a água flua e as lágrimas rolem. Água que corre não congela. Você consegue usar o ego para bloquear as emoções se tiver o Sol em Câncer, mas não a Lua. Ela faz com que as emoções extravasem. Então ame e chore à vontade! Aliás, para você, difícil seria não chorar.

Você cozinha muito bem. Eu tenho uma amiga com Lua em Câncer que não consegue vir à minha casa sem trazer algum mimo: comidas, presentes, textos interessantes. Ela vive perguntando: "Do que você precisa? O que você quer? Do que mais gosta? Eu posso levar."

Você tem o dom de curar, sobretudo por meio do Reiki. Está sintonizado com a energia emocional de todos à sua volta. Inclusive, perde seu senso de identidade quando não tem alguém ou algo para cuidar. Vive pensando: "Será que sou bom o suficiente? Será que estou fazendo tudo o que posso pelos outros?" Ora, mas é só isso que você faz! Como sua missão é cuidar, você acaba subestimando seu próprio valor. Mas saiba que, sim, você *já está fazendo o suficiente*!

MERCÚRIO EM CÂNCER

Você é intuitivo e sabe ler as pessoas, mas se sente inseguro, pois seus pensamentos nem sempre são lógicos. Você tem uma memória de elefante, que só perde para Mercúrio em Aquário. Pode se perder em redundâncias ou ser guiado por emoções fortes, tornando difícil seguir seu raciocínio.

Você tem um tino excepcional para os negócios. Quando focado, cuida da sua empresa como se fosse um filho. Você se apega emocionalmente aos projetos e gosta de manter a família por perto. Você ama um negócio familiar!

É importante que tenha alguém para conversar à vontade. Você não se abre com qualquer um.

ASCENDENTE EM CÂNCER

Acredite ou não, você tem um dos tipos físicos mais fortes do zodíaco. É resistente, embora possa ter alguns problemas envolvendo ventre ou seios.

Você tem potencial para descobrir a autenticidade e a crueza da humanidade – esse é o chamado da sua alma. O ego, com sua predisposição a se concentrar em si mesmo, é uma grande barreira. Seu dom de cura pode ficar sobrecarregado por conta da sua sensibilidade, mas essa mesma sensibilidade também pode virar um recurso de inteligência emocional, fazendo você acessar as emoções e as dores alheias.

Você sente demais. Quando está na melhor forma, surfa as ondas de emoção sem se afastar delas. Você as processa à medida que surgem, chorando e sorrindo com naturalidade. Tira bom proveito da terapia e sabe como processar os sentimentos sem se julgar. Talvez se pergunte: "Por que estou sempre oferecendo ajuda? Por que sou o primeiro a me voluntariar? Por que sempre eu?"

Será que você é capaz de sentir as emoções sem ficar anestesiado? É capaz de aceitar a realidade e aguentar a dor sem culpar os outros pelas suas lágrimas? Sabe reconhecer a hora de parar de sofrer, de se libertar de emoções que nem são suas?

Sua alma veio a esta vida para sentir. Ser sensível é um dom. Talvez você custe a aceitar seu papel de cuidador, mas em algum momento vai perceber que servir é gratificante. Quando se rende ao seu altruísmo natural, você cumpre a promessa da alma: se doar aos outros de bom grado.

SATURNO EM CÂNCER

Aprenda a pedir o que você quer.

Você precisa cuidar do seu corpo emocional, já que carrega a sensibilidade e a vulnerabilidade da sua infância ou das pessoas ao redor. Aprender a chorar e sentir é a chave para a sua liberdade. Se você é muito sentimental, pise no freio. Se é muito frio, descongele sua água e a deixe fluir.

Seu desafio é abrir toda a bagagem que carrega e se fazer uma pergunta: "Como posso me libertar disso e aceitar o carma da minha família ou do meu passado?" Um bom começo seria jogar fora objetos de valor sentimental que foram acumulados e não têm mais serventia. A terapia é fundamental nesse sentido. Você pode ficar tão preso às dinâmicas familiares que, se não recorrer à terapia, acabará marcado para sempre pela sua infância. Talvez leve a vida inteira para se libertar da internalização inconsciente da dor. Faça ao menos terapia familiar para curar suas feridas antigas. Esse é seu objetivo na vida: aprender a se desvencilhar do passado.

Lição de vida: Os fantasmas da sua infância vão assombrá-lo se não forem curados. Traga toda a dor do seu corpo para o presente. Você, mais do que ninguém, sabe como a família é importante, e pode escolher a sua. Seu superpoder é a sua sensibilidade.

MEDITAÇÃO PARA CÂNCER

Eu tenho o dom da sensibilidade. Quanto mais aceito meu desejo de simplicidade, mais tranquilo me sinto. Acho revigorante me afastar um pouco, passar um tempo ao ar livre, estar na companhia de animais, aproveitar o sossego. Posso me libertar das amarras familiares e das narrativas que me fazem mal. Posso tirar um tempo para mim e ficar em silêncio. Posso chorar para me purificar, me tranquilizar e libertar a dor. Preciso parar o tempo para me manter receptivo e produtivo. Com excesso de estímulos, fico atordoado demais para explorar meu dom. Com excesso de compaixão, minha alma não consegue me oferecer conforto. É possível equilibrar o que dou e recebo. Eu mereço tranquilidade, já que é o presente que ofereço ao mundo.

A ESSÊNCIA DE CÂNCER

De onde veio a ideia de que emoção é fraqueza? Por que tanta gente se desculpa quando chora? Por que o choro é considerado uma reação antiprofissional? Meu palpite é que tudo isso foi inventado por um capricorniano que não tinha tempo para a intuição e os sentimentos. Se você sente seus instintos, se fareja a verdade por trás das palavras ou da dissimulação, é porque já está um passo à frente.

Deveríamos nos orgulhar de amar demais. E daí que um canceriano chora em casamentos, em funerais ou vendo um comercial na televisão? E daí que não consegue dosar o amor descomunal que devota aos filhos, se fica furioso quando é cortado no trânsito ou sente ciúme? Esses são os pilares que constituem nossa espécie, e Câncer é o signo mais autenticamente humano do zodíaco. Quando o nativo de Câncer está aberto aos sentimentos, ele não consegue ignorar as emoções que afloram nem fingir ser outra pessoa.

O objetivo da astrologia é a autenticidade: deixar o ser humano livre para sentir, chorar, rir, se comover e ter forças para levantar um carro e salvar a vida de uma criança em apuros. Esse é o caminho superior da humanidade. O canceriano realmente se importa e deseja honrar seus ancestrais. É um ser atemporal, que sabe que o amor é o dom que torna nossa espécie tão cativante.

Todo mundo precisa de amor, mesmo na forma de um animal de estimação. Todos tivemos uma mãe, que nos deu a vida. Cancerianos poderiam ter escrito os Dez Mandamentos: eles acreditam num Deus amoroso (ou numa força superior), amam o próximo, honram seus pais e filhos, não ferem nem roubam, e sempre fazem a coisa certa. Eis um lema do canceriano: honrar as pessoas que ama. E se todo mundo fizesse isso?

Se você aceitar a condição humana e mantiver o coração aberto, terá entendido o objetivo da vida. Cancerianos nos ensinam a amar, a ser vulneráveis e a demonstrar compaixão sem deixar que o passado, a desordem ou a dor nos distraiam do que é mais importante: amar a vida (ou a Deus, ou ao espírito) com todas as forças. Câncer é o aprendiz que um dia entenderá o significado da gentileza incondicional.

12

Psicologia de Leão

EU VOU

Elemento: Fogo
Modalidade: Fixa
Casa: Quinta
Planeta: Sol
Parte do corpo: Coração e costas; os leoninos têm um coração valente e um caráter que não se curva diante de nada.

Queria que você entendesse que preciso me movimentar o tempo todo e expressar minha criatividade. Como é que você consegue ficar parado? Há quem me ache animado demais e até meio intrometido, com todo esse fogo que habita em mim. Mas eu só quero ter certeza de que você está buscando a vida que merece.

Aqui, use o meu fogo! Me contrate, me peça para liderar e me destacar, que eu vou corresponder à altura. Só não tolero repetição e tédio por muito tempo, então me faça companhia para que eu não passe por isso sozinho.

Minha arte não se restringe ao meu estúdio; ela vai parar na internet. Quero compartilhá-la com o mundo e ser remunerado por isso. Sempre invisto toda a minha energia em tudo o que faço, e adoro um feedback.

Espero que você aprecie meus feitos, pois isso me alimenta. Eu me sinto energizado na presença de pessoas que valorizam minhas ideias. Entendo por que me rotulam de mandão ou afrontoso – é que eu não desisto até que as coisas sejam feitas. E por que a gente estaria vivo, se não fosse para se divertir e criar? Mas não pense que eu só quero subir num palco – carrego certa timidez dentro de mim.

Não me julgue pela minha personalidade forte, e terá todo o meu amor. Se não conseguir acompanhar meu ritmo ou me achar muito ofensivo, tudo bem – não preciso de você. Muita gente adoraria estar comigo. Sou obscenamente leal aos meus amigos de verdade. Você sempre terá meu apoio e minha atenção. Posso opinar a respeito de qualquer coisa que você faça, mas só peça minha opinião se estiver disposto a ouvi-la.

Por favor, entenda que eu preciso me levantar e agir. Inércia e mediocridade não fazem parte do meu dicionário. Posso ser a motivação que você tanto busca. Basta me dizer do que precisa. Tenho energia de sobra para compartilhar com aqueles que amo.

Leão representa a natureza humana em toda a sua glória. Por que celebridades fazem tanto sucesso? Porque têm o dom de fazer a vida parecer divertida, dramática e fascinante. Quem consegue passar por um acidente de carro sem olhar? Ninguém. Somos naturalmente atraídos pelo drama.

Leão é a parte de nós que quer receber atenção, se apaixonar, ser notada, talvez ficar famosa. O leonino se sente especial e quer ser um astro, um craque, o centro das atenções. É a criança que grita: “Mãe, pai, olhem o que eu sei fazer!” É o impulso natural que pergunta: “Sou especial? Você me ama? Estou bonito? Promete que nunca vai me esquecer? Como posso mudar completamente sua vida?”

Há quem julgue o leonino ao caracterizá-lo como exibido, barulhento, petulante ou egocêntrico. Essa descrição não é tão fiel assim. Leoninos atraem os holofotes, mas nem sempre de propósito. Alguns chegam a ser introvertidos e tímidos, e tendem a não acreditar em astrologia justamente porque não se enquadram nesse estereótipo. Leão se identifica com o ego, mas cada pessoa expressa o ego do seu próprio jeito. O que pouca gente sabe é que o leonino se sente inseguro se não recebe elogios e aplausos constantes. Ele precisa de validação externa, mesmo que não peça explicitamente. Sem isso, ele perde o vigor e a vontade de ser o centro das atenções. "Não, não olhe para mim, não me arrumei ainda, não estou pronto."

O que todos os leoninos têm em comum é o estilo próprio, seja sutil ou espalhafatoso. Todo mundo percebe quando um Leão entra em cena. São especialmente calorosos com os filhos – caramba, como eles amam suas crias! Xingam se ficam furiosos. Ah, e têm um cabelo lindo. Posso quase garantir que todo cabeleireiro é leonino.

Ser visto é importante para o signo de Leão. Isso começa na infância. "Sou visto, logo existo." Então, para serem vistas, essas pessoas assumem o papel de artista, de palhaço da turma, de prodígio, de diva, pelo menos em algum nível. Talvez o leonino apenas finja tocar guitarra em frente ao espelho; talvez entretenha a família e os amigos; talvez se apresente na Broadway ou num teatro local. Leonino, você gosta de ver seu reflexo, seja na plateia, no espelho do quarto ou nos olhos de um grande amigo. Todo mundo tem uma pitada dessa energia. Por que não admitimos logo que todos queremos admiração e reconhecimento? Não dá para culpar Leão por personificar esse desejo.

Minha mãe, Tillie, era tão parecida com a Bette Midler que as pessoas a paravam na rua para pedir autógrafo. E ela dava, sem nunca revelar que não era a atriz. Como boa leonina, ela adorava essa atenção e costumava me dizer: "Debbie, você tem muitos contatos! Quando estiver em Hollywood, diga que posso ser dublê da Bette Midler. Olhe só para mim!"

Beleza, mãe.

Existe um motivo para que o signo seja representado por um leão: ele é um animal majestoso e chamativo. Leoninos são reis e rainhas do próprio mundo. Levam a sério o papel de matriarca ou patriarca. Querem que as pessoas confiem neles. Não sei quem incumbiu o leonino de deixar todo mundo feliz, mas ele tem feito um bom trabalho. Como sente um desejo natural de animar o dia, ele chama a atenção para o lado alegre da vida e nos inspira com seu jeito de ser.

Leonino, você adora a vida. Acorda de manhã se sentindo pronto para arrasar, feliz por mais uma oportunidade de viver. "Carpe diem" é o seu lema. Você deixa muito claro o quanto ama estar vivo. "Vamos colocar uma roupa bacana para ficar em casa." Você é uma mistura de autoridade (a pessoa que sabe tudo) com criança animada que nos chama para dançar.

Se você é amigo, filho ou cônjuge de alguém de Leão, prepare-se: essa pessoa vai lhe dizer o que vestir e vai querer decorar sozinha a casa inteira. Não questione. Se uma leonina sair para fazer compras com a filha e a menina disser "Não vou vestir isso", a mãe responderá: "Ah, vai, sim! Ficou ótimo em você." Falo isso por experiência própria. Eu dizia: "Mãe, não gostei! Não faz meu estilo." E ela retrucava: "Não importa. Você vai usar." Até que parei de ir comprar roupas com ela.

O leonino transborda convicção. Ele se compromete e não volta atrás: não decepciona nem a si mesmo nem aos outros. Em sua pior versão, pode ser temperamental. Certa vez minha mãe fechou a geladeira com tanta força que quebrou a porta. E ela costumava atirar objetos no meu pai. Como você pode ver, cresci num lar explosivo. Leão em estado puro! Hoje isso me fascina: como alguém pode se sentir tão livre a ponto de extravasar a energia quebrando coisas? Tillie era irrefreável.

No fundo, eu sempre quis ser leonina. Essas pessoas não fazem esforço para ser criativas ou autoconfiantes. Falam mais alto que todo mundo. Praticam esportes ou fazem apresentações como ninguém. São as últimas a abandonar a pista de dança. Cantam alto mesmo quando não sabem a letra. Ostentam uma juba linda todos os dias. Leão, se alguém evita você, é porque sente inveja do seu brilho ou não consegue acompanhar seu ritmo. Não leve para o lado pessoal.

Nem todo mundo gosta de fogo. Se alguém diz que você é "exagerado", você se afasta. Se pedem para você falar mais baixo, você dá de ombros e segue a vida. Você tem muita resiliência e determinação. Nada o detém. Você não gosta de críticas. Por outro lado, se alguém diz que você está lindo, tudo muda de figura. Você passa a amar essa pessoa. Na verdade, se quiser ganhar a simpatia de um leonino, faça um elogio. Isso o desarma e desperta o que ele tem de melhor.

Minha assistente é leonina, e sei que isso funciona. Começo nosso dia dizendo: "Você está linda!" (E ela sempre está mesmo.) Com um enorme sorriso, ela retruca: "Muito bem, ao trabalho!" Juro, leoninos são assim. Precisam ser enaltecidos, porque de fato merecem.

Essa energia infinita costuma causar muita inveja. Madonna é um caso clássico. Polêmica, ela sacudiu o mundo ao desafiar os limites impostos às mulheres. Algumas pessoas se sentiram inspiradas; outras, ameaçadas. Madonna foi amada e rechaçada durante toda a vida. É criticada sempre que experimenta algo novo. Aceitação e rejeição andam de mãos dadas na vida do leonino. "Bem-me-quer, malmequer."

Leonino, podemos conversar sobre sua sensibilidade? Seu ego pode ser ferido muito facilmente. Quase ninguém sabe que você precisa de elogios e aplausos para não se sentir inseguro.

Quando está sozinho, seus gremlins levam a melhor. Eles são alimentados pela insegurança e tentam convencê-lo de que você não é atraente, interessante e talentoso como todo mundo pensa. Muitos leoninos sofrem da síndrome do impostor, mas, como são ótimos atores, nós nem percebemos. Eles mascaram a insegurança com uma autoconfiança inflamada, fingindo que nada os perturba.

Leonino, se você conseguir levar uma vida desinibida e, ao mesmo tempo, cuidar das pessoas que adora, estará personificando a melhor versão do seu signo. Você é um ser repleto de amor, alegria e criatividade. Muito obrigada por compartilhar seu coração conosco. Você se doa por completo. É quem nos mantém unidos, quem compra presentes, quem providencia refeições, tudo isso sem pedir aplausos (ok, às vezes pede). Somos gratos por tudo o que você faz. Saiba que sua beleza vai muito além da aparência física, que você tanto valoriza. Enxergamos a generosidade e a lealdade do seu coração. Que sorte termos você no nosso time!

PERFIL DE UM LEONINO

Meu primeiro amor era de Leão. Era um homem imponente, de quase dois metros de altura, que morava em Nebraska. Era professor e tinha uma didática peculiar e fascinante. Suas aulas eram bastante animadas. Ele colocava música clássica para tocar enquanto os alunos entravam em sala de aula. E ficava lá, ao lado da mesa, rugindo como um leão: "Desliguem a TV e deixem a mente voar!" Gostava mais da prática do que da teoria. Queria que os alunos pensassem por conta própria, descobrissem seus sonhos e botassem a mão na massa. Não queria que aqueles jovens caíssem na letargia à sua volta. Não queria que seguissem o rebanho. Seu lema era: "Pense por si mesmo."

Ele era intenso como todo leonino. Quando nos conhecemos, em 1975, ele tinha acabado de descobrir o conceito de casamento aberto, explorado por um best-seller poucos anos antes. Muita gente estava experimentando aquele novo estilo de vida. Eu o conheci em Stanford, onde eu estudava psicoterapia e dança. Ele estudava educação moral e cívica. Nós nos apaixonamos loucamente.

Mesmo nos tempos de adolescência, sempre respeitei minha individualidade, tanto que eu era virgem quando nos conhecemos e permaneci assim durante todo o nosso relacionamento. Eu disse a ele que era jovem demais (18 anos) e não tinha muita experiência amorosa, e que por isso não faríamos *aquilo*. Conversávamos profundamente sobre a vida, visitávamos museus e frequentávamos teatros. Trocávamos beijos, abraços, energias... Ele era um homem apaixonado.

E me fascinava. Era músico, óbvio. Leoninos costumam ser muito criativos. Ele era violonista clássico. Tudo nele era intenso. Com ele, aprendi a me livrar de uma vida sem graça – um presente que trouxe comigo para o resto da vida.

Ele injetou confiança em mim. Ninguém é capaz de nos encorajar mais do que um leonino que nos ama. Ele dizia: "Silverman, você faz as perguntas mais incríveis." Quando convivemos com um leonino que nos valoriza, isso é muito inspirador. É essa energia que ele gostaria de receber em troca. Ele foi a primeira pessoa a enxergar além da minha juventude e acessar a parte mais profunda da minha alma. Todo mundo se lembra do primeiro amor... e isso é uma coisa bem leonina. Aquele homem abriu meus olhos para que eu enxergasse quem eu era, e também para que enxergasse quem eu me tornaria. Nenhum outro signo é tão encantador. Ainda hoje, fecho os olhos e consigo me lembrar daquele beijo.

O CAMINHO INFERIOR DE LEÃO

Em sua pior versão, o leonino desiludido se torna egocêntrico, ranzinza, depressivo e autoindulgente. Se não recebe elogios, age com rispidez e indiferença. Monopoliza o ambiente e se esquece dos demais. Pior ainda quando começa a falar de política! É bom palestrando, mas não sabe escutar. Pode até soar hipócrita e prepotente.

O leonino é dramático por natureza, o que por si só não é ruim, mas ele só consegue perceber isso quando o observador é acionado. Ele se acha no direito de falar o que pensa e se ofende se é chamado de dramático. Pode ser superficial e intempestivo da pior maneira possível, expressando opiniões fortes, extremas e arrogantes.

No caminho inferior, o leonino é mais propenso à depressão. Ele fica para baixo quando não tem uma plateia, um familiar ou amigo que o faça se sentir especial. Madonna, que é leonina, me disse que evita a depressão fazendo exercício físico. Faz sentido: os signos de fogo se sentem mais vivos quando mantêm a energia em movimento.

A rejeição gera um leonino pessimista e autocentrado. Ele não quer ouvir sua história; só quer contar a dele. Como um monarca autoritário, ao se sentir contrariado, ele pode pedir sua cabeça!

O OBSERVADOR DE LEÃO

O observador pode ajudá-lo a se ver com objetividade e a enxergar que seu ego está no comando. Para você, isso é natural. Você tem um ego que se magoa facilmente. Basta admitir isso. Experimente dizer em voz alta: "Eu tenho um ego enorme e gosto de estar no controle." Reconhecer isso pode ser libertador. Você precisa desse ego porque chegou aqui para brilhar em toda a sua magnitude, para nos inspirar e oferecer sua energia vital. Com você, não há monotonia. Ouça seu observador dizendo: "Lá vai você se olhar no espelho de novo" ou "Alguém atiçou seu fogo, então se prepare". Tudo bem, leonino. Gatilhos fazem parte da vida. Você vai atiçar os outros e acabar sendo atiçado também. Essa é a sua natureza. O observador pode ajudá-lo a aceitar isso como algo cativante.

O CAMINHO SUPERIOR DE LEÃO

Leoninos têm o dom de conquistar corações porque são muito convictos e apaixonados pelo mundo. Isso é contagiante. No caminho superior, são um grande modelo a ser seguido. Conseguem subir num palco sem medo ou vergonha e ainda nos fazer sorrir.

São incríveis no papel de pai ou mãe. Trabalham duro para cuidar da família e de fato protegem sua prole. Leonino, deixe seus filhos cometerem erros! Sei que isso não é fácil para você, mas é possível. Quando seu ego não está no controle e você reconhece sua alma, ela brilha. Quando um leonino se dedica a cuidar dos vulneráveis, dos desfavorecidos, ele cumpre seu maior propósito. Quando estamos sob a proteção de um leonino, raramente nos sentimos desamparados.

Ser leal é uma especialidade de Leão. Ele levaria um tiro para salvar alguém que ama. É uma honra fazer parte do seu mundo. O objetivo dele é se doar e proteger. Em vez de impor a própria opinião, o leonino em sua melhor forma pergunta: "O que você achou da minha ideia?" Ele fica menos autocentrado e se apaixona pela vida a despeito das dificuldades. Mesmo após perdas e desilusões, ele mantém um coração amoroso. Isso exige força e coragem. O leonino no caminho superior tem motivos de sobra para se orgulhar de si mesmo.

O REMÉDIO PARA LEÃO

Como qualquer signo de fogo, você precisa se manter ativo. Você gera energia gastando energia, então o exercício físico é seu aliado. Você adora se mexer, praticar esportes, fazer música. Sem movimentar a própria energia, vira uma panela de pressão prestes a explodir, ou fica deprimido. Sem agito, perde o gás.

É preciso estar sempre fazendo alguma performance, mesmo fora do palco. Talvez você seja um ator ou músico, ou receba aplausos metafóricos como professor, advogado, coach motivacional, palestrante ou líder de empresa. Que tal apenas contar histórias para crianças? Tente também gritar com a tela da TV assistindo a um jogo de futebol ou a algum programa que desperte sua paixão – isso pode ser terapêutico.

Você se sente bem ao cuidar dos mais fracos e precisa defender uma causa. Pode ser algo que envolva uma ONG, assistência a menores ou ativismo climático. Você adora lutar por seus ideais.

Pode parecer bobagem, mas vestir cores chamativas melhora muito o seu humor. Passe um batom ou vista um terno alinhado. Se olhe no espelho e se arrume um pouco – não há nada de errado nisso. Divirta-se! Depois dê meia-volta, saia do quarto e assuma as rédeas com confiança. Você está deslumbrante!

Quando a insegurança bater, chame um amigo e peça um elogio que infle seu ego. "Diga que estou incrível!" Tudo bem se não for cem por cento verdade. Você só precisa escutar isso.

LIÇÃO DE VIDA DE LEÃO

Você veio até aqui para encontrar a confiança interior e entender que a vulnerabilidade é uma força. Expor sua fragilidade humana não é motivo de vergonha, não importa o que digam seus gremlins.

O leonino precisa aprender a aceitar o próprio ego enquanto abre espaço para a alma. Na astrologia esotérica, ego e alma são energias opostas, e é por isso que leoninos resistem tanto à espiritualidade, sobretudo às religiões organizadas. Eles não querem um Deus ditando o que devem fazer, pois já sabem o que fazer. São líderes da própria vida e da vida de sua família.

Leão adora o mundo real e vive no presente. Nem todo signo busca o ápice espiritual – alguns só querem amar a vida e abraçá-la por completo. É por isso que você está aqui, leonino. Amar o mundo é bom demais. Você veio trazer animação, personalidade e entusiasmo. Precisamos que alguém nos inspire, e esse é o seu papel.

LUA EM LEÃO

Você tem uma vitalidade emocional oculta. Fica mais feliz que a maioria em meio a fortes emoções. Sua personalidade otimista e alegre se alimenta do drama da melhor maneira possível.

O lado negativo é que, quando tomado pela emoção, você tenta assumir o controle. Sua energia explode ("Tem que ser do meu jeito") e não deixa espaço para você avaliar a situação com calma.

O Sol em Leão tem a personalidade mais aberta e extrovertida do zodíaco, mas a Lua em Leão chega a ser tímida – e também mais criativa. Você nem cogita não criar. É uma necessidade que não demanda o menor esforço. Você pode usar sua criatividade para ajudar os outros a transformar as próprias ideias em coisas maravilhosas. Você não almeja ficar com todo o crédito.

Você está sempre pensando na pessoa amada e querendo lhe oferecer apoio. Quando ama, isso fica evidente. É por isso que tanta gente gosta de você.

MERCÚRIO EM LEÃO

Você tem uma mente determinada e não veio até aqui para ficar em cima do muro. É uma pessoa decidida e capaz de compartilhar o que sabe sem inibições. Ninguém fica entediado quando você está por perto, já que é uma fábrica de ideias. Se aprender a escutar e a valorizar outros pontos de vista, será muito mais fácil se dar bem com as pessoas.

Você é tão cheio de opiniões que até ficamos com receio de contrariá-lo. Que tal aprender a fazer perguntas também? Você adora liderar e conhecer todas as respostas. Você nasceu para ser a pessoa que sabe tudo, que é muito experiente e cheia de confiança, e que deve ser escutada.

ASCENDENTE EM LEÃO

Da perspectiva da alma, ter ascendente em Leão não é nada fácil. Isso é surpreendente, já que o Sol em Leão brilha sem fazer esforço. Mas a verdade é que a pessoa com ascendente em Leão resiste à grandeza e não quer chamar a atenção para si, embora tenha vindo ao mundo para isso. Você nasceu para estar sempre em primeiro plano, bem no centro, sob os holofotes, aceitando a beleza da vida. Nasceu para nos banhar em sua luz resplandecente, nos inspirando a brilhar também. Se isso o incomoda, se faz você se sentir egocêntrico, ou se você não se considera bom o bastante, pense melhor. Sua alma convida você a subir ao palco com todo o esplendor. Não esconda sua criatividade. Se solte aos poucos. Toque música para seus familiares e amigos. Compartilhe seus escritos. Você tem mais talento do que imagina. Abra espaço para o que sua alma deseja, sobretudo se seu signo solar for de água ou terra.

SATURNO EM LEÃO

Brinque e divirta-se. Aprenda a aceitar sua necessidade de atenção.

Não há problema algum em ser expansivo. Você precisa admitir que tem um ego dominante. Sua lição é uma das duas: ser celebrado por isso e alimentar seu ego, ou aceitar sua timidez e sua relutância em aparecer. Seja como for, quanto mais consciência você tiver da sua necessidade de atenção, mais autêntica será sua vida.

Em vez de buscar a fama ou o auge da espiritualidade, alguns signos só querem amar a vida e aceitá-la de coração aberto. Você é assim.

Lição de vida: Mesmo adulto, você tem permissão para valorizar a alegria e os aspectos pueris da existência. Você é leal e devoto a todas as pessoas que ama. Sorte a delas. E sorte a sua também, pois você vive para o amor (em todas as suas formas).

MEDITAÇÃO PARA LEÃO

Nasci para ser uma estrela brilhante. Amo isso em mim. Compartilho minha energia vital com o mundo. O que mais desejo é que as pessoas que amo sejam celebradas, abençoadas e encorajadas. Estou aqui para ser o fogo que nos alimenta de modo que possamos brilhar e ser incríveis. Encorajo todo mundo que se aproxima do meu coração. Ofereço calor e amor. Sou leal. Não vou me diminuir, pois o mundo precisa da minha exuberância.

A ESSÊNCIA DE LEÃO

Leoninos vieram a este mundo para amplificar energias sem inibição. Eles não vão se diminuir nem se desculpar por serem quem são. E daí se xingam ou falam alto? Isso é natural para alguém que pretende se destacar e se mostrar ao mundo. Eles falam mesmo! São bons alunos da vida e vivem com toda a energia que conseguem reunir (o que não é pouca coisa). Incorporam sua melhor versão quando se dedicam a aprender, mas não se engane achando que não ligam para críticas. Eles não querem magoar ninguém, nem querem ser magoados.

A astrologia sempre fala do leonino como uma pessoa cheia de ego que se sente especial. Bem, isso é verdade. Leoninos adoram rechaçar a ideia de que somos todos iguais, pois sabem que são únicos. Têm mais energia que a maioria de nós e não vieram ao mundo com um botão de desligar. Quem pediria a um leonino para ficar calado? Quem pediria a uma atriz para ser mais discreta? Quem diria a Madonna para fazer menos barulho? Precisamos que essas pessoas se arrisquem, rompam limites e sejam deslumbrantes.

Há quem não goste de tanta personalidade, e há quem siga o leonino até o fim do mundo. Para ele, não faz diferença. Se você precisar de alguém que grite todas as coisas que você pensa mas não tem coragem de dizer, ele é a pessoa certa. Nem todo mundo reage bem a esse ímpeto, é verdade. Podemos ser atraídos pelo fogo num primeiro momento, e depois nos afastar quando o calor aumenta demais. Mas acabamos voltando para nos aquecer mais um pouquinho. Ninguém consegue ficar longe de um leonino por muito tempo. A vida deles é cheia de cor. Eles não aceitam a mediocridade.

Coloque um leonino no palco, ofereça um microfone a ele e o veja brilhar. Fora dos holofotes, no entanto, ele é inacreditavelmente tímido e busca sossego. Nasceu para ser autêntico e viver sem culpa, embora esteja aprendendo a desenvolver um lado mais suave. Quando tratado com gentileza, pede desculpas e se adapta ao nosso ritmo.

Que tal admitirmos que todo mundo tem um ego, que todo mundo precisa de conforto e validação para que a alma se sinta segura e assuma o controle? Essa é a missão do leonino. Com a astrologia, ele pode aprender a honrar o ego e a alma ao mesmo tempo. Ao fazer isso, ele aprende sua lição de vida e se torna um mestre para todos nós.

13

Psicologia de Virgem

EU ANALISO

Elemento: Terra
Modalidade: Mutável
Casa: Sexta
Planeta: Mercúrio
Parte do corpo: Cólon e intestinos; os virginianos adoram analisar e decompor (e tendem a desenvolver problemas digestivos de ordem emocional).

Queria que você soubesse o quanto eu me esforço. Talvez assim demonstrasse mais compaixão e fosse mais cuidadoso ao julgar meu trabalho e minha aparência. Para mim, críticas só pioram as coisas. Eu já me critico o bastante. Também não sou muito bom em aceitar elogios (isso envolve receber muita atenção, o que me deixa nervoso). Sou meu pior inimigo. Não gosto de desleixo, de bagunça, de trabalho malfeito, e tenho uma lista bem longa de traços que mudaria em mim.

Vivo em busca de respostas, revisitando fontes confiáveis para ter certeza de que estou no caminho certo. Adoro, e preciso, coletar informações. Não aceito dados sem provas concretas e acho que ninguém é tão criterioso quanto eu. Preciso de comprovações, então me mostre sua pesquisa detalhada.

A saúde é um tema que me fascina. Adoro estudar e ensinar esse assunto. Não se ofenda se eu sugerir uma novíssima abordagem para você se sentir melhor, ser mais feliz ou ganhar mais dinheiro. Talvez eu mencione um superalimento que favorece a longevidade. Só quero ajudar.

Meu trabalho não acaba nunca – e essa é a pior parte de ser quem eu sou. Não sei o que é descanso. Nunca paro de tentar ser perfeito e de melhorar minha vida por meio da natureza ou da tecnologia.

Será que algum dia terei a saúde, a aparência ou o relacionamento que busco? Tenho uma lista infinita de melhorias a fazer. Nunca vou me sentir totalmente satisfeito. Nada que faço é bom o bastante. Nunca vou chegar lá.

Por favor, não venha me dizer que sou um exemplo de pontualidade, limpeza e organização, o representante perfeito do signo de Virgem. Eu sempre tenho o que melhorar. Minha vida não é ruim, mas também não é fácil. Não que eu esteja reclamando. Quando você entender que todo ser humano é imperfeito, vai perceber que eu também preciso evoluir.

Eu adoraria saber como aprimorar nossa espécie, e talvez um dia a gente aprenda a levar uma vida saudável, orgânica e acessível, focada na terra, na simplicidade e na gentileza. Sei que é um sonho muito distante, mas espero que cheguemos lá. Estamos no limite e muita coisa ainda precisa ser feita. Não temos muito tempo. Eu me preocupo com nosso futuro.

Virginianos representam nosso lado que gosta de ordem, que nunca acha que fez o suficiente e que vive tentando melhorar. São fascinados por saúde e sempre têm um conselho na ponta da língua. Adoram resolver qualquer problema: um parafuso frouxo, um pneu furado, um resfriado. Mostre algo quebrado e eles vão consertar felizes da vida. São ótimos enfermeiros, contadores, médicos e conselheiros. Querem corrigir o que está errado, ainda mais se envolver números, planilhas, exames médicos, resultados, gráficos ou algum tipo de cura. Se forem à sua casa e encontrarem uma lâmpada queimada, uma torneira pingando, alguém espirrando... não se preocupe, eles saberão o que fazer.

Se engana quem pensa que todo virginiano é organizado, pontual e adora limpeza. Na verdade, eles são tão ocupados que muitas vezes se atrasam. Levam jeito para organizar e resolver os problemas dos outros, mas nem sempre têm tempo de fazer isso para si mesmos. Têm gavetas bagunçadas, um carro meio sujo... mas, ainda assim, implicam com a maneira como você coloca os pratos na lava-louça: "Deixa que eu cuido disso."

Virginianos são preocupados e estressados por natureza, o que pode levar à ansiedade. É enfurecedor querer que a vida seja diferente, sobretudo tendo uma lista infinita de afazeres. Eles fazem listas e mais listas e, claro, não conseguem cumprir todos os prazos. Sentem prazer em alcançar metas e estão sempre anotando as pendências para o dia seguinte.

Virginianos gostam de cuidar dos outros e podem assumir o papel de mártir num piscar de olhos. Isso não é nada divertido. Eles não vieram ao mundo para se divertir, mas para fazer o que deve ser feito, para cumprir uma função. Sinto muito se você é virginiano e vive preocupado. Na verdade, quando ativar seu observador, você vai perceber que dizer "Poxa vida!", "Droga!", "Que cabeça, a minha!" é sua configuração de fábrica. Para você, todo erro assume uma proporção enorme (até aqueles que ninguém mais percebe). Imagine o fardo de nunca se contentar com o bom, sempre querendo o melhor. Nem perca seu tempo consolando um virginiano que se esqueceu de fazer alguma coisa. A autocrítica dele sempre vai falar mais alto: "Como fui me esquecer de trazer minha caneta? Como não pensei em trazer meu casaco? Como sou idiota!"

Virginiano, posso afirmar, como astróloga, que a pureza do seu altruísmo faz uma enorme diferença na vida das pessoas. "Não sou tão bom assim", aposto que você está pensando agora. Tudo bem, então pegue papel e caneta e escreva o seguinte: *Faço minha parte. Sempre cumpro meus deveres com a melhor das intenções.* Depois, quando se sentir estressado, repita essas palavras para uma pessoa que conviva com você. Ela vai concordar, tenho certeza.

O virginiano tende a passar sua aflição para os filhos. A criança herda esses gremlins e mais tarde assume a presidência do Clube da Preocupação. Virgem, saiba que você pode questionar seus medos. Eles por acaso estão ajudando você? Que tal se concentrar na sua coleção de livros de autoajuda, nos seus calmantes naturais, nas suas sessões de terapia?

Por ser um signo de terra, Virgem é prático e pé no chão. Adora plantas, medicina fitoterápica e óleos essenciais. Não se surpreenda se um virginiano lhe recomendar vários suplementos e vitaminas. Eles se educaram na arte de se manter saudáveis. Não dispensam alimentos orgânicos. Podem se interessar por limpeza de cólon (parte do corpo regida por Virgem) e por dietas veganas ou cetogênicas. Costumam compartilhar mais do que deveriam sobre seus movimentos intestinais. Se você gosta de conversar sobre todos os detalhes do trato digestivo, o virginiano é sua companhia perfeita.

Ironicamente, eles enfrentam problemas de saúde com certa frequência. Podem sofrer de distúrbios digestivos raros que tentam resolver com a dieta da moda, eliminando carboidratos ou se tornando vegetarianos. Quando ninguém está olhando, eles roubam um pedaço de bacon ou comem uma fatia bem doce de torta. Eles se cobram muito quando estão seguindo uma reeducação alimentar. Conseguem se adaptar rapidamente, mas ficam frustrados quando não conseguem se manter firmes na dieta por muito tempo.

Virginianos são assombrados pela insegurança. Seus gremlins estabelecem padrões impossivelmente altos, se alimentando de suas tendências perfeccionistas e obsessivo-compulsivas. Quando menos se espera, os gremlins sussurram: "Você não está fazendo um bom trabalho. Poderia ter feito muito melhor." Isso só irrita e atrapalha. Os gremlins aparecem à noite incitando o virginiano a fazer listas em vez de dormir. Se você estiver com a cabeça vazia, pode contar com um virginiano para povoá-la com preocupações.

Ser de Virgem não é fácil (na verdade, é um dos signos mais difíceis do zodíaco), mas é ótimo ter um virginiano na nossa vida. Em vez de se concentrar no que fizeram bem, eles se concentram no que deu errado. Imaginam os piores cenários possíveis: que o carro será roubado, que a casa será assaltada, que os filhos ficarão doentes se não comerem direito.

Ainda assim, são sagazes e sabem rir na hora certa. Donos de um ótimo papo, conversam quase tanto quanto os geminianos, já que ambos são regidos por Mercúrio, o planeta da comunicação. Emitem opinião sobre tudo e, em casos extremos, podem ser bem fofoqueiros. Cabe também mencionar o sorriso dos virginianos: eles têm um senso de humor surpreendente e uma dentição impecável.

Vão ficando mais tranquilos com o avançar da idade e demonstram gratidão de um jeito muito educado. "Obrigado. Como tem passado? Posso ajudar em alguma coisa?" Nenhum outro signo repete tanto essas palavras.

Virginiano, vou fazer algo que você adora: dar um conselho. Exercite o perdão, e não apenas com os outros. Perdoe a si mesmo! O perfeccionismo é um fardo enorme. Vamos combinar que vivemos num mundo imperfeito. Aceite esse fato e pegue leve com as pessoas que pisaram na bola, que lhe fizeram mal, que arruinaram alguma coisa... Por que não perdoá-las? Quando você aciona seu observador e percebe que nada é perfeito, fica mais fácil ser tolerante. Estamos todos apenas vivendo. Ninguém acerta o tempo todo.

Eu não gostaria de viver num mundo sem virginianos. Adoro o humor deles, sua disponibilidade inabalável, sua vontade sincera de melhorar tudo. São qualidades raras. Obrigada, Virgem, por ser tão atencioso e prestativo, por gostar tanto de orientar e servir. É por isso que você faz muito mais do que imagina: sua alma está sempre a serviço de todos, o tempo inteiro!

PERFIL DE UMA VIRGINIANA

Uma grande amiga minha, que vou chamar de Charlene, está sempre pensando que não é boa o suficiente, que nunca faz o bastante, que não está no emprego certo... Eis um mantra que o virginiano vive repetindo: "Só dou bola fora." Ela nunca sente que "acertou" e não consegue entender por quê.

Até em sonho Charlene organiza as coisas, de tão comprometida que é com o bem-estar da família (o que inclui muito mais gente do que seus parentes de sangue). Ela oferece fitoterápicos e ervas colhidas da sua horta, sucos frescos de frutas orgânicas de produtores locais, tudo para manter todo mundo saudável. Ela usa luvas para cuidar de seu jardim florido e lava muito bem as mãos assim que entra em casa. Com a farta produção de sua horta, prepara refeições incríveis.

Adoro viajar com ela. Sua bolsa está sempre repleta de band-aids e alfinetes, além de um par extra de meias para uma emergência. Ela tem um ótimo senso de humor. Basta uma pessoa virar as costas que ela já começa a analisá-la. Sem que ninguém peça, Charlene decifra os outros, observa suas expressões faciais e faz uma avaliação rápida até de gente que ela acabou de conhecer. Eu mesma já fui avaliada várias vezes – até com certo sarcasmo.

Charlene é incapaz de guardar um segredo, mas jura que consegue. Fala demais sem perceber. Também faz tudo o que deve ser feito, mesmo quando acha que não está fazendo o bastante.

No fundo, está sempre se perguntando se está malvestida ou se disse algo errado. Quer perder peso e adotar uma rotina saudável, mas, como está sempre muito ocupada, acaba desistindo. Vive preparada para tudo: "Vou levar a casa inteira, só por precaução!" Charlene nunca se esqueceria de trancar a porta. Ela faz todo mundo se sentir seguro. Mesmo que carregue aquela pitadinha espiritual de Peixes (o famoso "Está nas mãos de Deus"), o impulso virginiano entra em cena e grita: "Não se esqueça de trancar as portas! Não dá pra confiar nas pessoas!" Charlene é assim: um mero pensamento a deixa insegura. E eu fico nervosa junto com ela!

O CAMINHO INFERIOR DE VIRGEM

Em sua pior versão, o virginiano tem um sistema nervoso que causa distúrbios, desde problemas de pele e pressão alta até dores crônicas que mais parecem hipocondria. Sua enorme ansiedade pode facilmente evoluir para um transtorno obsessivo-compulsivo. Ele reclama, critica e se preocupa, descarregando sua ansiedade nos outros. Pode ser um perfeccionista tirânico e implacável, por não conseguir descansar a mente e ouvir o coração. Tende a julgar e fazer fofoca. É como um terapeuta sem diploma que acha que tem todas as respostas e oferece conselhos não solicitados.

O OBSERVADOR DE VIRGEM

Uma enorme mudança acontece quando você aciona seu observador. Normalmente, você seria capaz de criticar até um arco-íris ("Não tem amarelo suficiente") ou ficar com raiva por motivos bobos ("Você foi embora da festa cedo demais" ou "Custa botar a camisa para dentro da calça?"). O observador reduz essa implicância. Você passa a reclamar menos ou até pede perdão após fazer uma crítica: "Desculpa, é que sou de Virgem."

Imagine se você se avaliasse pelo seu esforço, não pelos seus resultados. Você está sempre dando seu melhor (seu desejo de fazer a coisa certa é genuíno), e podemos chamar isso de perfeição. Tudo bem se sua lista de afazeres for cumprida pela metade: amanhã você termina. Duvido que vá esquecer, já que deixa tudo anotado. Suas listas funcionam, porque, no fim das contas, você sempre cumpre suas missões. Talvez nem tudo saia como você queria ou algo demore mais que o planejado. Acontece. Nesses casos, você dará satisfação do seu atraso, se desculpando com uma boa dose de vergonha.

Se for fiel à sua dieta saudável, você acabará vendo resultados, mas se permita respirar de vez em quando. Admita que você pega muito pesado consigo mesmo. Relaxe um pouco. O observador fará você entender que ninguém vai julgá-lo tanto quanto você se julga.

O CAMINHO SUPERIOR DE VIRGEM

O dom do virginiano é ajudar sem esperar nada em troca. Pense na Madre Teresa de Calcutá, que era virginiana. Ela fazia o que estava ao seu alcance para ajudar órfãos e leprosos, sem jamais desistir. Era atenciosa e empática.

Não é fácil para Virgem trilhar o caminho superior, pois é impossível calar seus gremlins por completo. Isso vale para todos nós, mas a voz interior do virginiano é particularmente crítica. Virgem, tente ao menos reconhecer que seu esforço é suficiente. Que tal ver beleza na imperfeição?

Basta observar a natureza. As folhas caem das árvores, as flores murcham. Paisagens bagunçadas também são bonitas. A natureza nos deixa maravilhados mesmo com suas imperfeições. No caminho superior, você troca o perfeccionismo pela aceitação. Não é fácil, mas pelo menos você tenta.

O REMÉDIO PARA VIRGEM

Para você, a natureza é terapêutica. Você adora jardinagem, botânica, medicina orgânica e fitoterapia. Nada o acalma tanto quanto fazer caminhadas ou trilhas.

Você é bom aluno: mergulha fundo na ciência, no estudo da agricultura ou da anatomia humana. Ler um livro acalma seu sistema nervoso.

Largue a cafeína e o álcool e veja como se sentirá melhor. No início será difícil, pois você adora acelerar sua mente em busca de mais eficiência. Só que no fundo você sabe que essas substâncias agravam sua ansiedade e seu estresse, e você acaba se sentindo culpado quando as consome em excesso.

Sou suspeita para falar, mas a astrologia é um bom remédio para você. Ela não cala seu crítico interior, mas o ajuda a ver o lado bom da sua personalidade.

E, nossa, como você gosta de mudar! Acha muito difícil continuar focado na mesma coisa por muito tempo. Está sempre em busca de uma nova dieta (ou de um novo produto, uma nova pessoa) para resolver seus problemas e ocupar seus pensamentos. Mantenha-se fiel a um hábito e depois passe para outro – sem se sentir culpado por isso.

Aqui vai um mantra para você: *Acredito na minha competência e tenho me saído muito melhor do que imagino.*

LIÇÃO DE VIDA DE VIRGEM

Virginiano, você precisa parar de se julgar pelas aparências. Em vez disso, concentre-se nos seus sentimentos. É perigoso deixar sua mente no comando o tempo todo, já que é lá que surgem a vergonha, a culpa e a tristeza. Madre Teresa entendeu que tinha vindo a este mundo para servir aos outros, mas seus diários revelam que ela sofria de depressão. Um virginiano exausto pode se tornar cínico sem admitir isso a ninguém (exceto, talvez, ao seu terapeuta).

O mundo precisa de você. Seu altruísmo é capaz de gerar felicidade. Em sua melhor versão, você parece um santo, com uma habilidade quase sobrenatural de nos ajudar e de enxergar nossas necessidades.

LUA EM VIRGEM

Você não quer chorar. Derramar lágrimas pode ser constrangedor ou, pior ainda, inapropriado (uma palavra que persegue você). A autocrítica da sua mente fala mais alto que o seu coração. Você enxerga as emoções como irracionais e perturbadoras. Quando fica emotivo ou chateado, pega uma esponja, um aspirador de pó, e limpa e organiza tudo de maneira compulsiva.

Seu lado positivo é ser prestativo. Você não para. Parentes, amigos e profissionais da saúde que têm a Lua em Virgem são atenciosos e solícitos por natureza, servindo e cuidando como ninguém.

MERCÚRIO EM VIRGEM

Você tem Mercúrio numa boa posição, já que Virgem é regido por esse planeta. Você tem uma mente organizada que retém informações com facilidade. É um ótimo aluno, que adora listas e planilhas. Tem uma memória excelente, mesmo que não note.

Você é flexível: tem fortes crenças até que se depara com novos dados e passa a considerar outros pontos de vista. Por exemplo, se você toma um suplemento vitamínico e mais tarde alguém lhe mostra pesquisas que desaconselham o consumo, você muda de opinião na mesma hora. Você é movido por dados confiáveis e consistentes. Quem tem Mercúrio em Virgem é menos cabeça-dura do que os outros signos de terra.

ASCENDENTE EM VIRGEM

Você quer ajudar, mas se cobra demais. É muito produtivo, mas não se dá por satisfeito. Que tal ser mais gentil consigo mesmo? A alma virginiana foi feita para se doar. Você tem uma missão: servir aos outros com um sorriso no rosto. Admita, você adora isso. Caso tenha ascendente em Virgem, procure ceder a esse impulso para se sentir realizado. Se estiver resistindo demais à vontade de servir, deixe sua alma tomar a frente e mostrar o caminho.

Pessoas de Virgem são belas, ainda mais quando se trata de ascendente em Virgem. Elas carregam uma essência feminina. Certa vez, fui chamada à Europa para ler o mapa astral de lindas modelos internacionais, muitas delas capas da *Vogue*. Não me surpreendi ao ver que várias tinham ascendente em Virgem. Elas reclamavam: "Tenho uma pinta feia na bochecha", "Tenho um seio maior que o outro", "Tenho pernas muito grossas". E eu dizia: "Vocês sabem que são maravilhosas, não sabem?" Elas sorriam. Óbvio que sabiam disso – na teoria. Mas não é fácil aceitar elogios quando se está focado num suposto defeito. Pessoas com ascendente em Virgem se criticam como ninguém. Não enxergam o que nós enxergamos. E nem adianta contra-argumentar, pois vão continuar achando que os elogios são da boca para fora.

Entre as lindas mulheres com ascendente em Virgem estão Madonna, Dolly Parton, Janelle Monáe, Angelina Jolie, Nicole Scherzinger e a supermodelo Bella Hadid. Os homens também são adoráveis: Keanu Reeves, Timothée Chalamet, Michael B. Jordan, Chris Pine, Ryan Reynolds e Paul McCartney. A aparência externa reflete a alma. É o amor interno que torna as pessoas com ascendente em Virgem tão atraentes.

Para você, o profissionalismo está ligado à satisfação da alma. Sem um trabalho significativo, você se sente insatisfeito e vive criticando os próprios esforços. Isso pode convencê-lo de que há algo errado na sua vida, embora não seja verdade. O problema é a pressão que você se impõe, sempre achando que deveria fazer mais, com maior eficiência. É um grande fardo que não aumenta sua habilidade de fazer mais; pelo contrário, só piora sua autoestima deturpada.

Nós amamos você por se esforçar tanto. Quem o contrata nunca vai querer perdê-lo. Seu profissionalismo e sua vontade de aprender são insuperáveis, acredite. Aceite esse elogio e permita que sua alma aprecie o privilégio de ter ascendente em Virgem.

SATURNO EM VIRGEM

Sinta-se à vontade para ser metódico, cauteloso e determinado. Servir é seu dom e sua contribuição ao mundo.

Você dedica sua juventude ao trabalho, mas, ao amadurecer, percebe que ser é tão importante quanto fazer. Seja paciente. Você está se saindo bem melhor do que pensa. Você acha que ainda não fez o bastante, mas isso não é verdade. Você já fez mais do que o suficiente.

Siga uma rotina saudável e veja o lado sagrado de cada dia. Seja um exemplo para os outros. Nos ensine a agir, e aja de acordo com suas palavras.

Lição de vida: A perfeição não existe. Vivemos num mundo perfeitamente imperfeito. A pureza do seu coração é o parâmetro para o seu propósito. Você nasceu para atender ao seu sincero desejo de ajudar.

MEDITAÇÃO PARA VIRGEM

Me ajude a me cobrar menos e a enxergar que estou fazendo o melhor que posso. Minhas intenções são boas. Que minha autocrítica se transforme na voz de um anjo, gentil como uma mãe. Sou bom o bastante. Estou cumprindo minha parte. Faço o que preciso fazer. Meu coração é puro.

A ESSÊNCIA DE VIRGEM

O virginiano quer dizer "sim" quando deveria dizer "não". Achamos ótimo que ele sempre se disponha a lavar a louça de todo mundo, mas também seria bom se aprendesse a pedir ajuda. E quando ele nos enche de conselhos e dicas de livros para melhorar nossa saúde? Também gostamos, óbvio, mas nos perguntamos se ele sabe que temos nosso próprio médico. É um trabalho ingrato ser a pessoa que sabe de tudo. E o virginiano pensa: "Qual o problema? Só quero fazer as coisas bem-feitas."

Como astróloga, eu já disse para alguns clientes: "Seu problema está em Virgem. Você não consegue se concentrar no lado positivo nem receber elogios. Você mal se olha no espelho e já se sente julgado por seus gremlins." A essência de Virgem é assim: querer acertar o tempo todo.

A energia de Virgem é um presente para o mundo. Não há pessoa melhor para se ter ao lado diante de uma doença ou tragédia. O virginiano investiga tudo a fundo e checa os fatos várias vezes. Ele garante que nenhum detalhe importante será esquecido. Essa é uma ótima qualidade. O problema é que ele se julga demais quando esquece qualquer coisinha sem relevância. A mente do virginiano é povoada por uma junta de juízes que trabalham o tempo inteiro. Bem que às vezes eles poderiam tirar férias…

O virginiano subestima os próprios dons. Isso dificulta sua escalada para o sucesso, ainda que não exista ninguém mais merecedor de reconhecimento. Ele é útil, necessário e confiável, e nem precisa se esforçar tanto. É o melhor no que faz mesmo se esforçando pela metade. Que pena que não percebe isso.

14

Psicologia de Libra

NÓS EQUILIBRAMOS

Elemento: Ar
Modalidade: Cardinal
Casa: Sétima
Planeta: Vênus
Parte do corpo: Rins; os librianos gostam de equilíbrio e harmonia.

Queria que você entendesse que, para mim, gostar de harmonia não é nada fácil. Vivo desejando que as pessoas sejam diferentes e mais gentis. Não entendo por que gostam de erguer a voz, interromper os outros, criar conflitos. O que custa ouvir e esperar sua vez de falar?

Busco harmonia até nos espaços físicos. Percebo quando você não cuida bem da sua casa. Por favor, trate seus livros e seus objetos de arte com mais cuidado. Saiba se portar num ambiente. Por que será que tão pouca gente tem senso estético? Não que eu seja elitista ou mimado; apenas enxergo a vida como deveria ser: repleta de beleza, cor e aromas, agradável aos olhos e ao coração.

Eu vim ao mundo disposto a pertencer a ele, mas, com o passar do tempo, percebi que não estava sendo fiel à minha essência. Acredite quando digo que me sinto deslocado até na minha própria família. Eu sou a pessoa de quem todos falam. Tenho a ambição de seguir meu próprio caminho e alcançar o sucesso, e faço isso parecer fácil. Os outros não entendem como é difícil viver fazendo o que é certo, agindo da maneira correta, perdoando vacilos, mesmo quando ninguém mais faz isso.

Por que associam tanto o signo de Libra aos relacionamentos? As pessoas acham que só penso nisso. Parem de me chamar de codependente. Na verdade, não estou interessado em nenhuma parceria que não seja equilibrada e significativa. Quando eu encontrar uma pessoa que saiba ouvir, seja refinada e também valorize a arte, aí sim vou pensar no caso. Quero alguém que veja os documentários certos e leia os livros que importam para que possamos ter ótimas conversas. Muita gente se engana pensando que levo tudo numa boa. O que eu quero é respeito, igualdade e harmonia genuína, tudo isso ao lado de uma pessoa que não seja muito pegajosa ou carente.

Acima de tudo, não me rotule. Não vou nem querer ouvir o que você pensa de mim. Passei minha juventude me moldando aos outros, e agora cansei. Ninguém me conhece tão bem quanto eu mesmo (mas seria ótimo encontrar alguém que conhecesse).

Admito que sou um romântico incurável que nunca desistiu do amor verdadeiro. Se eu tiver a sorte de encontrar meu par ideal, você vai saber, pois vou envelhecer feliz e satisfeito. Me deixe em paz no meu ateliê, com meus instrumentos e meu diário. Fico bem sozinho, mas prefiro viver com alguém que respeite meu espaço, que entenda minha natureza dicotômica e que compartilhe dos meus ideais. Adoraria ter uma companhia assim para não me perder em mim mesmo.

Por favor, não me interrompa. E saiba que, se você ficar sempre por perto, não vou ter nem a oportunidade de sentir saudade, então se afaste um pouco de vez em quando. Só não se esqueça de voltar. Sou apaixonado por duas coisas: proximidade e espaço.

Se às vezes pareço um pouco vago, é porque sou mesmo. Tenho dificuldade de tomar decisões em momentos de mudança. Se você for flexível, nos daremos muito bem.

O libriano é um romântico incurável. Nem sei dizer quantas vezes já me perguntaram numa sessão de astrologia: "Será que vou me apaixonar?",

"Como anda meu relacionamento?", "Estou com a pessoa certa?". Esse é um mantra universal, e também um dom, pois a energia libriana é a fonte primária que nos motiva a não desistir do amor. O romance não é a única obsessão dos librianos, mas de fato é uma parte importante de quem eles são. Vênus, a deusa do amor, rege Libra. Todos conhecemos a sensação romântica de ter alguém que nos compreende a fundo. Quando nos apaixonamos, nos deixamos levar pela correnteza de um novo amor, até que essas águas acabam secando – algo que o libriano sabe muito bem que acontece.

Mas não acredite no estereótipo de que os librianos estão loucos para embarcar em *qualquer* relacionamento, de que topam se sacrificar, se esgotar, se transformar em outra pessoa em nome do amor. Isso pode acontecer mais no início da vida. O libriano jovem procura o amor onde não deve; esse é seu caminho inferior. Mas o que ele realmente quer é o que todos nós queremos: o amor real e duradouro. Não o amor piegas da TV e dos filmes, mas aquele verdadeiro que nem todo mundo encontra. O libriano quer ter a sorte de encontrá-lo.

Quando mergulhamos na psicologia de Libra, descobrimos que essa busca pelo amor é uma busca pelo divino. Todos queremos sentir que somos adorados, que o mundo espiritual e os anjos zelam por nós, que somos cuidados pelos nossos entes queridos que já se foram. É isso que nosso lado libriano realmente deseja.

Já o amor humano é outra coisa, o que confunde o libriano. Ele quer encontrar alguém que encarne seus ideais românticos, alguém que o faça se sentir amado, alguém por quem ele morreria. Porém, ao embarcar num relacionamento real, com um ser humano real, a fantasia se perde. Nenhuma pessoa é capaz de oferecer amor divino, por isso o libriano jamais se contenta com as relações humanas.

O charme dos librianos se revela aos poucos. Eles querem ser notados, mas no início fingem não ter essa intenção. Quando se apaixonam por alguém, fazem de tudo para agradar. São encantadores e envolventes. Costumam ter covinhas, um cabelo incrível, e ficam ótimos usando qualquer cor. Passam horas procurando o presente perfeito, ainda mais se forem joias. E se esforçam para presentear a pessoa amada da maneira mais criativa possível.

Até que, de repente, a balança pende para o outro lado (e a balança é o símbolo de Libra). Librianos não revelam que estão perdendo o interesse. Em vez disso, continuam seduzindo você, belíssimos – e se sentem mal quando a verdade vem à tona. Querem se casar e ter um parceiro de vida, ao mesmo tempo que querem ser deixados em paz para se dedicar à arte, à ciência ou a qualquer outra paixão estética ou intelectual. Não é fácil decifrá-los. Eles mudam de direção como o vento. São muito bonzinhos, até que deixam de ser. Quando você se mostra entediante, previsível ou muito grudento, eles se afastam. Ou talvez se afastem sem que você seja nada disso. A culpa não é sua por não estar à altura das expectativas de um libriano. Ninguém está.

Não importa para que lado a balança penda, sempre haverá decepção. O relacionamento pode ter um fim triste ou ser mantido a contragosto. É um eterno duelo entre "Não estou vivendo o amor dos meus sonhos" e "Não me abandone, porque preciso me sentir amado". Quando se trata de amor, o libriano pode se mostrar confuso, ambivalente, indeciso e volúvel.

Essa é a falha de projeto dos nativos de Libra. Estão sempre em busca de um amor idealizado que termina em desapontamento e tristeza. Quantos casamentos terminam em divórcio? As estatísticas são estarrecedoras. Mas isso não quer dizer que os librianos não sejam capazes de manter relacionamentos saudáveis. Muitos conseguem quando encontram a pessoa certa, aquela capaz de entender sua natureza ambígua de querer amor, mas também espaço. Quando convicto da própria identidade, quando assume seu propósito e seus talentos, o libriano maduro encontra a liberdade e embarca nos relacionamentos com mais inteligência emocional.

No entanto, podem ser muito codependentes, como diz o clichê, pois têm medo de terminar uma relação que já não está dando certo. Costumam odiar ficar sozinhos, ao contrário de seu signo oposto, Áries. Ambos os signos estão dentro um do outro.

E aqui estamos nós, fazendo justamente o que o libriano não queria: falando demais sobre relacionamentos. É verdade, nem todo libriano é obcecado em encontrar o amor verdadeiro. Muitos já desistiram por completo, após tantas decepções. Perdi as contas de quantas vezes ouvi um libriano solteiro jurar que nunca mais namoraria ninguém.

Ser de Libra envolve muito mais do que buscar o amor, ainda que esse impulso seja uma das coisas mais importantes. O libriano é o artista, o designer, aquele com um bom gosto incrível. Luta por justiça, amor, beleza, e idealiza o mundo. É o maior representante da paz, sempre generoso e empático.

Mas librianos também podem amar a solidão e a própria arte. Não seria exagero considerá-los um pouco peculiares. Fazem muitas perguntas, mas com tanto charme que ninguém se incomoda com isso. Eu considero a excentricidade sua melhor qualidade oculta. No começo, passam despercebidos, até revelarem sua verdadeira personalidade. Aí seu lado artista se destaca. Nem sempre lidam bem com assuntos práticos, e podem ou não ser pontuais. Querem fazer sucesso sem ter que lidar com finanças e boletos. Deixam essa função para outra pessoa.

Às vezes sentem vontade de agradar e se encaixar. São bem espirituosos e autodepreciativos em suas piadas. Usam a linguagem e o humor para cativar as pessoas. Sabem nos fazer rir e, caramba, como sabem contar uma história! Quando começam uma conversa, podem estender o assunto por horas. Afinal, são de um signo de ar. Querem transformar o mundo num lugar muito agradável. Embelezam a vida com seu bom gosto e suas roupas perfeitas, sempre combinando. Procuram o equilíbrio, mas, como as balanças sempre pendem para um lado ou para o outro, nunca o encontram.

Adivinhe quem tem um temperamento difícil, mas não admite isso. O libriano sempre faz questão de deixar claro que foi legal naquela vez, e na outra, e naquela outra… Em dado momento, ele se cansa. Quer que seu esforço seja reconhecido, e fica furioso quando isso não acontece, dizendo: "Nos últimos três meses, a gente só fez o que você queria!" Nessas horas, ficamos perplexos: por que ele não disse nada antes? Porque esperava que lessem sua mente.

Libriano, é nesse momento que você precisa se acalmar, se expressar de forma racional e aceitar que a desarmonia faz parte da vida. Todo signo de ar busca leveza; quer ter a mente estimulada sem lidar com emoções mais profundas. Escute uma coisa: você pode fazer terapia, exercitar seu lado mais humano, contar com a ajuda de um coach e parar de idealizar o romance e a arte como se fossem o princípio e o fim de tudo. Está cientificamente comprovado (e você adora provas científicas) que o amor se dá através de um processo químico. Não depende da sua vontade. A prova de fogo de todo relacionamento começa com as primeiras dificuldades, e elas virão.

Você pode passar nesse teste, querido signo de ar. Coloque os pés no chão. Desça ao mundo real e se esforce para cultivar seus relacionamentos. Esse é seu caminho superior. Você se torna um grande mediador e terapeuta quando aprende a encontrar a paz dentro de si e na sua relação com os outros.

Os gremlins sabem que o libriano sofre quando se sente sozinho e sem amor. Então, tentam convencê-lo de que ninguém o entende. Quando isso acontece, o libriano se torna indeciso ou carente, querendo agradar as pessoas ou fazer fofoca. Entra num grupinho com a obsessão de desvendar todos os podres, sempre fazendo várias perguntas. No pior dos casos, ele se sente sozinho em meio à multidão, distante da sua palavra preferida: amor.

Quando ele aprende a falar a verdade e a revelar sua vulnerabilidade, torna-se autêntico. Libriano, não é vergonha alguma ser verdadeiro. É na autenticidade que o amor reside. Seus amigos não precisam que você esteja sempre impecável contando histórias incríveis. Você pode ser amado sendo quem é de verdade.

Em sua melhor versão, você é fascinado pela vida, e pode ser o entrevistador, o jornalista, a pessoa que tenta descobrir o que, por que e onde. Você nos envolve com as perguntas certas. Faz aflorar o que temos de melhor. É mestre na diplomacia, na comunicação, na arte de levar harmonia e justiça para todos.

Poucos sabem que, na astrologia esotérica, Libra é o signo mais evoluído. Quando desperta para o mundo, o libriano deixa de ser escravo dos relacionamentos tradicionais. Sem a idealização romântica, ele concentra sua atenção no divino. Pode desenvolver uma afinidade mais profunda com um grande amigo, um colega, um terapeuta, uma prática espiritual... e não apenas com um par romântico.

É assim que sua vida se transforma em arte, o maior objetivo de Libra. Obrigada, libriano, por tanta beleza e doçura. Seu humor e o infinito fascínio que nutre por nós são inspiradores. Continue fazendo suas perguntas. Que você seja ouvido com a mesma atenção que nos dedica.

PERFIL DE UM LIBRIANO

Quando conheci Sting, eu não tinha a real dimensão do verdadeiro astro que ele era. Ele chegou a mim por recomendação de uma pessoa amiga, que elogiou meu trabalho como astróloga. Comecei analisando sua vida romântica, já que Sting é duplamente libriano. Perguntei o que tinha acontecido durante seu retorno de Saturno; naquele ano, ele havia lançado seu primeiro hit, "Roxanne", que catapultou sua carreira.

Nem todo mundo sabe que Sting estudou astrologia. A princípio, ele desejava provar que essa ciência não fazia sentido – como todo libriano, Sting era um cético. Ele mergulhou no assunto e chegou a ler mapas astrais de famosos sem saber de quem eram. Quando leu o mapa da própria esposa, pensou ser o de Jesus. Sting estava ficando muito bom em astrologia, embora mantivesse seu ceticismo. "Só acredito vendo" é um dos mantras de Libra. Assim como Tomé, o libriano se pergunta: "Isso é real? Devo acreditar? Quero provas."

Mas basta escutar as canções de Sting para entrar num estado de espírito elevado. Certa vez, eu o apelidei de Instrumento da Paixão Refinada pela Vida. Sting encontrou em sua esposa e alma gêmea, Trudie Styler, uma parceira que o apoia (capricorniana que é) em muitos projetos e causas, como angariar milhões para a Amazônia e contribuir com instituições como a Anistia Internacional e a Associação de Alzheimer. O maior trunfo de Libra é a colaboração. Sting faz isso na sua carreira musical, mas sobretudo ao lado da esposa.

Ele usa sua sensibilidade artística para se sentir realizado, mas também para inspirar e ajudar os demais. Ao apoiar meu trabalho como astróloga, Sting mudou a trajetória da minha carreira. Librianos são generosos assim.

O CAMINHO INFERIOR DE LIBRA

Em sua pior versão, o libriano vive um embate entre "Por favor, não me deixe!" e "Será que você poderia me deixar finalmente sozinho?". Ele está sempre num estado ambivalente de indecisão. Quando está solteiro, fica obcecado por encontrar um par. Quando tem um par, se apega demais e não admite o término ou então larga a pessoa e parte para a próxima assim que a empolgação inicial desvanece.

No pior dos casos, ele tenta culpar o outro: "Você não presta. Percebi isso assim que nos conhecemos. Estava na cara. Nunca deveríamos ter nos casado!" Jura, Libra? Se estava mesmo na cara, por que não comentou nada na época? O caminho inferior do libriano é apontar o dedo e culpar todo mundo, procurando justificativas para se eximir.

Se um libriano ficar em silêncio, afaste-se – uma tempestade está a caminho. Quando desiste do amor, ele se fecha e se faz de difícil. É triste quando seu coração se endurece para sempre. Vamos, libriano, sempre resta uma esperança. Sempre.

O OBSERVADOR DE LIBRA

Quando aprende a não ser tão egocêntrico e a ser mais objetivo, o libriano encontra a paz. Há muitos tipos diferentes de relacionamento. Podemos encontrar o amor num par romântico, num parente, num amigo, em Deus… Todas essas relações envolvem amor. O observador faz o libriano entender isso.

A astrologia esotérica sugere que a culpa, a vergonha e o medo são a fonte de todas as guerras e desarmonias. Você não escutará isso em muitas vertentes astrológicas, mas o signo de Libra envolve sobretudo os sentimentos de rejeição e desconexão – e a respectiva cura para isso. O observador pode mostrar ao libriano como assumir responsabilidade, em vez de culpar os outros.

Libriano, eu sei que você se esforça ao máximo para conter as emoções… até revelar seu lado Áries (o signo oposto). Aí sua raiva, mesmo contida, fica evidente. O observador pode ajudar você a reagir aos gatilhos dizendo: "Calma, estamos só conversando" ou "Discutir assim não leva a nada. Que tal a gente parar para admirar o nascer do Sol?". Relacionamentos intensos podem ser divertidos por um tempo, mas o observador ajuda você a enxergar a hora de pisar no freio.

Haverá momentos na vida em que você vai querer dar um tempo nos relacionamentos por se sentir desiludido. Você tem esse direito – só não desista de vez! Por isso é tão importante colher amor cultivando amizade. Essa é uma lição que se aprende com o tempo. Tente encontrar uma versão do amor que faça sentido para você, não importa a forma que tenha.

O CAMINHO SUPERIOR DE LIBRA

O libriano mostra seu melhor lado quando percebe que a opinião alheia não o define. Ele não se preocupa mais em buscar a aprovação a todo custo, como fazia quando era jovem. Um libriano maduro não precisa de um relacionamento para ser feliz: encontra a verdadeira felicidade dentro de si mesmo.

No caminho superior, o libriano se expressa com sinceridade: "Quer saber? Não funcionamos bem juntos. Nós dois somos pessoas legais, mas não temos química. Essa tensão me incomoda, e eu só consigo viver em estado de paz, por isso precisamos nos afastar." Então se despede com carinho e sem mágoas.

Em sua melhor versão, o libriano prioriza a paz, não o fingimento.

O REMÉDIO PARA LIBRA

Você se sente melhor quando está cercado de beleza e aromas agradáveis. Acenda velas e um incenso, use difusores de óleos essenciais, invista em cores para embelezar sua casa. Você se sente mais feliz num ambiente visualmente agradável. Traga seu artista interior à tona. Decore os cômodos com suas cores e seus estilos preferidos.

Você precisa de alguém que o motive. Se for fazer atividades físicas, tocar um projeto, começar um curso… faça isso com alguém ao seu lado. Isso vai animá-lo.

Em algum momento, você vai perceber que passar um tempo sozinho é terapêutico. No início pode parecer desconfortável, já que você adora companhia. Porém, quanto mais tempo dedicar a si mesmo, mais fortalecerá sua individualidade, evitando se esforçar para agradar aos outros e se adaptar ao ambiente. Será um baita alívio! Experimente fazer um programa sozinho; talvez você não queira ir desacompanhado a um restaurante, mas que tal um cinema? Só não fique tempo demais sem companhia. O isolamento pode fazer você perder seu amor pela humanidade.

Quanto aos relacionamentos, se você está buscando romance, o melhor que pode fazer é se apaixonar por *si mesmo*. Aposto que já leu isso em outros livros, e é verdade. Você tem aversão a pessoas que são muito forçadas ou excessivamente emotivas e irracionais. Gente assim é seu pior pesadelo. Quando se apaixona por si mesmo, você entende melhor o tipo de pessoa que quer ter ao seu lado e para de dar corda para os pretendentes errados.

LIÇÃO DE VIDA DE LIBRA

Sua lição de vida é aprender a amar e ser amado sem expectativas ou condições. Acredite em almas gêmeas e estabeleça um relacionamento com algo maior do que você (quer você chame de Deus ou de qualquer outra coisa). Você veio ao mundo para ser uma pessoa independente, não para se considerar incompleto quando não está com um parceiro.

Seu maior propósito é inaugurar uma nova era em que homens e mulheres se unam como iguais, em que nossas filhas e netas possam ser livres e independentes, e em que as desigualdades de gênero sejam por fim superadas. Imagine um mundo no qual as pessoas não tenham sede de poder, de dinheiro ou de influência. Imagine se o amor fosse o único objetivo.

Imagine um mundo onde o amor transcenda o romance, os relacionamentos e até as orientações políticas. Um mundo onde as pessoas priorizem o equilíbrio e o respeito, e onde a paz seja a norma. O libriano é o pioneiro dessa nova existência. John Lennon, libriano da cabeça aos pés, deu voz ao lema do signo: “Dê uma chance à paz.” Ele também escreveu a música “Imagine”, e imaginar é uma especialidade de Libra.

LUA EM LIBRA

Essa não é uma posição confortável para a Lua, porque suas emoções não devem ser analisadas, mas sentidas. Você vive num cabo de guerra entre sentimentos e pensamentos. No pior dos casos, chega a ignorar suas emoções mais profundas. A boa notícia é que você é muito bom quando se trata de amizade. Sabe escutar as pessoas, embora não seja bom em impor limites. Gosta de agradar e está disposto a se esforçar até demais para evitar brigas. Tem dificuldade para compreender o que sente e adoraria que alguém lhe fizesse um monte de perguntas para tentar decifrá-lo.

MERCÚRIO EM LIBRA

Essa não é a melhor posição para Mercúrio, porque Libra é um signo indeciso e um pouco disperso. Você enxerga muitas opções e possibilidades, tentando entender todos os pontos de vista. Sabe o que as outras pessoas pensam, mas não o que *você* pensa! Seu fascínio pela ciência e pelas grandes questões da vida permite que se interesse por qualquer assunto, pelo menos por um tempo. Sua memória é um trunfo à parte, sobretudo quando você mergulha fundo num tema específico.

Você é ótimo contando histórias detalhadas. Às vezes, contudo, pode usar certa licença poética para colorir os fatos.

ASCENDENTE EM LIBRA

Para você, é mais fácil produzir arte e encontrar harmonia fora de si mesmo do que se equilibrar internamente. Você carrega na alma as energias masculina e feminina. Quer se conectar com Deus, ou com sua espiritualidade, mas acaba se distraindo pela obsessão de encontrar "a pessoa certa". No fim das contas, acaba desistindo de ouvir o chamado da sua alma, ou desistindo de encontrar o amor. Certo dia, escutará sua alma dizer: "É a si mesmo que você está buscando. Pare de procurar 'a pessoa certa' e se deixe guiar por mim." Nem todo amor é do tipo romântico. Já parou para pensar que você pode encontrá-lo num amigo ou num filho? Que a paixão e o sexo não são os únicos caminhos para o amor? Já que você prioriza a harmonia, a pergunta que precisa se fazer é a seguinte: "Com quem me sinto mais à vontade sem fazer o menor esforço?"

Sua beleza exterior é evidente para todo mundo, e você se esforça para isso. Seu bom gosto e seu estilo são incontestáveis. A questão que o aflige é: "Como posso ser fiel a mim ao mesmo tempo que tento agradar aos outros?" Ótima pergunta. Enquanto isso, sua alma pede que você abandone sua noção antiquada de relacionamento.

Sua alma busca harmonia. Quando um relacionamento é desarmônico, ele normalmente não dura. Eu tenho ascendente em Libra e cultivo diferentes tipos de relacionamento. Todos passamos por fases na vida, e entender isso me libertou. Demorei muitos anos até perceber que não sou mais a Debra que acha que precisa estar acompanhada o tempo todo. E, bem quando essa ficha caiu, encontrei alguém! Sem dúvida, aprendi a lição da autossuficiência. Estou no comando do meu universo. Enxergo Deus nos olhos de qualquer pessoa que observo.

Percebi que minha alma libriana queria que eu aprendesse a amar sem expectativas. A astrologia foi um presente que me ajudou a não me sentir rejeitada durante minha época de solteirice. Em vez disso, aprendi a encontrar o amor nos locais certos. E você também pode fazer isso, ascendente em Libra.

SATURNO EM LIBRA

Para você, a lição mais difícil de todas envolve relacionamentos.

Você precisa aprender o significado de uma única palavra: comprometimento! Comprometa-se com suas relações. Comprometa-se com seu corpo! Comprometa-se com alguma coisa. Sei que você não quer, mas é por isso que está aqui. Tente assumir qualquer tipo de compromisso por apenas um mês. Essa é uma grande lição para você, já que veio ao mundo para aprender a se relacionar com os outros. A terapia pode ajudá-lo nessa missão.

Estude os relacionamentos. Sua tarefa é se comprometer com algo ou alguém por um curto período e depois reavaliar essa decisão. Você pode mudar de ideia sempre que quiser. Aceite isso sem culpa.

Lição de vida: É por meio dos relacionamentos que o ser humano evolui. Se você conseguir se manter fiel a si mesmo enquanto honra os outros, terá aprendido sua lição. Essa é a sua contribuição para o mundo.

MEDITAÇÃO PARA LIBRA

Sou autossuficiente. Não preciso de um par romântico para ser quem eu sou. Posso fazer o que quiser. Eu me dou permissão para seguir meus próprios interesses. Sou artista e posso me dedicar à minha arte. Reconheço que sou inspirado pela beleza e pelo amor em suas múltiplas formas. Minha alma é exuberante e sou naturalmente espontâneo. Minha vida é uma obra de arte. Tenho o dom de amar sem esforço a natureza humana, criando beleza divina aonde quer que eu vá.

A ESSÊNCIA DE LIBRA

Eles amam e ponto-final. Têm uma energia sexual que não envolve necessariamente tirar a roupa. Para eles, intimidade tem a ver com conhecer o outro, sentir sua alma, entender suas singularidades. Librianos são únicos e se destacam da maioria. Têm um bom gosto de causar inveja. Ficamos tristes quando se afastam, mas a verdade é que precisam de espaço.

Libra tem o refinamento da música, da arte, da moda, das pedras preciosas, de todas as coisas bonitas. Qual seria o propósito de uma vida sem cores? Melhor desfrutar de uma realidade repleta de nuances e perfumes que despertam nossos sentidos, e de pensamentos que nos fazem refletir até cair no riso.

A alegria do libriano é seu grande dom. Quando começamos a incomodá-lo, porém, ele desaparece. Quando um libriano vai embora, é por um bom motivo. Só não espere que ele fique repetindo a explicação para você: ele já explicou, você que não estava ouvindo. Por outro lado, librianos são especialistas em escutar. Ouvem suas ideias, o que você diz nas entrelinhas, a arte escondida na ciência e na natureza. São apaixonados pelo que fazem e compartilham o que aprendem com isso.

Librianos pensam fora da caixinha. Quem disse que devemos nos casar só porque estamos apaixonados? Quem disse que não podemos nos apaixonar por um amigo, por nossos filhos, por uma música? O libriano é apaixonado pela vida. Está aqui para mudar nossa maneira de pensar e de ser, para atualizar conceitos ultrapassados e, principalmente, para contestar obrigações. "Não sou obrigado", diz o libriano cheio de ousadia.

São seres de luz que se acendem e se apagam. Sorte de quem é agraciado com seu brilho. Tornam o mundo muito mais bonito e gentil com sua incrível presença, e somos abençoados só de estar perto deles.

15

Psicologia de Escorpião

EU DESEJO

Elemento: Água
Modalidade: Fixa
Casa: Oitava
Planeta: Plutão
Parte do corpo: Genitais; os escorpianos, é óbvio, são pura sexualidade.

Queria que você entendesse que minha energia se entrelaça com a sua quando nossos olhares se encontram. É por isso que reluto tanto em te olhar nos olhos. Sou capaz de sentir o que você está sentindo. Dizem que os olhos são o espelho da alma, e é verdade. Também dizem que devemos temer a morte, mas disso eu discordo. Estudei a morte e posso afirmar que ela não é o que você imagina.

Na verdade, é um grande privilégio deixar este mundo em paz, aceitando o fim. Já testemunhei muitos fins e aposto que você também. Relacionamentos que não deram certo, a morte do meu bichinho de estimação, um incidente perturbador na infância, tudo isso destruiu minha fé na humanidade... por um tempo. Sim, já fui rejeitado e ferido muito mais vezes do que mereço. Pelo visto, precisei aprender com as professoras Tristeza, Morte e Superação. Isso fez de mim uma pessoa melhor, mas só quando me permiti processar a dor. Com você também foi assim? Ou essa é uma experiência exclusiva do Clube do Escorpião?

Há quem me ache meio depressivo, ou misterioso e introspectivo. Posso parecer impassível por fora, mas por dentro vivo uma intensidade inacreditável. Você não faz ideia de como me sinto quando estou encarando um desafio ou defendendo o que amo. Nessas horas é tudo ou nada, e eu mergulho de cabeça. Se você furar comigo ou descumprir um acordo, vou ficar confuso e com raiva, porque eu jamais faria isso com você. Não tenho paciência para pessoas volúveis e às vezes acho que elas só existem para me irritar. Sou perseverante, aconteça o que acontecer. Nunca deixo minhas emoções impedirem meu progresso.

Sou focado. Me apresente um objetivo e eu o alcançarei, enfrentando o que vier pela frente. Aliás, sei lidar com contratempos. Conheço o que a maioria das pessoas não quer ver: vícios, abusos, rejeições… só para citar algumas das maiores chagas humanas. Quando se trata de experiência de vida, tenho um passaporte repleto de carimbos. Já estive em lugares onde ninguém quer pôr os pés.

Meu superpoder é aprender com o sofrimento e a dor, e posso ajudá-lo a passar por isso também. Vi o tormento de perto e aprendi a não interromper o aprendizado de ninguém. A dor é o solo onde a sabedoria floresce. Se você mantiver sua fé nos momentos mais difíceis, acabará encontrando a cura.

Às vezes me afasto das pessoas para testar se elas de fato me amam. A maioria não passa no teste. Os poucos que passam são meus amigos fiéis, por quem eu faria qualquer coisa. Sou a pessoa certa para ajudá-lo durante uma crise. Quando estou liderando, todos se sentem mais seguros. Eu penso em tudo. Só não fale demais sobre mim… nem comigo. Demonstre seu amor com ações, não com palavras vazias. Não sou muito bom jogando conversa fora, mas sou excelente guardando segredos. Conte comigo para isso.

Por favor, não confunda minha seriedade com raiva ou frieza. Eu sinto bem mais do que você imagina – a menos, é claro, que você seja de Escorpião. Nesse caso, você será capaz de enxergar a alma que escondo atrás dos óculos escuros. E tomara que enxergue mesmo. Espero que alguém seja forte o bastante para me decifrar sem fugir de mim.

Escorpianos gostam de sentir os nervos à flor da pele. Adoram filmes de suspense e livros de mistério. Praticam esportes radicais, experimentam drogas, assumem um risco financeiro bem grande… tudo pela descarga de adrenalina que alimenta a sensação de se estar vivo. Têm uma energia extrema, excessiva, que pode se traduzir em sexualidade selvagem, impulsividade ou abuso de substâncias. Representam o lado humano que encara a morte com bravura; que assume as feridas psicológicas que a maioria de nós tenta manter em segredo; que fala o que mais ninguém tem coragem de dizer. Escorpianos encaram as trevas sem fazer de conta que estão vendo luz. Quem mais estaria disposto a admitir a verdade e atravessar o inferno? Escorpianos nos testam (ou até nos traem) só para nos decifrar.

O estereótipo de Escorpião se baseia na sexualidade e no lado obscuro da vida, mas nem sempre isso se confirma. Há escorpianos que evitam as trevas ou não demonstram muito interesse em sexo. É por isso que muitos não acreditam em astrologia: o estereótipo os ofende. E isso acontece porque Escorpião é o único signo representado por três arquétipos: a serpente, a águia e a fênix.

A serpente é Escorpião operando no lado sombrio, fascinado pelo que acontece após a morte, diante de um tabuleiro Ouija, estudando o oculto. Também pode ser sua versão mais negativa, que age com más intenções, prestes a dar o bote… como uma cobra.

A águia tem uma energia forte e poderosa que almeja a luz. Ela não toca a escuridão – voa acima dela. Não quer saber de temas obscuros ou assustadores.

Já a fênix, criatura mítica que é destruída pelo fogo e emerge das cinzas, não teme nenhum dos dois lados. "Me sinto confortável na escuridão e na luz. Trago ambas dentro de mim. Minha energia é livre, e é isso que me torna tão poderosa."

O que todos os nativos de Escorpião têm em comum é a intensidade. Eles escutam profundamente e exteriorizam o próprio drama como se fossem de um signo de fogo. Só que a intensidade de Escorpião lembra muito mais uma água fervendo do que uma labareda. Ao lidar com temas sensíveis como morte e vício, o escorpiano compartilha seu lado obscuro sem se sentir desconfortável. Longe de ter uma personalidade fraca, ele vai direto ao ponto. Nos negócios, esbanja objetividade: "Quanto tempo isso vai demorar, quanto dinheiro vamos ganhar e quem está no comando? Quero um ótimo resumo e que essa reunião seja curta."

No pior dos casos, é autodestrutivo e até cruel. Não tolera falsidade e é tão sensível que não suporta gente superficial. Talvez chegue a dizer: "Basta. Não quero mais saber desse projeto (ou dessa ideia, ou desse relacionamento)." Usa palavras duras.

Na sua melhor versão, cura os outros, como um cirurgião que extrai o mal do nosso corpo para que nos sintamos melhor.

Na astrologia esotérica, Escorpião é o único signo capaz de destruir o ego em favor da própria alma. Pense nisso por um momento. É o principal tema deste livro. Quando o ego se volta para a alma, tudo entra em harmonia. Se todo mundo fizesse isso, a humanidade evoluiria num piscar de olhos. Mas sei que não é fácil. O ego busca aprovação, enquanto a alma não se importa com isso. Não à toa, a autoconfiança dos escorpianos chega a intimidar. Em sua versão mais elevada, eles andam pelo mundo exalando determinação e poder, geralmente com uma energia sexual que insinua: "Adoro estar neste corpo." Eles chegam numa festa e todos murmuram, interessados: "Quem é?"

Dizem que é possível pressentir a proximidade de um escorpião – o perigoso aracnídeo – antes mesmo de vê-lo. O mesmo acontece com os escorpianos: sua presença é energeticamente palpável. Você não precisa se perguntar se um escorpiano gosta de você, pois ele vai deixar isso bem claro. Quando está interessado, ele olha nos olhos e consegue enxergar bem no fundo da sua alma.

Cuidado, Escorpião: se você nunca baixar a guarda (se jamais se arriscar), não vai conhecer a verdadeira intimidade. Não confunda sexo com amor, embora isso já deva ter acontecido em algum momento. Pode continuar explorando os diferentes tipos de sexo; só não fuja do tipo mais doce e vulnerável. Você, melhor que ninguém, sabe do que estou falando. Quando se sentir seguro, entregue-se.

Pouca gente sabe quanto você é gentil, leal e solidário. Como todo signo de água, Escorpião tem uma forte ligação com os animais, as crianças e os desfavorecidos. Você é uma pessoa empática e carinhosa, até mesmo doce. Essa é a semente de Touro, seu signo oposto. Taurinos fogem da negatividade e expressam o amor com doçura, sem drama. Para você isso talvez pareça um sonho distante, já que é difícil fugir da dor quando se passa uma vida inteira de intensidade. Mas saiba que você carrega essa sementinha dentro de si.

Se você é amado por alguém de Escorpião, é porque conquistou sua mais profunda confiança.

O superpoder desse signo é ler energias e enxergar o interior das pessoas como uma máquina de raio X. Diferentemente do canceriano, que torce o nariz quando contrariado, ou do pisciano, que tende a fugir, o escorpiano encara e julga a falsidade com um semblante impassível.

Se você passar muito tempo ignorando um escorpiano, sem valorizar seus pontos de vista, uma hora ele se voltará contra você. E ai de quem estiver por perto quando ele levantar o ferrão. Quando você menos perceber, ele terá expressado toda a raiva com uma franqueza absoluta. É o tipo de herói que derrota o vilão (alguém tem que fazer isso) e depois dá as costas, soprando a fumaça do cano da arma.

O escorpiano faz as perguntas mais difíceis. Fascinado por psicologia, pode se tornar um excelente terapeuta, médico ou cirurgião. Também daria um ótimo detetive ou autor de livros de mistério. Adora mergulhar fundo nas narrativas, sempre atento aos menores detalhes e observando todo mundo bem de perto.

Numa crise, lida com a situação sem qualquer envolvimento emocional (pelo menos até que tudo esteja resolvido). É como um escorpião em si, que consegue sobreviver a extremos de frio e calor. Com toda a frieza, o escorpiano diz: "Fulano, faça isso. Beltrano, faça aquilo. Eu cuido do resto." É a companhia ideal quando você precisa manter a calma, seja após um acidente, na sala de emergência, ouvindo um diagnóstico difícil. Passada a crise, deixe-o se afastar: ele precisa ir embora e ficar sozinho. Ao contrário dos demais signos de água, que demonstram emoções abertamente, Escorpião se expressa em sua privacidade.

Certa vez, aluguei um quarto na minha casa para uma jovem escorpiana. De vez em quando, saíamos para passear e ela me bombardeava com perguntas pessoais. Até que um dia me virei para ela e disse: "Olha só, escorpiana, é melhor você cuidar da sua vida. Você quer entrar num terreno que não está aberto para você… ainda." Com o passar do tempo, ela ganhou meu coração e hoje é uma das pessoas em quem mais confio na vida.

Escorpiano, você conhece tão profundamente a natureza humana que tem dificuldade de confiar nas pessoas. Você mal confia em si mesmo. Você decide: "Não vou comer besteira. Não vou exagerar na bebida. Não vou pular a cerca." E depois faz *tudo* isso. Você é perseguido pelos impulsos que operam no lado obscuro da psique humana.

A vantagem é que, conhecendo nosso lado sombrio, você tem uma ótima compreensão da nossa psicologia. Ninguém nos orienta e nos cura como você!

Está na hora de compreender também a palavra "transformação". Você carrega cicatrizes desde a infância (escorpianos costumam contar histórias terríveis de quando eram crianças). Ao se curar, você pode transformar a dor em sabedoria. A terapia vai ajudá-lo nesse processo. Aguente firme e não finja que está curado quando na verdade não está. A cura ficará evidente quando você se permitir ser abraçado e quando conseguir manter as pessoas por perto sem o ímpeto de afastá-las.

Escorpianos nos ensinam que é preciso descer para depois subir. Todos nós aprendemos isso da maneira mais difícil, mas, com eles, é ainda pior. Sua alma quer aprender a qualquer custo, quer seguir em frente encarando todas as dificuldades da vida.

Obrigada, Escorpião, por tudo que já fez por nós. Obrigada por ter transformado as trevas em luz e curado as feridas que acompanham a humanidade. Sem você, não saberíamos o que é força e coragem. Sei que parece injusto você ter sido testado ainda tão jovem, mas, agora que já aprendeu tanto, que tal compartilhar conosco sua sabedoria? Precisamos que você nos guie através da escuridão.

PERFIL DE UMA ESCORPIANA

Danielle sofreu abuso sexual na infância e nunca contou isso a ninguém. Ainda jovem, ela se casou com um homem rico que conheceu entre um drinque e outro, numa noitada, e mais tarde percebeu que esse relacionamento não era saudável. Tornou-se personal trainer e ficou bem conhecida na cidade onde morava graças à sua energia inesgotável. Todos queriam ser como ela.

Mais tarde, virou editora de uma revista. Por conta do trabalho, socializava bastante, atrás de clientes em potencial. Sempre havia bastante bebida alcoólica nos eventos que ela frequentava, e com isso Danielle desenvolveu um vício. Recusava-se a entrar para os Alcoólicos Anônimos e a fazer terapia. Como uma boa escorpiana, admitia ter um vício, mas não queria ajuda para controlá-lo.

Após uma série de decisões equivocadas, Danielle torrou todas as suas economias. Foi o preço que pagou por esconder seus segredos. Precisou trocar de emprego, mas continuou sem freio e sem tratar seu alcoolismo. Passara a vida sabotando a si mesma. Mesmo quando tudo dava errado, não parava de agir de forma extrema. No seu segundo retorno de Saturno, porém, ela mudou. O vício deu lugar a apenas um drinque ocasional. Escorpianos podem levar uma vida desregrada e encontrar a paz, embora isso seja raro.

O CAMINHO INFERIOR DE ESCORPIÃO

Em sua pior versão, o escorpiano tenta controlar o mundo. É assim que ele cai no vício: atrás da empolgação inerente a todo risco. Ele desce ao caminho inferior, adotando comportamentos autodestrutivos, e nem percebe que está sabotando a si mesmo.

Às vezes, é difícil perdoar os escorpianos. Eles têm um pavio muito curto, e sua tendência a manter segredos acaba afastando as pessoas. Por outro lado, adoram jogar verdades na nossa cara, e são tão cheios de opinião que às vezes nem conseguimos nos expressar perto deles.

Certa vez, um cliente escorpiano me pediu ajuda para acessar seu lado sombrio. "Jura?", perguntei. "Você acha que não acessou ainda? Então vejamos: sua esposa o abandonou e não pretende voltar a falar com você. Sua filha é mimada e mal-educada. Seus amigos se afastam de você sem dar explicações e nunca atendem aos seus telefonemas. Não percebe que seu lado obscuro está bem atuante na sua vida?" Ele estava sendo autodestrutivo e nem sequer percebia.

É bem comum que o escorpiano esconda seus segredos até de si mesmo. Quanto mais ele se abre sobre seu lado negativo, seja para um terapeuta, seja para um grande amigo, mais rápido ele consegue se curar. Em situações de dor extrema e não processada, talvez ele pense em suicídio. Isso acontece porque algumas pessoas de Escorpião não gostam de estar num corpo; a experiência terrestre as fere. Essas costumam ser as águias, que se recusam a adentrar o próprio lado obscuro: elas se afastam, fingem ou negam, até o dia em que não aguentam mais e desistem da vida. Mas também podem ser as serpentes, altamente fascinadas pelo perigo, dispostas a ir até o fim para encontrar a morte.

Seja qual for a situação, caso esteja pensando em se ferir, procure ajuda, por favor. Sei que você não gosta de pedir ajuda, mas saiba que, no caminho superior, você quer sobreviver. Quer ser a fênix, encarando o fogo para renascer das cinzas. Essa é uma tarefa evolutiva: se falhar, tente de novo.

Você tem o poder de andar no vale das sombras e retornar com segurança, mapeando o caminho para todos nós. Você pode nos ensinar a ser nossa melhor versão no fim da jornada. No entanto, se você está atordoado em meio às trevas e nunca fala a respeito, isso significa que está percorrendo o caminho inferior, muito mais propenso à depressão e à ansiedade. *Peça ajuda. A terapia pode salvar sua vida.*

O OBSERVADOR DE ESCORPIÃO

O escorpiano conhece o silêncio. Pode se sentar numa sala lotada e ser o único a permanecer calado. O observador está ali, e o escorpiano sabe escutá-lo e abrir espaço para ele. Quando se dedica ao trabalho espiritual, Escorpião se torna um dos signos mais sábios do zodíaco. Mas primeiro precisa ir ao inferno e voltar. Lembre-se desta falha de projeto: é só errando que aprendemos nossas grandes lições. Você é especialista nisso, escorpiano. Quando assume o trabalho que tem que fazer, aprende o que a vida tem a lhe ensinar.

O CAMINHO SUPERIOR DE ESCORPIÃO

Em sua melhor versão, você fala a verdade sem fazer rodeios. “A porta do mal será fechada porque estou aqui”, diz o escorpiano esotérico. “Não serei guiado por impulsos negativos. Quando percebo algum traço nocivo em mim, eu o elimino. Não cedo ao lado ardiloso da natureza humana.”

O escorpiano evoluído já sarou suas feridas de infância e agora é capaz de dizer à pessoa amada: "Por favor, não permita que eu te magoe. Ainda criança, descobri que posso ser cruel. Não quero fazer isso com você. Você é a melhor coisa que já aconteceu na minha vida. Por favor, me ajude a ser gentil com a gente."

E assim entra em cena o escorpiano que cura, a companhia perfeita num momento de crise. Ele tem esse poder porque já esteve no fundo do poço e se recuperou. No seu ponto mais alto, Escorpião se preocupa tanto com os outros que chega a doer. Está disposto a encarar o sofrimento para ajudar todos nós a superá-lo.

O REMÉDIO PARA ESCORPIÃO

Sua cura é o silêncio. Explique isso para seus entes queridos. Não deixe que levem para o lado pessoal. "Eu te amo tanto que, às vezes, preciso de distância para me proteger. Pode contar comigo, porque adoro estar por perto. Só preciso de um pouquinho de espaço de vez em quando."

Seu limiar de dor é extraordinário. Você se sairia muito bem num treinamento militar. Você vai com tudo e não desiste. Seja esquiando em pistas perigosas, surfando grandes ondas, pedalando montanha abaixo... você deixa todo mundo com o coração na mão.

É capaz de arriscar sua vida financeira assumindo investimentos enormes. Quanto maior o risco, mais você se empolga.

Aposto que, na juventude, você procurava aliviar seu apetite sexual com muita frequência. Sua libido está sempre nas alturas. Entregue-se ao sexo: ele é terapêutico para você. Dê vazão às suas fantasias mais excêntricas, só não esqueça que o consentimento é sagrado! Para o escorpiano, não há nada melhor do que se sentir saciado após o orgasmo, após um exercício físico, após um caso de amor. É assim que ele encontra a paz dentro de si.

Como Escorpião vive reprimindo seu lado negativo, é importante revelar seus segredos, dar nome aos sentimentos e aceitar a cura. Converse sobre seu lado vulnerável, que você tanto esconde: "Tenho medo de te perder", "Tenho um problema com drogas", "Às vezes tenho vontade de magoar fulano". Você vai conseguir processar seus sentimentos depois de admiti-los em voz alta. Escondê-los só faz com que ganhem força.

LIÇÃO DE VIDA DE ESCORPIÃO

Sua lição de vida envolve saber lidar com obsessões, fixações e com o desejo de se entregar ao máximo e sentir tudo o que puder. Cuidado com tanta intensidade – ela pode acabar dominando você.

Caso se identifique com o fracasso e não com o sucesso, acabará sofrendo, e esse sentimento pode se tornar contagioso. Alivie o próprio fardo estudando sua mente, se exercitando ou meditando (sua especialidade), ou até tomando um drinque de vez em quando. Caso mantenha seu coração aberto, o mundo será seu.

LUA EM ESCORPIÃO

Ter a Lua nesse signo não é fácil. Você é sensível e se importa tanto com as pessoas que pode se tornar um pouco grudento. Talvez se entregue a emoções sombrias, à inconstância emocional e até à depressão. No pior dos casos, pode se tornar uma pessoa possessiva e ciumenta. Quando, porém, aciona seu observador, você é capaz de nomear o que sente, analisar tudo com objetividade e eliminar o drama. Do contrário, seus gremlins bem alimentados não deixarão você em paz.

O lado bom é que você conta com uma intuição apurada e até certos traços de mediunidade. Você enxerga as necessidades dos outros e como estão se sentindo emocionalmente. É muito atento e capaz de decifrar com profundidade o semblante, a energia e a bondade das pessoas. Ninguém consegue enganar uma Lua em Escorpião.

MERCÚRIO EM ESCORPIÃO

Você tem uma mente profunda, que adora ciências e psicologia. Seja qual for sua profissão, você se destaca pelo seu foco. Porém, no pior dos casos, sua mente transforma tudo em catástrofe e vira refém de pensamentos negativos.

Seus gremlins podem ser bastante repetitivos. Você sempre acha que vai sofrer um acidente ou que vai ser roubado por alguém na rua. Sabe onde estão todas as saídas de emergência, pois vive se preparando para o pior. Está sempre com muito medo. O lado positivo de ter Mercúrio em Escorpião é ter um foco extraordinário. Com sua inteligência, perseverança e energia mental, você pode alcançar qualquer objetivo. Basta querer.

ASCENDENTE EM ESCORPIÃO

Quem diria que essa sua intensidade poderia ser usada para propósitos espirituais? Você faz perguntas difíceis. Consegue se concentrar melhor que a maioria de nós. É calado, mas presta atenção nos detalhes da vida. Ao contrário de muitos signos, consegue facilmente se desvencilhar do ego em busca da alma. É capaz de transitar por qualquer ambiente: talvez se interesse pelo mercado imobiliário, pela administração de empresas e até por assuntos espirituais, como mediunidade moderna e práticas sexuais tântricas. Com o passar dos anos, perde o interesse em excessos e encontra sabedoria na sua noção muito particular de prazer – algo que só você precisa entender, mais ninguém.

Fisicamente, é forte e confiável. Seu corpo foi projetado para a cura. Você costuma enfrentar doenças e distúrbios como um soldado: aceita, resolve e segue em frente.

A questão é a seguinte: será que você consegue encontrar paz em meio à dor da vida? Esse é o caminho da alma. Quando percebe que passou por duras lições ainda bem jovem para se tornar a pessoa que cura, você finalmente atende ao chamado da alma. Saiba que é possível se livrar da dor.

Agora me escute: se buscar apoio psicológico, você rapidamente atingirá um novo patamar. Se, ao contrário, nunca lidar com suas feridas, elas ficarão à espreita, contaminando sua vida, e você jamais conseguirá se libertar delas. Se tiver que conviver com dores não processadas, você pode se tornar uma pessoa negativa. A boa notícia é que para você, que tem ascendente em Escorpião, basta pedir ajuda para que tudo melhore.

Em sua versão mais evoluída, você é responsável por guiar todos nós em direção à luz. É destemido e enfrenta a dor em vez de fingir que está tudo bem. Que dádiva, ser a pessoa que enxerga um futuro melhor! A única questão é que isso demora um pouquinho, já que você é muito resistente ao sofrimento.

SATURNO EM ESCORPIÃO

Você tende a negar seu lado obscuro. Não faça isso.
Saturno pede que você o aceite. É importante se questionar sobre traições, vícios e hábitos sexuais. Seu dom é mergulhar fundo, e seu maior desafio é aprender a confiar e abrir mão do controle. Você não está no comando, e isso é um pesadelo para você. Seja lá o que estiver acontecendo na sua vida, Saturno quer que você confie. Boa sorte nessa jornada!

Você acredita nos outros ou tende a se vitimizar? Você se agarra às coisas com unhas e dentes porque acha que está perdendo o controle? Aceite: você nunca esteve no controle. A vida não é superficial para você. Você sente dor, sofre, e seu trabalho é encontrar a luz no fim do túnel. Caso contrário, a escuridão o engolirá. E a única maneira de sair dela é encarando as sombras. Você nasceu para enfrentar a dor e decifrar a morte, e saberá quando tiver aprendido sua lição. É assim que o sofrimento se transforma em sabedoria.

Lição de vida: Aceite o lado sombrio da vida. Não é fácil, mas, quando aprender a seguir em frente aceitando o luto e a tristeza, você acabará dominando essa energia.

MEDITAÇÃO PARA ESCORPIÃO

Meu dom é minha capacidade de sentir. Nasci para aprender a ser vulnerável. Estou aprendendo a amar essa parte de mim. Aceito que sou mais intenso que a maioria das pessoas. Por isso não sou de muitas palavras. Eu falo as verdades. Sou empático. Consigo sentir quem as pessoas são e sei quem devo amar. Estou aprendendo a aceitar as nuances da natureza humana sem julgamento. Sim, eu amo o lado sombrio da vida. Mas também conheço o caminho da luz.

A ESSÊNCIA DE ESCORPIÃO

“Sempre adorei esse signo”, diz todo terapeuta que testemunha a mudança de um escorpiano. Um indivíduo que antes sofria com um vício, que estava se encaminhando para a autodestruição, agora se transforma em alguém compassivo, capaz de confortar quem ainda está no começo da recuperação. O processo de transformação começa quando o escorpiano revela que sofreu um trauma, que foi abusado ou ferido, e perdoa quem fez isso com ele. Até que conte tudo o que passou na infância, até que relate suas piores tragédias, deixando para trás uma pilha de cinzas, a nova vida não surgirá.

O escorpiano veio ao mundo para viver com grandiosidade. Ele não está interessado no meio-termo. Procura o prazer e pede mais. O céu é o limite em busca de sucesso ou dinheiro. Sabe que merece privilégios, depois de tudo que enfrentou. Caminha sobre o fogo queimando o próprio sofrimento, para então renascer como uma fênix.

A lealdade parece estar em falta no mundo moderno, mas não para o escorpiano. Quando ele se compromete, é para sempre ou quase isso. Negligencie um escorpiano e se prepare para enfrentar sua fúria. Ele pode se sentir traído e abandonar você sem dizer uma única palavra. Você deixará de existir para ele, se for considerado indigno de atenção. Pelo menos você não foi picado… ou foi?

A vida deve ser vivida com intensidade. Viemos ao mundo para surfar grandes ondas. “Viva ao máximo ou saia da minha frente”, diz o escorpiano. Ele só quer mergulhar de cabeça, fazer sexo, se alimentar bem, ter privacidade para lamber as feridas e depois fazer tudo isso de novo. Fale menos e aja mais. “Se todos me escutassem”, diz ele, “o mundo estaria muito melhor”. O escorpiano evoluído não discute. Ele mantém os olhos abertos e fala a verdade, com ou sem palavras.

16

Psicologia de Sagitário

EU BUSCO

Elemento: Fogo
Modalidade: Mutável
Casa: Nona
Planeta: Júpiter
Parte do corpo: Coxas; os sagitarianos sabem correr e se mover livremente.

Queria que você entendesse quanto quero ser livre. Estou quase sempre querendo partir, sair, mudar... Isso me incomoda um pouco, mas não há nada que eu possa fazer a respeito. Quero me estabelecer num lar ou numa carreira sem duvidar de que fiz a escolha certa. Até quando estou desempenhando o papel que escolhi na minha comunidade ou na minha igreja, acabo pensando que deveria estar em outro lugar. Eu vivo em movimento. Todos os livros espirituais nos ensinam a aceitar a realidade como ela é. Isso é lindo na teoria, mas, na prática... não tenho tanta certeza.

Por falar em teorias, já li sobre carma, ioga, vidas passadas, astrologia moderna, mas nada disso supera uma viagem de avião com bons amigos para descansar em algum lugar. Melhor ainda se a viagem for psicodélica, descortinando um mundo totalmente novo. Esse é o meu tipo de jornada espiritual.

Não nasci para viver na monotonia. Adoro novidades. Meu objetivo é libertar meu ego e me livrar do carma que me acompanha. Tenho um papel maior a desempenhar.

Sei que posso parecer imaturo. Meu senso de humor e minha espontaneidade às vezes me fazem dizer coisas erradas e fazer piadinhas para que todo mundo perceba como a vida é divertida.

Preciso rir. Por favor, não interprete isso como falta de respeito. Sou barulhento e, às vezes, até mesmo grosseiro. Só estou tentando dar uma sacudida em você. Sei como a realidade pode ser artificial, então digo o que todos estão pensando mas não têm coragem de verbalizar. Talvez eu seja um pouco inconveniente, mas é só para arrancar você da sua zona de conforto.

O caminho do xamã passa pela perturbação da ordem. Quero que você reveja seus conceitos. Adoro desafiar o status quo. É por isso que você deseja minha companhia: sou o remédio em forma de humor que nos liberta da servidão. De nada.

Anseio por uma era sem desigualdades sociais, quando a humanidade enxergará o mundo como um lar compartilhado. Acredito muito na seguinte teoria: estamos aqui para lembrar para quem trabalhamos. Nascemos para explorar nossa espiritualidade, aprendendo a servir melhor e a desfrutar cada minuto dessa jornada. Estou muito feliz por estar aqui. Sou um otimista inveterado que diz coisas como "Tente de novo!", "Aumente a aposta!", "Vá com tudo!". Talvez sejamos uma espécie reencarnando e evoluindo. Sim, é nisso que acredito! Se aprendermos a valorizar a alegria da vida, cumpriremos nosso propósito.

O sagitariano acredita que a melhor maneira de lidar com um problema é fazer as malas e viajar. Ele quer mudar de ares e deixar para trás qualquer aborrecimento. Se não for possível resolver a questão com um diálogo, melhor partir. Faz sentido querer fugir dos problemas. O sagitariano enxerga a vida por uma lente cor-de-rosa, concentrando-se apenas no lado positivo. Mas também faz as grandes perguntas que todos nós nos fazemos: "Por que estamos aqui?" e "Qual é o significado da vida?".

Sagitário representa aquela parte de nós que quer ser feliz o tempo todo, se divertir, levar uma vida mais tranquila e encontrar algum propósito na existência. Quando tudo começa a dar errado, ele tende a fugir. Detesta se sentir aprisionado e está sempre de olho na grama do vizinho. "Compromisso" é uma palavra que mal faz parte do seu vocabulário, que dirá das suas atitudes. Ele se compromete por um tempo, mas depois... a vida toma outro rumo. Existe sempre algo ou alguém melhor no horizonte. A vida muda o tempo todo.

Segundo o estereótipo, Sagitário adora viajar e é o sabichão que estuda filosofia e espiritualidade. Na verdade, nem todo sagitariano gosta de viajar. Para alguns, basta ficar em casa lendo revistas de viagem. Outros são verdadeiros nômades. Em maior ou menor grau, todos querem estudar culturas distantes, novos idiomas, novas formas de pensar, em especial sobre Deus.

O que a maioria deles também tem em comum é o otimismo. Francos e desinibidos, algumas vezes rudes, eles sabem se divertir como ninguém. São a alma da festa, especialistas em frases motivacionais: "Vai dar tudo certo. Tudo acontece por um motivo. Estamos aqui para aprender. Criamos nossa própria realidade. Tudo está acontecendo como deveria. O universo está do nosso lado. Quem faz o bem sempre vence. Seja feliz! Pegue um drinque e relaxe!" Nem sempre esses comentários são bem recebidos. As pessoas podem achar que o sagitariano não está levando o sofrimento delas a sério.

No pior dos casos, sagitarianos podem ser reativos e implicantes, ainda mais quando contrariados. Aí acabam fazendo generalizações, dizendo coisas como "As pessoas são idiotas", "Ninguém aguenta ouvir a verdade" ou "Quase ninguém pensa por conta própria". Nas entrelinhas, estão sugerindo que *eles* não são idiotas, que *eles* conhecem e aguentam a verdade e que *eles* pensam por conta própria. Essa presunção pode ser um tiro no pé. Sagitarianos às vezes julgam demais e disfarçam isso com bom humor. Alguns até acreditam em teorias da conspiração, porque precisam de algo que explique o mundo.

São eternos aprendizes, apaixonados pelo conhecimento. Podem saber um pouco de tudo, sem dominar de fato assunto nenhum, ou podem se aprofundar de verdade num único tema. Seja como for, sempre têm uma opinião formada, com base na realidade ou não. Apesar de falarem com muita convicção e autoridade, é sempre bom checar o que eles estão afirmando.

O sagitariano incomoda as pessoas e fica se perguntando o motivo. Será que é porque fala alto o que lhe vem à cabeça? (Ele nem percebe que está aos berros.) Será que é porque ri das próprias piadas? (Ele só é empolgado e apaixonado demais pela vida.) A questão é que ele sempre vai com muita sede ao pote.

E é otimista. "Mudança climática? Vai dar tudo certo. Vamos encontrar uma saída, você vai ver. A guerra atual? Não se preocupe, vai passar. Sério, se você ignorar os problemas, eles vão desaparecer." Essa atitude pode ofender quem leva a sério os problemas do mundo.

Sagitário é o signo mais sortudo do zodíaco. E, para mim, tem sorte quem sabe viver. Se você estudou metafísica, sabe que a harmonia segue leis universais, e uma delas é a gratidão. O sagitariano costuma ser grato e positivo, então não surpreende que as coisas deem certo para ele – embora nem todo mundo acredite nisso.

Só que, quando se trata de relacionamentos, você não tem tanta sorte assim, sagitariano. Então, como astróloga, digo que você tem total liberdade para se arrepender do seu primeiro casamento. É da sua natureza mergulhar de cabeça e depois perceber que cometeu um erro. Sinta-se à vontade para iniciar e interromper seus planos, mas não perca seus objetivos de vista. Só assim você alcançará o sucesso.

Não se sinta mal por redefinir seu sucesso de acordo com seus valores. Afinal, você veio ao mundo para ressignificar o que é ser humano. Sabe esses temas espirituais que tanto nos fascinam? Você já os estuda há anos. Aposto que lê sobre astrologia ou espiritualidade há muito tempo.

Você tem um conhecimento enciclopédico e costuma estar alguns passos à frente de todos nós. Poderia ser um grande professor. Seja paciente conosco. Nem todos temos a mente tão aberta. Estamos aprendendo a nos libertar da realidade.

Sejamos sinceros, há algo muito encantador em alguém capaz de subir num palco, pegar o microfone e fazer todo mundo rir. Há algo irresistível em alguém que sempre vê o lado positivo de tudo, em alguém tão espontâneo que nos convence, ainda que só por um instante, de que tudo vai dar certo. No fim das contas, é difícil não gostar de um sagitariano. Ele nos inspira a encontrar alegria. Apesar do seu escapismo, desempenha um grande papel nesta vida.

Obrigada, Sagitário, por sua risada contagiante. Como você consegue encontrar alegria em qualquer circunstância, encontrar prazer nas coisas mais simples? Isso é um dom. Obrigada por compartilhá-lo conosco com tanta generosidade.

PERFIL DE UM SAGITARIANO

Ainda bem jovem, Jeffrey já demonstrava habilidades musicais. Frequentava uma escola de arte quando foi descoberto e assinou contrato com uma gravadora. Teve problemas com drogas e, ainda jovem, viajou a Israel para aprender mais sobre sua ascendência judaica. Estudou sua fé a fundo, depois voltou aos Estados Unidos para compor música espiritual.

Passou a se dedicar muito à religião, embora com menos entusiasmo do que tinha na época em que morou em Israel. No fim das contas, largou o judaísmo, sempre se perguntando se deveria mesmo ter voltado aos Estados Unidos. Casou-se com uma mulher que conheceu num grupo espiritual e mais uma vez ficou incerto sobre sua escolha. Acabou se tornando um músico de sucesso e nunca deixou sua faceta questionadora para trás. Vivia confuso, sem saber como honrar sua linhagem espiritual, relembrando o que sentira na terra de seus ancestrais.

Anos mais tarde, Jeffrey ainda guardava um arrependimento secreto, sempre imaginando como sua vida teria sido se ele não tivesse se adequado ao que se esperava dele. Muita gente enfrenta o mesmo dilema: "Será que fui fiel ao meu espírito, ao meu ego, ao meu propósito, ou segui o caminho mais fácil?" Esse questionamento constante tira a alegria da vida, e a alegria é o principal objetivo de um sagitariano.

O CAMINHO INFERIOR DE SAGITÁRIO

Em sua pior versão, o sagitariano se joga sem freio nos prazeres do mundo e perde o rumo. Não sabe o que fazer da vida e fica vagando por aí, sem criar raízes. Oscila entre os excessos e a abnegação. Quando leva suas ideias longe demais, começa a dizer bobagens. Acha que a vida pode ser reduzida a uma frase de efeito. Um sagitariano superficial sabe o que deve dizer, mas suas palavras são vazias.

Ele pode mentir inclusive para si mesmo e transformar em vilão qualquer um que ouse lhe apontar a verdade. No caminho inferior, Sagitário se recusa a crescer e assumir responsabilidades.

O OBSERVADOR DE SAGITÁRIO

Quando você aciona o observador, aprende a prestar atenção no entorno e aceita que suas emoções não são iguais às de todo mundo. Pode até perguntar: "Eu te ofendi? Falei algo errado? Queria entender melhor seu ponto de vista."

Ao se expressar com mais cuidado, fica mais fácil encontrar pessoas que apreciem seu senso de humor. Você também aprende a ficar calado perto de gente que não gosta do seu jeito. Quanto mais você toma consciência da sua impulsividade, mais ativa o observador. Assuma a responsabilidade pela sua franqueza; do contrário, pode acabar sozinho.

Talvez você tenha escutado muitas vezes desde criança: "Fala baixo! Por que você foi falar uma coisa dessas?" Com o observador acionado, você não leva esse tipo de feedback para o lado pessoal – você simplesmente entende que nem todo signo é de fogo. Sem o observador, é mais provável que você atropele todo mundo com sua insensibilidade.

O CAMINHO SUPERIOR DE SAGITÁRIO

O sagitariano evoluído consegue explicar, com palavras que de fato confortam, que toda tragédia traz algum aprendizado. Ele transforma a dor em lições. Alcança um entendimento xamânico de como os signos astrológicos foram atribuídos a cada um de nós. Sabe que os anjos estão aqui e que não precisamos nos preocupar. Falam com uma convicção que conquistou ao longo da vida.

No caminho superior, o sagitariano nos interrompe com um comentário que nos desperta para o momento presente, nos tirando do piloto automático. Quando nos sentimos mal, o melhor que podemos fazer é procurar um sagitariano capaz de nos animar com suas parábolas e lições, e de nos lembrar que tudo passa, inclusive nossos problemas.

O REMÉDIO PARA SAGITÁRIO

Você tem muito a ganhar praticando meditação, ioga ou atenção plena. É bom receber algum feedback, já que você nem sempre se enxerga sob uma luz realista. Converse com pessoas de confiança e peça conselhos para lidar melhor com as situações, saber o que dizer sem ofender ninguém ou reparar algum dano que você tenha causado. Você adora oferecer conselhos, mas também é bom aceitar alguns, por mais difícil que isso seja.

Por falar em remédio, sagitarianos são fascinados por medicina natural. São os primeiros a topar uma cerimônia de ayahuasca ou uma jornada com cogumelos mágicos e todo tipo de substância. Eles adoram alterar o estado da mente. Por quê? Porque isso expulsa padrões limitantes. Ao interromper o curso habitual da mente, as substâncias nos tiram do marasmo e oferecem novas perspectivas.

Se sua vida estiver empacada, planeje uma viagem. Viajar é um grande remédio para quem se sente preso à rotina por muito tempo. Quando dá uma escapadinha para um passeio ou retiro, você muda! Ofereça a si mesmo algo pelo qual ansiar. Isso o manterá mais motivado diante das obrigações chatas da vida.

Coisas mundanas nunca foram sua praia. Pelo bem das suas finanças, encontre alguém que saiba lidar com dinheiro. Sei que você não gosta de se sentir controlado, mas isso o ajudará a longo prazo. Você é bom em aceitar instruções de pessoas em quem confia.

Como você bem sabe, o mais importante para todo signo de fogo é praticar atividades ao ar livre. Você não nasceu para ficar dentro de casa, já que é tão apaixonado pela Mãe Natureza. Esquie no inverno, surfe no verão, ande de bicicleta, jogue tênis... você tem energia para se divertir com tudo isso. Se não tem explorado seu gosto por esportes e atividades físicas, tente entender por quê. Quanto mais você se mexe, melhor se sente com o passar dos anos. Para se manter jovem, mantenha-se em movimento.

LIÇÃO DE VIDA DE SAGITÁRIO

Sua lição de vida é aceitar que as pessoas ficam chateadas com as verdades que você diz. Não pense que ninguém quer ouvir o que você tem a dizer. É verdade, às vezes suas palavras ofendem e causam desentendimentos. Isso é comum na comunicação dos signos de fogo. Mas há um jeito de tocar em temas sensíveis sem magoar os outros. Você tem esse dom, e sua missão de vida é descobri-lo. Aceite todos os lados do ser humano: o bom, o mau e o feio. Você terá aprendido sua lição quando parar de fugir dos problemas e nos mostrar o lado positivo de tudo.

LUA EM SAGITÁRIO

Essa é uma das melhores posições para se ter a Lua. É impossível ficar deprimido com a Lua em Sagitário. Um otimismo maravilhoso controla seu corpo emocional. Sua empolgação pode parecer meio boba, mas a verdade é que anima a tudo e a todos. Você sempre enxerga o lado positivo. Não gosta de manter emoções negativas por muito tempo, evitando tudo o que é pesado. É um artista do escapismo emocional, e tudo bem, pois sua animação é contagiante.

MERCÚRIO EM SAGITÁRIO

Você é franco, divertido e sarcástico; mora num reino sem pensamentos negativos. Sua mente busca o escapismo, então é bom contar com alguém que lhe aponte sua falsa positividade quando ela se manifesta. Você não se satisfaz com pouco, por isso acaba assumindo riscos sem calcular direito. Sua criança interior pode ser ousada e irrealista, justificando qualquer coisa que você faça.

Meu amigo Eric é também meu consultor de negócios. Ele tem Mercúrio em Sagitário e sempre me aconselha a pensar grande. Meu Mercúrio está em Touro, por isso gosto de rotinas. Eric diz: "Você veio ao mundo para experimentar coisas novas e cometer erros. Isso é bom para você!"

Eu respondo: "Não quero cometer erros!" E ele retruca: "Se joga!" Então lembro que o Mercúrio dele está em Sagitário e me pergunto por que pedi sua opinião.

ASCENDENTE EM SAGITÁRIO

Você tem o dom para ser coach, mestre ou mentor, já que começou sua busca espiritual bem cedo. Sua experiência de vida inclui muito estudo ou viagens, e você coleciona histórias inspiradoras. Quando aponta a verdade, quem pode contra-argumentar? Buscar a verdade é o chamado da sua alma, e sua personalidade expansiva e direta é difícil de ser ignorada. Por outro lado, você pode resistir ao seu ascendente, fugir ao chamado da alma ou evitar compartilhar o que aprendeu.

Você confia na vida e nos encoraja a fazer o mesmo. Fala por experiência própria e tem autoridade para isso. Por ter estado em tantos lugares e frequentado tantas aulas, você é uma pessoa instruída. Estuda e modela as leis da realidade: energia positiva gera energia positiva. Sua risada é espontânea.

Algumas clientes me perguntam qual é o melhor horário para agendar uma cesariana (a hora do nascimento determina o signo ascendente). Eu sempre sugiro ascendente em Sagitário. Uma alma que vem ao mundo para se divertir, rir de tudo, ser otimista, iluminar a vida, estudar, viajar, ter prosperidade? Quem não gostaria que seu filho fosse assim? Isso é tirar a sorte grande!

SATURNO EM SAGITÁRIO

Seja sincero e não se reprima. Seja franco.

Sinta-se à vontade para dizer as verdades que precisam ser ditas. Você veio aqui para nos dar uma sacudida e nos despertar. Precisa ter coragem para incomodar as pessoas com sua sinceridade extrema. Mas cuidado: você tende a ser tendencioso ou hipócrita quanto ao que acredita.

Que tal falar a verdade sem atacar as crenças alheias? Essa é a melhor maneira de transmitir sua mensagem.

Lição de vida: Não há problema nenhum em perturbar a ordem. Fale o que ninguém quer dizer e ouça outros pontos de vista para cultivar sua humildade.

MEDITAÇÃO PARA SAGITÁRIO

Sempre serei devoto ao Criador à minha maneira, e sempre serei grato pela vida prazerosa, abundante e magnífica que me foi concedida. Por favor, me ajude a ser humilde e a dizer "Obrigado". Não posso me esquecer de escutar. Me ajude a perceber que, sim, sei de muita coisa, mas não sei de tudo.

A ESSÊNCIA DE SAGITÁRIO

O sagitariano nasceu com muita sorte. Aconteça o que acontecer, ele consegue dar a volta por cima: com ternura, grandes questionamentos e uma visão espiritual. Vive para a mudança, colorindo o cotidiano com viagens literais e metafóricas. Leva a vida com tanta alegria que pode acabar negligenciando o mundo prosaico e tedioso, o que significa que nem sempre é capaz de alcançar o que deseja. Ainda assim, está sempre buscando o sentido da existência, com uma vivacidade extraordinária.

O dom do otimismo permite que ele enxergue um mundo bom e generoso. "Os espíritos nos protegem e nos apoiam, ainda que pareça impossível aprender nossas lições." Esse pensamento é a cara de Sagitário. "Quando alguém fala impossível, eu entendo possível."

A essência desse signo resulta de vidas bem vividas. Sagitarianos são muito abençoados. São antigos aprendizes da história humana. Só um sagitariano consegue desvendar as fórmulas alquímicas para uma vida longa, escritas em papiros no interior de câmaras onde o nome de Deus é dito em diversos tons e línguas. Só ele quer e consegue traduzir toda essa história.

Ele adora longas narrativas. Está sempre aberto a aprender com um sorriso no rosto, e também nos ensina, com seu estilo de vida, a nos manter otimistas em qualquer circunstância.

17

Psicologia de Capricórnio

EU USO

Elemento: Terra
Modalidade: Cardinal
Casa: Décima
Planeta: Saturno
Parte do corpo: Joelhos; os capricornianos precisam cultivar a humildade e se ajoelhar para pedir perdão (por mais difícil que isso seja).

Queria que você soubesse que ainda há muito a ser feito. Nem todo mundo percebe quanto é difícil manter a ordem e a pontualidade. Alguém precisa cuidar das agendas, das garantias, dos seguros, dos protocolos de segurança, das margens de lucro. Alguém precisa montar uma equipe para garantir que tudo saia conforme o combinado. A vida requer organização e regras!

Nada é feito sem mim. Sou o primeiro a me levantar e dizer: "Deixa comigo!" Eu contrato, demito e garanto que a missão da empresa seja respeitada. Se gosto dos meus chefes e funcionários, se considero minha equipe competente ou mesmo formidável, pode ter certeza de que vou vestir a camisa. Não sei fazer nada pela metade. Ponto-final.

Se eu for cem por cento materialista e só pensar em gratificações sem me preocupar com quem estiver à minha volta, manteremos o modelo de socie-

dade em que vivemos hoje: um mundo em colapso. Quando me entrego ao materialismo, perco minha alma. O melhor caminho para mim é transformar nosso jeito de fazer negócios.

Pode parecer que sou frio, mas não confunda isso com falta de amor. Sou o supervisor, o presidente, aquele que toma decisões para cumprir um propósito. Isso não significa que não me importo. Eu trabalho duro pensando no bem de todos. Costumo estar no leme do navio, então é natural que eu lucre com isso. Qual o problema?

Sou um líder com um objetivo. Como alguém pode viver sem propósito? Isso não faz o menor sentido para mim.

Toda empresa deve ter uma liderança que seja benevolente, mas também esteja disposta a assumir o papel de carrasco, de representante corporativo, para tomar decisões difíceis que beneficiarão a todos. Eu sou essa pessoa, o capitão no comando. E não faço isso por status, mas em prol dos resultados. Quero alcançar o sucesso fazendo o que faço da melhor maneira possível. Todo capricorniano sabe que é para a frente que se anda. É assim que vamos conquistando nosso espaço. Pode me chamar de antiquado, mas prefiro que me veja como um empreendedor clássico e atemporal.

Busque a excelência e o dinheiro virá. Esse é meu conselho para todo mundo. O dinheiro pode roubar nosso livre-arbítrio, nos amordaçar e, no pior dos casos, nos corromper. Ele não pode ser um fim em si mesmo. Eu busco muito mais do que uma margem de lucro. Faço questão de manter minha integridade. Persigo minha meta e encorajo todo mundo a se esforçar também, dando tudo de si.

O que mudou minha vida foi o conceito espiritual de que devo escutar minha alma e deixar meu ego em segundo plano. Para mim, o verdadeiro sucesso é ver que meu trabalho duro rendeu frutos e se converteu em ajuda humanitária. Só assim sinto que zerei a vida e encontrei a paz. Me observe e verá que eu só melhoro com o passar dos anos. Com muito esforço e determinação, chegarei ao topo da montanha, pois meu profissionalismo é meu maior dom.

Capricórnio tem tudo a ver com ambição. O nativo desse signo está sempre em busca de conquistas, tentando ser o melhor no que faz. Ele quer vencer, seja nas Olimpíadas, na vida acadêmica, ganhando notas dez e promoções.

Ele se organiza, cria calendários e sabe fazer planejamentos estratégicos. É fluente na linguagem dos negócios. Sabe aquele CEO bem-vestido que paga por qualquer regalia? É capricorniano. Só não pode se tornar ambicioso demais, ou acaba virando *O poderoso chefão*.

Por que há pessoas que não priorizam o trabalho, não enxergam o esforço como virtude e não se sentem mal com o ócio? O capricorniano não consegue entender nada disso. Regido por Saturno, ele quer que todo mundo siga as regras e fica chateado quando isso não acontece. Ele adora modelos clássicos, ideais conservadores e estruturas de negócios confiáveis. Sabe que é difícil derrubar o patriarcado e nem tem certeza se deve tentar. Tanto homens quanto mulheres desse signo buscam alcançar o topo seguindo regras antigas e tradicionais.

Capricornianos podem ter padrões inalcançáveis. Talvez você tenha um pai capricorniano que dizia "Você não leva jeito para isso" ou olhava seu boletim e comentava: "Dez, dez, dez, nove... Vamos conversar sobre esse nove." Um dos traços mais irritantes do nativo de Capricórnio é sua franqueza. Ele é bem direto, e muitas vezes tem razão. Fala que você não deve fazer algo, mas você vai lá, faz e dá errado. É nessa hora que ele diz "Eu avisei", com uma pitada de satisfação.

É natural que pensem que capricornianos não têm coração. Criou-se a ideia de que eles se preocupam com o trabalho e com os próprios resultados mais do que com qualquer pessoa. Há, sim, capricornianos cujo lema é "Só trabalho, zero diversão". Eles podem ser materialistas a ponto de não abrirem espaço para a solidariedade. Essa é a versão menos evoluída de Capricórnio, mas não representa de forma alguma todos os nativos do signo.

Capricornianos costumam agir como sabichões porque são muito inteligentes e bem-sucedidos, e também porque sabem que estão em outro patamar. Precisam desenvolver a modéstia; do contrário, vão sempre ofuscar alguém. Podem ser gentis em vez de arrogantes, mas é preciso algum esforço para isso. Não fazem questão de ser o centro das atenções, mas costumam estar junto a um líder, garantindo que ele siga as regras.

Um cliente capricorniano certa vez me contou que, quando adolescente, participou de uma corrida na escola. Ele percebeu que corria bem mais rápido que os outros alunos, ficou constrangido e desacelerou o passo. Hoje, já adulto, continua evitando os holofotes. Capricornianos não são regidos apenas pelo ego; eles também têm um senso de adequação.

Com o passar dos anos, o capricorniano pode perder a energia. Talvez tenha se destacado desde a infância e trabalhado com tanto afinco que se esgotou aos 35 ou 40 anos. Pessoas assim costumam se aposentar cedo. O contrário também pode acontecer: o capricorniano é tão magoado na infância (por um pai ausente ou muito severo, por exemplo) que acaba perdendo a vontade de se esforçar e se dedicar ao trabalho. Pessoas assim perdem de vista os próprios objetivos.

Capricórnio é um dos signos mais extremos do zodíaco: com eles é tudo ou nada. São os melhores no que fazem ou nem se dão ao trabalho de tentar. Trabalham dez horas diárias ou ficam sentados no sofá comendo batata frita e mexendo no celular. Se sabem que não vão fazer algo direito, nem começam.

Ter um propósito na vida costuma ser um assunto importante para esse signo. "Por que estou aqui? Qual é minha função? O que devo fazer? De onde eu vim?" Capricornianos sabem as respostas para todas essas perguntas. Eles são a base da sociedade. Colocam os valores e as regras em seu devido lugar, e não gostam quando os desrespeitamos. São a favor de multas e punições. "Regras existem para serem seguidas", resmungam.

Não são calorosos nem espevitados e evitam conversa fiada e assuntos superficiais. Querem saber é de ordem. Com seu semblante sério, parece até que nunca se divertem. Quando os conhecemos melhor, descobrimos seu senso de humor sutil e afiado. Podem ser espirituosos e adoram se cercar de pessoas que trazem à tona seu lado mais divertido.

Porém, quando é hora de trabalhar, é hora de trabalhar. Nem tente dizer a eles que o trabalho pode ser mais leve. Eles só conhecem o trabalho duro. Gostam de seguir rumo ao topo da montanha. Uma vez lá, querem logo saber qual o próximo objetivo. Se descem, é só para voltar a subir em seguida.

O capricorniano é velho para ser jovem, e jovem para ser velho. Se não tem um objetivo, não sabe o que fazer. Fica amargurado e acha que vai morrer cedo assim que se aposenta, porque, sem um papel a desempenhar, sente-se inútil. Para o capricorniano, se você não faz o que é esperado pela sociedade, se não desempenha bem sua função, você não tem utilidade.

Atenção: o capricorniano vai julgar você em segredo, e de forma quase tão severa quanto julga a si mesmo. Ele tem parâmetros para avaliar seu sucesso: o carro que você dirige, a beleza do seu cônjuge, quanto dinheiro você ganha. Não está interessado em descobrir se você é feliz além das aparências. Como todo signo de terra, ele se concentra primeiro no mundo material. Com o passar dos anos, pode se abrir para os sentimentos mais profundos. Porém, é pouco provável que encontre a verdadeira paz se continuar se baseando em parâmetros superficiais. O mundo externo nem sempre garante felicidade ou realização, mas o capricorniano pode demorar um pouco para descobrir isso.

Capricórnio, você nasceu para lutar. Está sempre achando que não alcançou seus propósitos ou não chegou ao topo da montanha. Não é fácil ser um signo de terra! Porém, é inegável que você é um ótimo aprendiz quando está interessado. Todos sabemos que você tem potencial para ser o melhor. Só não se esqueça do motivo que o faz ser tão ambicioso: você acredita que a melhor meta é a excelência – a menos que tenha encontrado seu caminho espiritual. Nesse caso, você terá descoberto que existe uma meta ainda mais grandiosa do que as conquistas mundanas: a vida interior.

Obrigada, capricorniano, por fazer tudo tão bem. Por se esforçar tanto. Por carregar nos ombros sua equipe e sua família. Obrigada por cuidar de quem você ama. Você é um porto seguro para muita gente. Não é fácil aceitar o papel de salvador, de sábio, de quem conserta e aprimora as coisas. Você tem vontade – e é perfeitamente capaz – de realizar maravilhas.

PERFIL DE UM CAPRICORNIANO

Um dos meus amigos mais queridos fundou uma faculdade de sucesso. Seu modelo de ensino foi replicado ao redor do mundo. Quando o conheci, achei que ele era um cara frio e implacável, mas mudei de ideia ao vê-lo enfrentar um divórcio com muita generosidade.

Enquanto sua futura ex-esposa falava mal dele até para os acionistas da empresa, tentando pintá-lo como um vilão (o que não era totalmente injusto), ele se recusava a comprar essa briga, esforçando-se ao máximo para manter a gentileza. Acabou transformando o divórcio em amizade e hoje mantém um bom relacionamento com a ex-esposa e os filhos. Eles celebram as festas de fim de ano juntos e felizes. Meu amigo é um ótimo exemplo de um capricorniano que se curou e, em vez de buscar vingança, encontrou a paz, tudo em nome dos filhos. Quando tem um objetivo, Capricórnio é capaz de tudo, suportando qualquer dor.

Para o capricorniano, só uma coisa interessa mais do que a praticidade: ter um grande ideal. Nenhum outro signo consegue compartimentar os sentimentos dessa forma tão radical, a ponto de transformar um divórcio litigioso num término pacífico de relacionamento. Esse é o caminho mais elevado. A maioria das pessoas não sabe colocar um ponto-final nas coisas.

Meu amigo acumulou muita riqueza e manteve a integridade ao longo de todo o percurso, recusando-se a reagir da maneira mais óbvia diante de uma esposa que o caluniava e ressignificando o relacionamento dos dois. Todos nós podemos aprender com essa história. Capricornianos são professores.

O CAMINHO INFERIOR DE CAPRICÓRNIO

Em sua pior versão, os capricornianos não são muito ligados às pessoas, ou pelo menos não sabem como demonstrar isso. Estão mais preocupados com os resultados. Seus melhores amigos são colegas de trabalho, e eles conversam sobre pendências enquanto jantam. Vivem no trabalho, mental ou fisicamente, sempre focados em alguma meta. Não suportam a mediocridade, por isso parecem elitistas e escolhem seus amigos de acordo com o status. No pior dos casos, podem se tornar arrogantes e até cruéis. São workaholics e julgam quem não trabalha tanto quanto eles.

No caminho inferior, quando o flagram fazendo algo errado, o capricorniano não assume a responsabilidade, joga a culpa em outra pessoa ou espera um tratamento diferenciado: "Não vou pagar essa multa. Você sabe com quem está falando?"

Alguns capricornianos chegam ao topo ainda jovens. Eles se destacam, mas depois tudo começa a dar errado, talvez porque não conseguem alimentar a própria ganância. Então passam a se fazer de vítimas (algo bem comum a Câncer, seu signo oposto) e perdem o destaque que tinham. Todo o seu potencial vai por água abaixo. Eles ficam viciados em passar por dificuldades, sabotam a si mesmos e se desviam do sucesso. Reclamam e culpam as circunstâncias ou as outras pessoas por sua falta de êxito. Não querem baixar a guarda, pois foram magoados muitas vezes. Tornam-se amargos e difíceis de lidar.

No pior dos casos, o capricorniano acredita que os fins justificam os meios. Toma atalhos antiéticos, ou até ilegais, para alcançar seus objetivos. Basta lembrar de Richard Nixon, um capricorniano clássico. Ele chegou a dizer, numa famosa entrevista a David Frost: "Se você é o presidente, então tem permissão para mentir." Nixon acreditava que qualquer coisa que fizesse seria justificável, pois agia a favor dos interesses do país. Jura, Capricórnio? Onde foi que já escutamos isso?

O OBSERVADOR DE CAPRICÓRNIO

Capricorniano, você é sério demais! Seu observador pode ajudá-lo a aliviar um pouco essa tensão. Que tal rir da sua personalidade ambiciosa e crítica? Quando perceber que isso não tem tanta importância, você vai acabar abrandando a pressão extrema que impõe a si mesmo e aos outros. Você tem um senso de humor diabólico (o Diabo é sua carta no tarô). Tente se enxergar com objetividade. Com uma piscadela e uma risada sarcástica, seu observador vai lhe mostrar que você nem sempre precisa ser tão radical. Quando perceber a influência que exerce sobre as pessoas à sua volta, você se tornará mais gentil, menos punitivo e muito mais compassivo.

Talvez você ache melhor nem acionar seu observador. Se for o caso, então fico surpresa que tenha lido este capítulo até aqui. Não faz sentido ler um livro que não tem serventia para você, mas a questão é que o observador não existe para lhe servir, e sim para ajudar você a servir ao mundo. Você precisa de um bom motivo para estudar a espiritualidade, e o observador pode ajudá-lo a enxergar esse motivo. Sabia que muitos bilionários recorrem à astrologia? Ficou mais interessado agora? Digamos que este livro atenda aos seus interesses. Afinal, concluída a leitura, você terá adquirido uma vantagem sobre quem não tem o mesmo conhecimento. Este livro lhe será útil em termos espirituais ou até materiais... muito provavelmente de ambas as formas.

O CAMINHO SUPERIOR DE CAPRICÓRNIO

O capricorniano com ideais humanitários, que valoriza as pessoas por seus dons e não apenas por sua lucratividade, pode se transformar num líder benevolente em vez de um ditador. É íntegro e age de acordo com os padrões da alma, sem atender à sede de prestígio do ego. Tem orgulho de suas habilidades e pega leve com quem veio ao mundo sem a mesma motivação.

O capricorniano evoluído não arranja desculpas nem tenta justificar seu mau comportamento. É capaz de assumir seus erros e de dizer: "Desculpa. Eu errei. Preciso de ajuda." Essa rara demonstração de humildade desarma os outros, pois capricornianos costumam se sentir superiores. Quando baixam a guarda, tornam-se mestres.

O REMÉDIO PARA CAPRICÓRNIO

Praticar a humildade é um ótimo remédio para você... embora difícil de engolir. Capricórnio rege os joelhos, e se você se ajoelhar humildemente, aceitando que não sabe tudo, entenderá o enorme potencial desse remédio. Por ironia, a modéstia torna você ainda mais poderoso.

Você se sente mais confortável quando está em ambientes bonitos e elegantes. Não há problema nenhum nisso.

Capricórnio é um dos signos mais longevos do zodíaco (a atriz Betty White era capricorniana e viveu até os 99 anos). Tire vantagem dessa longevidade natural cuidando bem da sua saúde. Muita gente é incapaz de manter bons hábitos, mas você tem o dom da disciplina e da perseverança.

LIÇÃO DE VIDA DE CAPRICÓRNIO

Sua lição de vida é estar a serviço de algo além do seu ganho pessoal. Para você, é fácil acreditar que os fins justificam os meios, mas quais são os seus fins, capricorniano? Se não enxergar além da sua sede de status e dinheiro, jamais se sentirá satisfeito. Saiba que é possível servir às pessoas ao mesmo tempo que mantém sua dignidade, seu valor e sua identidade. Você produz incansavelmente um trabalho de excelência. Sinta orgulho disso.

A questão é a seguinte: você é capaz de aceitar as falhas humanas e admitir que também comete erros? É capaz de se curvar a uma sabedoria superior à sua? Pois é, capricorniano, há algo maior que você. Quando ouvir sua alma, você alcançará a pureza no seu trabalho e na sua maneira de viver.

Não acredita em mim? Então vamos esclarecer uma coisa: você não veio ao mundo para alcançar fama ou sucesso. Todos viemos à Terra para evoluir como indivíduos e espécie. Talvez você ainda não saiba disso, então estou lhe contando. Saiba que você não está aqui apenas para obter êxito material, ser prático e alcançar seus objetivos, mas para nutrir mais compaixão pelos outros. Se conseguir aceitar que as pessoas são diferentes, tudo vai melhorar para o seu lado nesta vida e na próxima.

LUA EM CAPRICÓRNIO

Essa é uma posição difícil para a Lua. Quem quer ter um corpo emocional que não sente? Hitler tinha Lua em Capricórnio. Você pena para encontrar compaixão dentro de si. É tão focado em seus objetivos que seria capaz de desligar seus sentimentos só para conseguir o que quer. Isso seria fácil para você, mas não necessariamente para seus subordinados. Você tem pouca tolerância para a mediocridade. Julga pessoas emotivas e chega a ser arrogante.

É a sua cara dizer: "As pessoas são idiotas." Você se sente naturalmente superior. Consegue ser gentil, é verdade, até que pisem no seu calo.

Ao contrário de muitos signos lunares, você é menos intuitivo do que arrojado, além de muito prático. Oferece bons conselhos nos negócios, mas só toma decisões com base em dados confiáveis. É como se carregasse um cartaz que diz: "Eu já sabia." E produz como ninguém.

Você é confiável, um amigo leal que oferece bons conselhos sem ser influenciado pelas emoções. Você não veio ao mundo para ser dominado por sentimentos. Você veio trabalhar e nos ensinar a superar emoções em prol de um objetivo – uma habilidade que pode ser bastante útil.

MERCÚRIO EM CAPRICÓRNIO

Eis uma ótima posição para se ter Mercúrio. Sua mente é mais focada e propensa a atingir objetivos práticos. Você segue um plano: coleta informações, decora o que descobriu, faz as perguntas certas e aplica o conhecimento adquirido. Todos os meus conhecidos com Mercúrio em Capricórnio têm um quê de gênio, com sua enorme capacidade de reter informações e organizar a mente. Óbvio que tudo depende de como esse planeta se relaciona com o restante do mapa astral.

Pouco depois que meus filhos saíram de casa, há alguns anos, um rapaz veio morar no andar abaixo do meu. Era meu aluno no curso de astrologia. Ele *tinha sete planetas em Capricórnio*, incluindo Mercúrio, e aparecia toda terça-feira à noite para estudar astrologia com o grupo que eu coordenava. Era muito interessante observar sua mente. Ele trabalhava com mais afinco do que qualquer outra pessoa, querendo entender a fundo o sistema inteiro. Memorizava mapas e fazia as perguntas mais inteligentes. Seis meses mais tarde, a mãe dele me ligou e disse: "Não sei o que você fez com meu filho, mas ele se tornou uma pessoa muito mais gentil! Era rabugento o tempo todo." Esse é o poder transformador do estudo espiritual, sobretudo para um capricorniano tão apegado às coisas mundanas. Ninguém absorve e aplica informações complexas tão bem quanto uma pessoa com Mercúrio em Capricórnio.

ASCENDENTE EM CAPRICÓRNIO

Você é fisicamente forte. Consegue completar qualquer tarefa que exija músculos e determinação. É resistente, longevo e, se fizer tudo certinho, costuma envelhecer bem – inclusive fica lindo grisalho. Quem dera você enxergasse a própria beleza!

É um trabalhador ético e esforçado, alguém que sempre vai além, e em algum momento colhe os frutos dessa dedicação. Quem tem ascendente em Capricórnio não para até que o trabalho esteja concluído. É o agricultor, o executivo, a gerente que diz: "Tenho um único objetivo, que é finalizar esse projeto da melhor maneira possível." Quem não gostaria de contratar uma pessoa assim?

Você vive para produzir. Dá duro, depois fica cansado. Pode ser extremamente ambicioso durante anos, até perder o gás e parar. E aí se sente péssimo. Seria ótimo poder domar esse ascendente, mas a verdade é que, com você, é tudo ou nada. Sua alma anseia por servir ao mundo, por isso você se doa com tanta naturalidade.

Se ao menos você conseguisse se valorizar como nós o valorizamos... Você é implacável demais consigo mesmo! A voz crítica dentro da sua cabeça nunca para de falar, julgando você até seu último suspiro. Você se subestima, nega seu poder e *jamais* fica satisfeito com as próprias conquistas. Acha que nunca fez o suficiente e rumina pensamentos autodepreciativos.

Quando canaliza seu profissionalismo em prol da humanidade, você atende ao chamado da sua alma. Ainda assim, pense no que o leva a ser tão duro consigo mesmo. Qual é a vantagem disso? Você só está repetindo um antigo padrão que não lhe ajuda em nada.

Na astrologia esotérica, Capricórnio é o salvador. Quando esse for seu principal objetivo, o sucesso será inevitável. Basta fazer seu melhor. Quando sai com seus amigos, você faz questão de se manter sóbrio para poder oferecer carona a todo mundo, mas que tal se divertir também? Pare um pouco e perceba quanto você é extraordinário.

SATURNO EM CAPRICÓRNIO

Levante-se e lidere a sua vida.

Você pode ser completamente focado e viver com um propósito, ou pode ficar esperando alguém lhe dar instruções. Você é do tipo que desabrocha mais tarde. Mas saiba que você pode assumir as rédeas da sua vida, sempre se lembrando de ser gentil com os outros. Você é chefe de si mesmo, e só.

Para aprender, assuma responsabilidades, crie um método confiável e faça o que for preciso para alcançar seus objetivos. Defina sua própria noção de sucesso e corra atrás disso. Elabore regras e as siga. Não se julgue por ter seu próprio cronograma.

Lição de vida: Você é a pessoa por quem estava esperando. Quando assume a responsabilidade de dirigir a própria vida, o tão almejado sucesso vem em sua direção.

MEDITAÇÃO PARA CAPRICÓRNIO

Estar sempre em busca de conquistas é um fardo que eu alivio reconhecendo meus sucessos e esforços. Reconheço que a estrada da vida é longa. Vou chegar ao topo desfrutando da jornada. Vou me dar uma folga quando necessário. Não preciso ter pressa.

A ESSÊNCIA DE CAPRICÓRNIO

O capricorniano trabalha duro, e sua maior preocupação é simples: dar o melhor de si. A busca por excelência o persegue mesmo quando ele não quer.

Ele tem o dom da determinação. Não estuda astrologia nem nada do tipo sem se perguntar: "Para quê? Como posso ajudar alguém com esse conhecimento? *E*... quanto posso lucrar fazendo isso?"

Falta de foco ou de motivação nunca será um problema. Ele nutre um interesse real pelo que faz. Do contrário, não alcança a excelência e talvez acabe desistindo. O capricorniano pode aprender a relaxar e se divertir até no meio de um ciclo de trabalho. Pode parar um pouco para celebrar as próprias conquistas antes de seguir rumo ao próximo desafio. Quando enxerga seu senso de responsabilidade com mais consciência, consegue acrescentar diversão e alegria à sua lista de afazeres.

Capricórnio, todos somos gratos por você ser quem é, sempre dando seu melhor e elevando os padrões do nosso mundo. Sim, você faz todo mundo trabalhar e suar a camisa, mas reconhecemos que é um ótimo modelo a ser seguido quanto ao que mais importa para a humanidade.

18

Psicologia de Aquário

EU SEI

Elemento: Ar
Modalidade: Fixa
Casa: Décima primeira
Planeta: Urano
Parte do corpo: Panturrilhas e tornozelos; os aquarianos tentam pisar firme no chão, mas têm dificuldade de manter o equilíbrio.

Queria que você entendesse que eu não te compreendo. Não sou deste mundo. Sou esperto, falo à beça, estudo. Eu me destaco pela minha inteligência, e isso acontece porque vim do futuro. Estou aqui para mapear o caminho que todos estamos percorrendo. Não estou no mesmo fuso horário que você. A humanidade me fascina, mas continua sendo um mistério para mim.

Desde muito jovem, sou considerado diferente. Será que é porque sempre fui muito bom atleta, músico, escritor, ator? Para ser sincero, não há nada que eu não faça bem quando estou disposto. Ainda assim, vivo tentando entender melhor o jogo da vida. Estudo ciências e decoro cada detalhe. Leio livros de filosofia e fico intrigado com as várias vertentes de pensamento. Sempre acreditei que devemos viver com liberdade. Eu e você temos muito em comum, mas acho que não somos da mesma espécie. Isso é óbvio. O que não é tão óbvio é meu poder de ler mentes.

Eu saio da caixinha, penso diferente, tenho outra noção de tempo. Adoraria que me deixassem ser quem eu sou, mas sei que vivo fora de sincronia. Eu tento, mas desisto quando não dá certo. Sou instável em muitos aspectos da vida.

Já deu para ver que minha personalidade é forte. Não vim ao mundo para me curvar ou fingir. Por outro lado, eu sei do que você precisa, e ofereço exatamente o que você pediu. Por isso me saio tão bem nos estudos. Sei como entregar o que você quer, embora provavelmente não seja o que eu quero. E o que eu quero? Não sei ao certo, mas é algo novíssimo, nunca imaginado por ninguém.

Sou um ótimo médico, cientista, construtor ou qualquer coisa extraordinária, pois observo o que já foi feito, pego um foguete e vou muito além de onde todos já foram. Não preciso me encaixar nos padrões. Eu nunca entraria num clube que me aceitasse como membro, porque sei que não sou quem você pensa.

É bom se destacar, rever ideias que grande parte da sociedade nem contesta. Já me acostumei com isso. Vivo segundo minhas próprias regras. Se você tiver interesse, vou ficar feliz em compartilhar meus pensamentos. Tenho perguntas a fazer sobre o seu mundo. Adoro uma investigação. Quero conhecer suas crenças e me lembrar de cada detalhe que você revelar.

Eu adoraria entrar numa nave espacial e voltar para casa. Mas ainda não posso fazer isso porque não completei minha missão humanitária. Ainda resta muito sofrimento para que eu abandone a Terra. Vou ficar aqui e relatar tudo à nave mãe. Nesse meio-tempo, vou usar o humor como remédio para me confortar neste lugar tão estranho.

Adoro a astrologia porque me lembro de quando todos nos dávamos bem e éramos uma grande família. Você se lembra desse tempo? Foi quando a astrologia apareceu por aqui. Não, você não deve se lembrar… pois aconteceu no futuro.

A gente se vê por lá.

Nativos de Aquário são fascinados pela experiência da vida e pelo desafio de se encaixar na sociedade. São curiosos e vivem questionando o que é falso e o que é autêntico. "Alguém poderia me dizer em que parte do multiverso estamos agora? Há outras espécies por aí? Porque está na cara que alguns de nós viemos de outro planeta. O que o futuro nos reserva? Será que a inteligência artificial vai começar uma revolução? Será que extraterrestres vão intervir? Ficção científica é, de fato, ficção?"

Aquariano, você nutre um interesse natural por tudo que envolve ciências e tecnologia. Quer aprender a usar todas as funções do seu celular, quer deixar sua casa mais conectada e se comunicar de maneira mais rápida e eficiente. Por outro lado, não se deixa influenciar pela maioria. Quer remar contra a corrente. Vive pensando nos problemas humanitários e gostaria de levar uma vida que melhorasse o mundo. Você sabe que não se encaixa. Até a noção de namoro e casamento parece estranha para você. Devemos questionar todas as "normas" da sociedade, certo?

Aquário é um signo de ar e costuma ser considerado inconstante ou evasivo, mas isso nem sempre é verdade. Por ser de modalidade fixa, pode ser bastante estável. Quando um aquariano se compromete, é para valer – embora adore nos surpreender.

Segundo o estereótipo, todo aquariano é esquisito: é aquela pessoa de cabelo azul, tatuagens, piercing no nariz, fumando um cigarro eletrônico e nos observando à distância. Até certo ponto isso é verdade, embora às vezes o aquariano esconda sua excentricidade por um tempo, tentando se encaixar. Mas quem convive com ele sabe que a qualquer momento seu humor e seus comentários peculiares virão à tona. Ele se comporta à sua própria maneira, porque não liga para o que pensamos dele. Preocupa-se apenas em ser genuíno. Faz amizades incomuns, segue o próprio ritmo e ouve música exótica sem se importar com o que está na moda. O aquariano é rebelde.

Ama a ciência e o pensamento abstrato. Leva jeito com matemática, tecnologia, astrologia, engenharia e arquitetura. Tem uma memória ótima e é o primeiro a se interessar por qualquer novidade. Parece enxergar o futuro quando lança tendências.

O mais incrível de tudo é que, seja lá o que façam, os aquarianos fazem muito bem. Seu escopo é enorme. Podem se envolver em política, como Abraham Lincoln, e ser gênios inventores, como Thomas Edison. Dizem que existem mais pessoas de Aquário do que de qualquer outro signo nas galerias da fama. Pense em Mozart ou Oprah Winfrey, que romperam paradigmas. Aquarianos podem fazer estripulias físicas inacreditáveis, como Michael Jordan, um dos maiores jogadores de basquete do mundo.

Podem ser prodígios da engenharia ou da ciência avançada. Seja lá o que façam, dominam a própria área de uma forma genial. Por não seguirem a maioria, eles se afastam do "normal" e depois ficam surpresos ao ver que impressionaram todo mundo.

O ego dos aquarianos não é igual ao da maioria. Isso contribui para que duvidem do próprio sucesso. Eles não sonham em figurar em nenhuma galeria da fama; apenas agem de acordo com o que acreditam. Não entendem por que todo mundo gosta tanto deles, já que são meio desajeitados socialmente. Ninguém sabe quando um evento social está sendo excruciante para o aquariano. Ele prefere estar num grupo que tenha uma causa, uma função, um propósito. Do contrário, para que estar ali?

Isso não significa que não tenha amizades. Ele precisa do seu "grupinho" e é mais leal aos amigos que à própria família. Quando forma laços, demonstra uma lealdade feroz, embora tenha dificuldades em relacionamentos românticos. Adora flertar, observar a reação que provoca, mas depois pensa: "Será que essa pessoa gosta mesmo de mim? Ainda nem mostrei meu verdadeiro eu!"

Aquarianos se perguntam se algum dia encontrarão o amor verdadeiro. Costumam se casar mais tarde que a maioria (Oprah nunca se casou) e tentam entender por que agem assim. Adoram estar na companhia de amigos, em jantares onde não fiquem sob os holofotes. Quando se comprometem num relacionamento, tem que ser com alguém que os faça rir e seja bom de conversa… para que não se sintam obrigados a liderar o tempo todo.

Assim como Leão, seu signo oposto, eles fazem grandes amigos com facilidade. Porém, ao contrário de Leão, não querem seguidores e nunca farão nada só para ficar em evidência. Aquarianos não têm o ego dos leoninos. Ficam confusos quando todo mundo parece querer sua atenção. "Por que você insiste em andar comigo? Acha que sei alguma coisa que você não sabe?" A verdade, aquariano, é que você sabe, sim.

A vida é estranhamente exótica para eles, mas também estranhamente familiar, como se já tivessem vivido tudo isso antes. "Com licença", diz o aquariano, "eu tenho algumas perguntas. Por que estamos fazendo isso… de novo? O que estamos aprendendo? Como as coisas devem ser? Será que deveríamos mesmo estar trapaceando? Quem disse que isso é aceitável? Por que somos tão distraídos? Se é para jogar esse jogo, então vou jogar do meu jeito e mudar algumas regras. Conte comigo para coletar informações, entrevistar todo mundo, fazer perguntas difíceis, aprender bastante e fazer o possível (e o impossível) para tirar o máximo proveito dessa experiência."

Aquarianos adoram crianças e animais porque não precisam explicar suas emoções para eles. De maneira instintiva, têm a resposta para as nossas perguntas sem saber muito bem por quê. Terminam nossas frases enquanto ainda estamos falando. Alguns têm memória fotográfica ou estão catorze passos à frente, sempre se perguntando por que todo mundo é tão lento. No ensino fundamental, olham a grade curricular e questionam: "Mas não estudamos tudo isso ano passado? Por que estudar de novo?" Porque nem todo mundo é igual a você, aquariano. Nem todo mundo tem sua memória. Sua mente está num nível intelectual avançado. Você memoriza tudo o que ouve. Seu sistema operacional está bem mais atualizado que o nosso. Você tem um jeito melhor de fazer as coisas.

Existem várias versões de aquariano: (1) o inflexível, que segue tudo como um soldado; (2) o entusiasmado, que vive com uma galera alternativa; (3) o inventor, que usa a ciência para comprovar seus insights; (4) o artista autodidata, que compõe canções poéticas. Esses são apenas alguns exemplos de como um aquariano pode se expressar. Uma coisa é certa: ninguém trabalha em equipe tão bem quanto ele... desde que acredite na missão. O aquariano Ronald Reagan, que começou a carreira como ator, abandonou essa identidade assim que ouviu o chamado para a política, dedicando a vida a servir ao país.

Embora o aquariano talvez não queira ser um professor ou líder, queremos que ele nos ensine. Só que ele não gosta de dar aulas e acha que devemos descobrir as respostas por conta própria. Quer auxiliar a humanidade e está disposto a abandonar o ego em nome do bem comum. Não há signo mais gentil e atencioso quando se trata de uma grande causa.

Aquário, você nos leva em direção ao futuro, e mal podemos esperar para segui-lo. Mas tenha paciência. Ainda não estamos no mesmo nível que você. Obrigada por ter esse desejo humanitário de fazer a diferença aqui na Terra. Até quando o tachamos de "diferente", você continua nos ajudando. Você se destaca por sua tenacidade, por se comprometer tanto com a gentileza e a amizade. Obrigada por guiar sua família e nossa sociedade para além do comum. Graças a você, seguiremos na direção certa, rumo ao futuro, por mais estranha que a jornada nos pareça.

PERFIL DE UMA AQUARIANA

Uma amiga minha, que vou chamar de Anne, sempre expressou seu talento artístico. Com quatro planetas em Aquário, desde criança ela se destacava como uma "gigante espiritual" por fazer muitas perguntas na igreja. Ela se sentava na primeira fileira e estudava o que o pastor dizia, fazendo uma lista de tudo que não parecia certo ou que exigisse maiores explicações. Largou a religião após reunir uma boa dose de conhecimento e deu início à sua carreira de atriz, mas logo achou esse mundo falso demais.

Por fim, Anne virou escritora, atuando como ghostwriter para pessoas interessantes e bem-sucedidas. Isso significa que o nome dela nunca aparece na capa dos livros, mas ela não se importa. Está mais fascinada por aquilo que escreve e pelo conhecimento que acumula nesse processo. O que ela mais ama é fazer perguntas e aprender sobre assuntos diversos para, em seguida, disseminar informação e sabedoria ao restante dos mortais.

Certo dia, após anos nesse ramo, Anne percebeu que tinha alcançado um sucesso incrível, ainda que essa nunca tenha sido sua intenção. Também se questionou se esse sucesso era real. Todo aquariano se pergunta: "Será que sou tão bom assim?" Onze livros que Anne ajudou a escrever figuraram na lista dos mais vendidos do *The New York Times*. "E daí? Não foi difícil", pensava ela. Será que isso poderia ser chamado de sucesso? Todo mundo acha que sim, menos Anne... que continua escrevendo.

O CAMINHO INFERIOR DE AQUÁRIO

Em sua pior versão, o aquariano é um rebelde sem causa. Discorda de tudo pelo simples prazer de discordar.

Se o chamamos de excêntrico, ele protesta na mesma hora. E aí, quando apontamos todas as tatuagens peculiares que ele ostenta, cada uma feita por um artista diferente, ele alega: "Ah, todo mundo tem."

Aquarianos evitam dar o braço a torcer, mesmo quando sabem que devem. No pior dos casos, vivem presos na própria mente. Afastam-se das próprias emoções, ao mesmo tempo que irritam todos à sua volta. São ágeis e julgam os demais por serem lentos, menos espertos e não terem estilo. São contestadores. Não é nenhuma surpresa que se sintam isolados e sozinhos.

Seu lamento preferido é: "Ninguém me entende." Consideram-se os únicos capazes de moldar o mundo ao seu gosto e acham que provavelmente não estão sendo bem pagos para isso. Mas, no fundo, não se importam, pois não são apegados a dinheiro. Quando se afastam, não o fazem com a intenção de cortar laços. Mas a dor da solidão pode matá-los aos poucos, fazendo com que desistam dos seus sonhos.

Guardam segredos porque pensam que a condição humana não tem cura, então por que conversariam sobre isso? Acreditam que só serão valorizados após a morte. Isso não é triste? Eles se sentem tão à frente do seu tempo que acabam se perdendo.

O OBSERVADOR DE AQUÁRIO

O aquariano se sente à vontade com o observador. Afinal, ele já vive observando todo mundo de longe mesmo, o que acaba exacerbando sua sensação de isolamento. Esse não é o estado natural para a maioria de nós. É como se o aquariano fosse um antropólogo ou cientista social numa festa, encostado na parede, murmurando: "Olha o que essas pessoas estão fazendo! Que festa mais curiosa!" Pare com isso, aquariano. Você também está na festa. Volte à realidade. Você não vive num mundo à parte, e não é para isso que o observador existe. O observador não é uma rota de fuga; é um ponto de vista que você pode usar para entender melhor a si mesmo e aos outros.

O perigo de se manter afastado é perder uma parte importante da experiência humana: os sentimentos. Embora seja capaz de lamentar pelos problemas da humanidade, você pode acabar se dissociando das próprias emoções. Isso explica por que se isola com tanta frequência. Você se pergunta: "Por que ajo assim? Por que minha personalidade é tão diferente? Será que sou peculiar? O que me falta para entender melhor os outros?" É por isso que você gosta tanto de astrologia. Na verdade, qualquer assunto metafísico faz seu coração acelerar.

Para você, talvez seja melhor *desligar* o observador de vez em quando. Experimente. Entenda o que é sentir. É bem provável que não goste da sensação, mas saiba que a humanidade usa os sentimentos para aprender sobre cura e dor. Que estranho, né? Quem diria que é preciso sentir para aprender uma lição? Mas é assim que operamos. Pare de tentar mudar isso. Use as ferramentas à sua disposição. Você fará bom proveito do observador quando perceber que os sentimentos são sua carta na manga.

O CAMINHO SUPERIOR DE AQUÁRIO

O aquariano evoluído é criativo, trabalhador e versátil. É uma curiosidade ambulante, seja num laboratório (literal ou metafórico), num ateliê, escrevendo roteiros, inventando, aprimorando ou coletando informações para o bem comum. Ele faz perguntas sem preconceitos. É como um cientista social que não julga seu objeto de estudo, ou como um artista que não se preocupa em seguir modinhas. Quando alguém o escuta de verdade, ele fala sem rodeios.

Seu impulso humanitário motiva todas as suas decisões. No caminho superior, o aquariano é fascinado por pessoas que também não se encaixam nos moldes, pelos desfavorecidos, pelos artistas que enxergam o mundo sob um novo prisma, por todo mundo que se veste de maneira estranha ou diz coisas surpreendentes. Quanto mais excêntrico, melhor. É possível que se identifique mais com os miseráveis do que com os ricos.

Segundo a astrologia esotérica de Alice Bailey, chegaremos à Nova Era quando a ciência e a metafísica se fundirem. Esse é o objetivo dos aquarianos, que são fascinados por mecânica quântica e pelos princípios metafísicos. Eles vieram ao mundo para nos preparar para o futuro, sempre nos levando a uma nova versão da vida.

O REMÉDIO PARA AQUÁRIO

Aquarianos acham que não precisam de remédio algum. Por que ir ao hospital, um lugar repleto de doentes? Acreditam que é inútil se queixar de assuntos emocionais. Acham tudo isso muito repetitivo. Por que precisariam de ajuda se são os melhores alunos da classe? É assim que eles tendem a se isolar, mas, com certo esforço, podem aprender a tornar esses limites menos rígidos.

Aquariano, o melhor remédio para você é sentir diferentes emoções. Sei que não quer fazer isso, mas é o que fará você se sentir mais humano.

Ter um grupo de amigos também é uma boa ideia. Você prospera quando está cercado de entes queridos, ainda que se sinta distante dessas mesmas pessoas de vez em quando. Você é a pessoa certa para ouvir ideias diferentonas, porque entende os conceitos logo de cara. Você gosta de escutar o que os outros têm a dizer.

Se você escolheu não ter filhos ou não se casar, não pense que isso é errado ou ruim. Você sempre escolhe o caminho menos trilhado na vida. Alguém tinha que seguir nessa direção e, embora talvez não se lembre, você se voluntariou para isso.

LIÇÃO DE VIDA DE AQUÁRIO

Sua lição de vida é estudar seus sentimentos. Comece a prestar atenção nas palavras que você usa para se referir às emoções. Você tem o hábito de usar o verbo "achar", como em "Acho que estou com raiva" ou "Acho que estou triste"? Isso acontece porque você é muito voltado para a própria mente.

Goste ou não, as emoções não são pensadas, mas sentidas. Sei que isso o tira da sua zona de conforto (dependendo do restante do seu mapa astral), mas é algo que você pode praticar. Leve em conta que explorar emoções é uma experiência científica que ajudará você a entender melhor a espécie humana.

LUA EM AQUÁRIO

Essa é uma posição complicada, pois a Lua representa a emoção, algo que os aquarianos evitam a todo custo. Você, que tem Lua em Aquário, costuma dizer "Já ouvi falar nisso" ou "Tenho pesquisado sobre esse assunto". Tem um catálogo mental de todos os sentimentos humanos, embora não necessariamente os identifique em si mesmo. Resiste sobretudo às emoções negativas, como raiva ou tristeza. Acha perda de tempo falar sobre isso. Prefere pensar em maneiras futuristas de criar alguma coisa. Suas criações, mesmo as artísticas, não têm a ver com emoções, mas com inovação e ineditismo.

MERCÚRIO EM AQUÁRIO

É nessa posição que Mercúrio se sente exaltado e mais à vontade. Você consegue gravar na mente tudo aquilo que considera importante. Recorda dados e números sem nenhuma dificuldade. É muito bom em astrologia. Bons astrólogos têm um dom natural para reconhecer padrões e entender conceitos esotéricos. Eles não inventam nada; baseiam-se em fatos, estudam bastante e investigam o tempo e a natureza humana. Mercúrio em Aquário é reino da mente, e você gosta disso.

ASCENDENTE EM AQUÁRIO

Quem aguenta acompanhar seu ritmo? Sua mente viaja na velocidade da luz. Você é um especialista em tudo no que escolhe se aprofundar. É excelente como pai ou mãe, e sabe lidar com seus filhos da melhor maneira possível. Conhece a pessoa amada melhor que ela mesma. Você é um bom amigo, talvez um dos melhores do zodíaco. Sabe captar direitinho quando alguém precisa de você. Valoriza a comunidade e abre as portas da sua casa, encorajando todo mundo a ser autêntico. Dá festas como ninguém.

E que corpo você tem para praticar esportes! Encara desafios físicos sem fazer muito esforço. Como você se sente sendo bom em tudo?

Você não faz julgamentos e é muito curioso. Tem um conhecimento profundo e sempre quer saber como pode ser útil. Quer salvar o mundo, começando pela sua vizinhança, por todos os seus amigos e familiares. Você compartilha sua riqueza de um jeito que choca outras pessoas. Se ao menos elas conseguissem entender que o seu comportamento é louvável, estaríamos mais próximos de um mundo mais humanitário, gentil e generoso.

Você é uma alma sabichona, mas no melhor sentido possível, e todo mundo sairia ganhando se o escutasse. Se você resistir ao seu ascendente, como tanta gente faz, talvez deixe de cumprir seu papel de líder na mudança do mundo e na evolução da humanidade. Você prefere se manter restrito aos seus amigos e familiares, mas seu destino não é esse. Você é capaz de nos guiar rumo ao futuro, mesmo que só um pouquinho. Assuma a liderança, Aquário! Você tem a visão!

SATURNO EM AQUÁRIO

Aceite que você é diferente.

Você não se enquadra nos padrões, e tudo bem. Continue sendo você mesmo em qualquer situação.

Talvez você queira discordar só para se destacar num grupo. Permita-se ser do contra sem dar nenhuma explicação. Você tem o direito de ter uma personalidade única.

Lição de vida: Liberdade é dar a si mesmo (e a todo mundo) permissão para ser autêntico. Desafie os velhos métodos a fim de trazer novas soluções para o planeta. O humanitarismo é o melhor caminho em direção ao seu propósito.

MEDITAÇÃO PARA AQUÁRIO

Que eu me sinta confortável sendo diferente. Que eu não esqueça que meu objetivo na vida é trazer ideias humanitárias inovadoras e oferecer ao mundo a dádiva da mente aberta. Quando me sinto isolado ou incompreendido, lembro que estou à frente do meu tempo. As pessoas querem me entender, embora eu nem sempre enxergue isso. Sei que posso deixá-las entrar no meu mundo.

A ESSÊNCIA DE AQUÁRIO

Você se lembra de quando era adolescente e se comportava como seus amigos só para sentir que pertencia a um grupo? O aquariano lembra. Até que, certo dia, ele não conseguiu imitar mais ninguém. Teve que quebrar expectativas e parar de fingir. Tornou-se rebelde e acabou descobrindo que se enquadrar é o caminho mais fácil, mas não o melhor.

Por sorte, o aquariano é incansável. Oferece a todos tudo o que tem, e é ótimo fazendo isso. Fica surpreso e um pouco desconfortável quando recebe elogios por ser tão bom em tudo. "Por que todo mundo está me elogiando por algo que nem me deu tanto trabalho?", pensa ele. Tem dificuldade de aceitar reconhecimento por algo que ele faz tão naturalmente.

Tudo chega ao fim um dia. Para grande parte de nós, é doloroso quando as coisas terminam, mas não para o aquariano. Ele sabe se distanciar das emoções quando é necessário. Ele não quer saber de conversa com gente maldosa, injusta ou entediante. Ele foge do nosso lado mais humano. Mas o coração dele acelera quando segue sua paixão, seja fazendo arte ou qualquer outro trabalho. Quando isso acontece, ele se entrega!

Embora seja divertida e até fascinante, a experiência de se estar vivo é superestimada quando se está sozinho. Mesmo em meio à multidão ou cercado por familiares e amigos, o aquariano se sente um peixe fora d'água. Mas em algum momento ele vai perceber que sua função no mundo é atualizar a versão da humanidade, nos levando a questionar nossas crenças, como ele costuma fazer no dia a dia. E é preciso se destacar da multidão para enxergar isso.

O aquariano pode não ter filhos nem permanecer casado; talvez nunca se case. Ele não faz o que é esperado dele. Pode mudar de carreira e entrar num novo ramo só porque tem vontade. Ele não só precisa de novidade, como também não consegue perceber que já alcançou a maestria. Demora, mas chega o dia em que o aquariano enxerga seu eu mais jovem com compaixão e faz as pazes com seu passado. E ele nunca toma o caminho mais curto rumo à "normalidade". Não mesmo.

Aquarianos vieram ao mundo para nos mostrar como nossa noção de realidade é tediosa, estúpida e ultrapassada. Eles se mantêm distantes, mas com a cabeça erguida. Como se recusam a nos seguir, nós é que os seguimos, mesmo que não queiram nossa companhia. Eles nos ajudam a nos libertar de nossos traços mais mesquinhos e beligerantes. Aquário é a nova versão do ser humano.

19

Psicologia de Peixes

EU SONHO

Elemento: Água
Modalidade: Mutável
Casa: Décima segunda
Planeta: Netuno
Parte do corpo: Pés; porque é neles que a alma vive.

Queria que você entendesse que o mundo é um lugar estranho para mim. Quem me olha não diz que estou me sentindo tão deslocado. Eu me visto bem e ajo normalmente. Já vi tantos filmes que sei como me comportar em público, mas, verdade seja dita, estou apenas fingindo.

Eu canto, faço arte, narro sonhos, compartilho receitas de sorvete… Meus pensamentos vêm como poesia. Não falo muito por conta da minha falta de jeito. Sou esquisito. Basta olhar para os meus pés: tenho dedões bem estranhos. Fiquei sabendo que o signo de Peixes rege os pés, e até que faz sentido: é na sola dos pés que a alma reside. E sou mesmo repleto de alma.

Penso no propósito da vida. Por que será que nem todo mundo sabe conectar a mente à alma? Isso deveria ser ensinado na escola. Está conseguindo acompanhar meu raciocínio? Viemos até aqui para expressar nossa criatividade com um propósito maior, iluminado. Não é para isso que estamos vivos?

Peixes rege a imaginação: golfinhos, sereias e fadas, só para mencionar alguns seres incríveis. Adoro cinema, música clássica e tudo que é mágico. Queria poder admitir abertamente meu interesse por assuntos que a sociedade não aceita muito bem. Por exemplo, gosto de conversar sobre pessoas mortas e saber que elas estão perto de nós, e acredito em vidas passadas. Tenho certeza absoluta de que somos regidos pelas estrelas. Você não acha que, quando nossa mente está alterada ou quando sonhamos acordados, entramos num mundo que parece mais real que a própria "realidade"? Eu acho.

Adoraria dizer tudo isso em voz alta, mas me seguro porque acho que você não vai me entender. A verdade é que você não precisa entender, basta acreditar: somos seres espirituais vivendo uma experiência humana.

Queria poder levá-lo ao mundo da lua para fazê-lo entender minha lógica, mas isso é impossível. Não à toa você está tão confuso (e deveria estar mesmo). Afinal, quem mais pensaria como eu? Sou especialista em qualquer coisa que desperte meu interesse. Consigo mesclar este mundo com o próximo. É como dançar com o abstrato. Aposto que você não esperava por essa. Eu misturo sabores que ninguém ousaria misturar, por isso sou tão eclético na cozinha, na pintura, na arte... Posso fazer de tudo.

Seria ótimo se você entendesse que me esforço muito para me adequar aos outros e parecer "normal" (palavra que, para mim, é apenas o nome de um ciclo de lavagem de roupa). Minha família vivia confortavelmente nessa normalidade e, como um bom filho, tentei seguir seus passos. Mas não se engane: eu sempre soube que havia algo disfuncional por trás daquela fachada.

Sempre imaginei que, se uma nave espacial pousasse aqui, eu seria o primeiro a embarcar nela, murmurando no ouvido da pessoa ao meu lado: "Eu sabia que não éramos daqui. Que bom que vamos voltar para casa."

No entanto, procuro agir como adulto, em busca de algum resquício de normalidade. Como é exaustivo me adaptar à multidão e calar minha voz poética! É por isso que às vezes sinto vontade de escapar, de ficar sozinho, de encontrar sossego. É por isso que adoro a medicina sagrada e os estados alterados da mente. Tudo isso me parece mais normal.

Espero que algum dia você descubra, como eu descobri, que a farsa da vida só serve para nos lembrar do que é real: as estrelas, a magia, as verdades esotéricas. Sei que o ego camufla nossa alma, mas ela também é real. Para que a vida valha a pena ser vivida, precisamos rever os conceitos sobre quem somos e por que estamos aqui. Essa é minha missão. Peça minha ajuda, se quiser me acompanhar. Do contrário, continuarei aqui no meu canto, sonhando acordado, esperando que o mundo aceite a realidade na qual eu adoraria que todos vivêssemos.

Quem é de Peixes precisa escapar. Precisa tirar uma soneca no meio da festa, comer uma torta de banana com chantili no café da manhã, assistir sozinho àquele filme antigo pela milésima vez, num dia de sol, com as cortinas fechadas. As regras não se aplicam aos piscianos. Eles podem ser um pouco aéreos, confusos, sem jeito, como o adolescente que não quer ir a uma festa, mas ao mesmo tempo quer, e quando chega lá tenta passar despercebido porque não leva muito jeito para eventos sociais, e aí bebe muito. O pisciano vive com a sensação de que não sabe ser adulto, não importa a idade que tenha. Fica feliz perdendo-se em fantasias, pois assim não precisa lidar com nossa realidade tediosa e artificial. Gosta de álcool, drogas, filmes, música, redes sociais... qualquer coisa que o tire deste mundo. Mas é óbvio que nem todo pisciano é assim. Alguns permanecem na realidade, disfarçados, negando suas tendências naturais, só para ter a sensação de que pertencem a este planeta (estão sob a influência de Virgem, seu signo oposto).

O estereótipo de Peixes (de que são irresponsáveis, não se comprometem com nada, não são confiáveis e não terminam o que começam) não é exatamente aplicável. É óbvio que piscianos são aéreos e sonhadores e às vezes não prestam atenção nos detalhes do que estão fazendo. Porém, a criatividade deles é ilimitada, assim como a capacidade de concentração que demonstram quando estão fazendo algo que lhes interessa. São excelentes artistas ou cientistas, pois são capazes de passar várias horas lendo, estudando, criando, sem parar para comer ou beber água.

Eu conheço uma ótima história sobre Einstein. Certo dia, enquanto estava caminhando em frente ao MIT, alguns alunos o pararam para conversar. Quando já estavam se despedindo, Einstein perguntou: "Eu estava indo ou voltando quando vocês me encontraram?" Ele não se lembrava se estava indo dar uma aula ou se tinha acabado de dar. Não sei se essa história é real, mas, de todo modo, é uma ótima representação de Peixes.

O mais surpreendente de tudo é que não é fácil identificar um pisciano. Ele está sempre sofrendo metamorfoses, muitas vezes agindo como alguém comum. Pode ser um vendedor de seguros, um administrador de empresas, um médico comprometido com protocolos e detalhes, mas que lê ficção científica e livros sobre metafísica em segredo, quando ninguém está olhando.

Pense em Elizabeth Taylor, uma pisciana talentosa com seus olhos incrivelmente violeta. Sem dúvida, tratava-se de uma romântica inveterada, que se casou oito vezes e passou a vida lutando contra uma série de vícios. Foi muito amiga de Michael Jackson, cujos dons podem ser atribuídos à sua Lua cheia em Peixes. Ele também sofreu com vícios. Ambos tinham um talento excepcional e mantinham sua verdadeira personalidade em segredo, confundindo o mundo.

Ao conversar com um pisciano, talvez você se sinta perdido e se pergunte: "Tem alguém aí?" Ele parece estar sempre distraído ou se escondendo. Diz que adoraria nos conhecer melhor, mas em seguida vai embora sem deixar o número de telefone. É estiloso, mas discreto. Talvez seja um estilista ou artista famoso, mas é impossível dizer só de olhar para ele.

Piscianos são pessoas reclusas. Podem parecer inconstantes ou descomprometidos, mas pense neles como dois peixes nadando em direções opostas. Eles estão na água, onde a comunicação não é fácil para o ser humano e, além disso, estão sendo empurrados por forças opostas. Não é de se espantar que sejam tão confusos.

Mas não se engane: eles se entregam. Só não estão tão focados nos aspectos mais práticos da realidade, como acontece com pessoas muito emotivas – a menos que precisem de foco para concretizar seus sonhos e tenham um pouquinho de terra no seu mapa astral. Piscianos são místicos: transcendem as regras deste mundo em troca de uma conexão com o outro lado. Valorizam a espiritualidade em detrimento do mundo prático.

Mas nem todo pisciano é espiritualizado; esse é outro estereótipo. Alguns têm medo de coisas místicas. Muitos interpretam os próprios sonhos em busca de orientações, enquanto outros são bem céticos em relação a isso.

Piscianos têm uma habilidade natural para a dança, para a ficção científica, para a poesia e para a ciência. Fazem o tipo "cientista maluco". Buscam maneiras de aprimorar o cotidiano ou tornar a realidade mais interessante. Podem ser profundamente religiosos. Intuem desde muito jovens a importância do conceito de Deus.

Todos conhecemos alguém que se diz capaz de ver espíritos ou até de conversar com os mortos. Edgar Cayce, conhecido como Profeta Adormecido, foi um médium duplamente pisciano capaz de diagnosticar doenças quando entrava num estado de transe. Ele se desconectava do tempo e do espaço, entrando numa consciência universal na qual recebia respostas aos questionamentos das pessoas. Isso é a cara de Peixes.

Peixes rege a música clássica. Pense em Vivaldi, Chopin, Händel, Rossini e Ravel, todos piscianos. Os nativos desse signo são dotados de qualidades refinadas e nada convencionais. Podem ser também contorcionistas, como os artistas do Cirque du Soleil. Observe seus corpos, escute suas músicas e se pergunte: "Isso é real? Como eles fazem isso?"

Eles ensaiam, focam e não se desviam de sua trajetória. Nem todo pisciano é inconsistente. Sonho e realidade podem se entrelaçar, e eles se perguntam: "Qual mundo é o real?" É assim que um pisciano se perde, entre muitos sonhos e pouca realidade. Ele se deixa abalar por pensamentos negativos ("Não sou muito bom em nada") e perde de vista os próprios dons, abrindo espaço para a síndrome do impostor. Sem dúvida, piscianos precisam de estrutura e rituais para manter os pés no chão. Do contrário, podem divagar num sonho ou numa filosofia.

Trazem escondido dentro de si seu signo oposto, Virgem, que lhes incute pensamentos autocríticos: "Nem sei se existo de verdade. Mas ninguém vai notar isso se eu apenas seguir em frente."

Qualquer ser vulnerável (pessoa ou bichinho de estimação) vai se sentir bem e seguro sob os cuidados de um pisciano. Para você, Peixes, é saudável estar a serviço dos outros. Obrigada por sua capacidade de cuidar tão bem. Obrigada por nos presentear com arte, misticismo e beleza. Embora este mundo possa parecer duro e insensível aos seus olhos, somos gratos pela sua ajuda. Reserve um tempinho para se sentir apreciado. Você é muito amado.

PERFIL DE DOIS PISCIANOS

Meu querido amigo Tom é pisciano. Ele é poético, espiritualizado e muito sensível, a ponto de isso às vezes prejudicar sua vida. Ele já tinha ido à Índia duas vezes, e em ambas voltou ainda mais perturbado: não conseguia parar de chorar. Em sua terceira viagem, teve uma iluminação. Retornou com um senso de identidade incrível e transcendente. Todo mundo queria conversar com Tom, mas ele se esquivava. Não conseguia aguentar a pressão. Mudou-se para uma cabana e hoje não fala com ninguém. É um homem recluso e voltado ao seu mundo interior.

Minha tia também era um belo exemplo de pisciana. Nós a chamávamos de Annie Franny. Ela era a caçula de três irmãs, muito bonita, e adorava animais (algo típico desse signo). Costumava se deitar ao sol segurando uma placa de papel-alumínio perto do rosto para potencializar o bronzeado. Estava sempre com um drinque numa das mãos e um cigarro na outra. Vestia seus filhos muito bem, embora não fosse uma mãe tão presente. Era distraída e se envolvia pouco na vida deles.

Com o passar dos anos, começou a enfrentar dificuldades financeiras, mas não parou de gastar. Tinha o armário repleto de roupas nunca usadas, ainda com a etiqueta da loja. Vivia falando sobre pessoas falecidas. E nós, crianças, ficávamos aterrorizadas quando ela dizia ver fantasmas: "Meus amigos estão aqui. Passaram o dia inteiro falando comigo." Ninguém entendia do que ela estava falando. Era muito exótica. Todo ano, mandava cartões de aniversário para a família inteira, junto com poemas.

Em dado momento, minha tia foi à falência. Ela não dava bola para assuntos práticos, como finanças. Não conhecia limites nem pensava nas consequências. Vivia num estado transitório. Acabou recebendo uma ordem de despejo porque não pagava as prestações da casa e ignorava os avisos. Mas continuou morando ali, em negação, até que um dia foi obrigada a se mudar. Vivia ausente deste mundo. Eu a ajudei financeiramente até seu falecimento. Já debilitada, ela me disse que queria morrer, mas, sempre que o fim parecia próximo, mudava de ideia.

O CAMINHO INFERIOR DE PEIXES

Em sua pior versão, piscianos não têm medo apenas da realidade, mas também do mundo invisível, das pessoas mortas, da adivinhação, tanto que se recusam a acreditar em qualquer coisa que fuja do que é considerado normal. Acham que assim estarão protegidos. Negam sua personalidade e suas verdadeiras preferências, tudo para se sentirem aceitos.

Nos casos mais graves, eles amam o vício e o escapismo mais do que o mundo real. Pedem aos outros que os aceitem dessa forma, pois querem continuar evitando os problemas. Tentam nos convencer de que o comportamento deles é aceitável. Não é aceitável, pisciano! Existe um caminho superior, e o observador pode ajudar você a trilhá-lo.

O OBSERVADOR DE PEIXES

Piscianos não lidam bem com o olhar objetivo e imparcial do observador. São muito distraídos pelas próprias emoções, perdendo apenas para Câncer nesse quesito. Evitam o observador, recusando-se a entender esse conceito. Entram e saem da realidade sem distinguir a voz do observador da voz da própria autocrítica.

O observador nunca critica – só constata a realidade. Piscianos podem carregar em si um crítico secreto que nunca os deixa em paz. Sofrem quando se deixam dominar pelas próprias emoções, acham que estão fazendo tudo errado e estão sempre esperando uma catástrofe. Quando se libertam do ego e permitem que a alma revele seu verdadeiro eu, são capazes de enxergar seus padrões de comportamento e acionar o observador: "Lá vou eu mais uma vez decepcionar os outros, inventando desculpas para fugir dos problemas."

O observador ajuda o pisciano a cultivar o discernimento. Não há nada mais poderoso que as lágrimas de um pisciano que saiu do estado de confusão, que aceitou seu amor por alguém ou admitiu uma traição. Todos nos sentimos tocados e inspirados por sua honestidade. O observador lhe diz: "Não se preocupe se você acabou de mudar de ideia, se revelou sua vulnerabilidade ou se admitiu sentir coisas que os outros não percebiam. Está tudo bem. Pare de fingir que você é comum, quando não é. Isso é um dom, não uma desvantagem."

Não há problema algum em não ser deste mundo, pisciano. Faça o que precisa fazer para se acostumar com a realidade. Só tenha cuidado com os vícios. Perceba quando estiver exagerando na dose. Escute os sinais – você os recebe o tempo todo.

Você tem a habilidade de sentir e manipular as energias. Isso pode ser uma grande força, não uma fonte de sofrimento. Você é perfeitamente capaz de manifestar esse lado mais poderoso do seu ser.

O CAMINHO SUPERIOR DE PEIXES

O pisciano evoluído irradia um amor incondicional. Ele nos ensina a oferecer a outra face. Não apenas perdoa, como também esquece. Após ouvir um pedido de desculpas, dá o caso como encerrado. Ele nos ajuda a chorar quando necessário e a cuidar dos animais e dos menos favorecidos.

Sabe deixar as coisas para trás, pois não se apega a questões mundanas. É um espírito livre. Tem dons espirituais de vidas passadas, como poderes mediúnicos, habilidades musicais e artísticas e vocação para criar e curar.

No caminho superior, o pisciano cria beleza em todos os lugares. É capaz de canalizar impulsos puramente criativos. Tem acesso a um conhecimento superior. Pode se tornar um gênio visionário, prosperando à sua própria maneira.

O REMÉDIO PARA PEIXES

A meditação é algo natural para você, pisciano, pois o leva a outro mundo. Ela age como as drogas e o álcool, mas sem a parte da ressaca. Você não consegue viver sem algum tipo de prática ou comunhão espiritual. Pode ser Deus, Buda, fitoterapia… Seja lá o que funcione no seu caso, encontre algo maior que você, depois nos mostre o caminho.

Seus sonhos contêm respostas. Anote e estude cada um deles. Procure por padrões, temas recorrentes e símbolos. Você pode aprender muito sobre si mesmo por meio dos seus sonhos. Eles têm uma linguagem profunda que exige investigação e comprometimento.

Quando se sentir distante da realidade, em vez de tentar escapar, olhe seus olhos no espelho. Diga: "Preciso de ajuda. Quero acionar meu observador para acalmar essas emoções profundas." Declare: "Eu me amo." Isso despertará sua alma. Quando for capaz de estabelecer uma ligação real e viva com seu próprio reflexo, você desenvolverá um relacionamento completamente diferente com a realidade. Isso pode trazê-lo de volta ao seu próprio corpo.

Se eu fosse você, seguiria uma agenda de afazeres. No seu caso, a rotina é terapêutica. Comece se matriculando numa aula de ioga ou de alguma prática espiritual, sempre no mesmo horário. Qualquer coisa que você fizer com regularidade pode ajudá-lo a se sentir com os pés no chão. Encontre a calma à beira-mar, ouvindo música ou na companhia de animais e crianças.

LIÇÃO DE VIDA DE PEIXES

Por ter tanto contato com o mundo invisível e com tudo que é imaginário e mágico, você consegue acessar o futuro. Você nos mostra como chegar a reinos que ainda não conhecemos. Com o observador acionado, você aceita que o amanhã é imprevisível e para de fingir que não existem outros mundos além deste. Você sabe que eles existem e pode caminhar rumo a eles sem medo. Você nasceu para se apaixonar pelo próprio destino, para aceitar o que lhe foi entregue nesta vida. Esse é seu maior desafio: aprender a respeitar sua trajetória e a não desistir dela. É graças a você que alcançaremos a eternidade.

LUA EM PEIXES

Ter a Lua em Peixes não é fácil. A Lua é emotiva e Peixes também, talvez até demais. Suas emoções são muito intensas, e você sofre por ter uma reatividade excessiva. Quando treina seu corpo emocional, consegue até sentir as coisas antes que aconteçam. Do contrário, deixa de cumprir suas obrigações básicas por viver atordoado demais.

"Eu sinto tudo!", você diz. E, sim, eu sei que dói quando você é tomado de assalto por uma série de emoções que talvez nem sejam suas. Às vezes você vira uma esponja diante dos sentimentos alheios. Por isso adora ficar quieto. Quer que as pessoas o deixem em paz. Reflita: para onde você vai quando se afasta de tudo?

O lado positivo dessa vulnerabilidade emocional extrema é que ela favorece uma conexão especial com os animais; você consegue se comunicar com eles. A espiritualidade virá ao seu encontro; basta que você siga seu caminho com a ajuda da meditação ou de um mestre para guiá-lo.

MERCÚRIO EM PEIXES

Ter Mercúrio em Peixes também é uma posição complicada, embora você possa ser um gênio da ciência, da poesia, da escrita ou da religião. Talvez consiga recitar a tabela periódica ou o Livro de Salmos enquanto tenta encontrar as chaves do carro. Quando fica obcecado com algo, você mergulha fundo e se perde na internet, pesquisando por horas algo que parece relevante hoje, mas que será irrelevante amanhã. Tem dificuldade em tomar decisões, sobretudo no que diz respeito a assuntos práticos. O mundo real o assusta; outros reinos o fascinam.

Você é um mecânico, carpinteiro ou construtor nato. É quase como se conversasse com objetos inanimados. Consegue ficar absorto numa tarefa e se perder nela a ponto de não ouvir chamarem seu nome. Tem um foco intenso quando está interessado. A espiritualidade é um caminho natural para trazer paz à sua mente.

ASCENDENTE EM PEIXES

Você é empático, muito sensível e delicado. Não quero que você chore, mas isso costuma acontecer quando fala sobre sua alma. Você absorve as dores dos outros. Aeroportos, shows e lugares lotados não são seus ambientes preferidos. Você precisa reconhecer as pessoas em volta para poder administrar sua energia.

Óbvio que você ama astrologia. Adora tudo que é místico e religioso. É uma pessoa que estuda a vida... quando decide se concentrar nisso. Não tem muitas necessidades, além de estar cercado por entes queridos, bichinhos de estimação e "tralhas" espirituais.

Quando se mostra ao mundo com os dois pés no chão, seu artista interior aparece. Mas atenção: você adora fugir das coisas ou largá-las pela metade. Quando não está bem centrado, pode se sentir deprimido ou ansioso a ponto de precisar de ajuda. Às vezes você é invadido por uma torrente de dor emocional. Não se trata de uma maldição; você é que se preocupa demais.

Que dádiva você nos trouxe com suas cores e joias, com sua arte e beleza! Mas sejamos práticos: por favor, aprenda a dizer "não". Pare de fazer o que não quer só para nos agradar ou para se sentir conectado. Você *está* conectado. Sabe que o espírito cuida de você.

Você pode acabar sozinho, uma ideia que o agrada e desagrada ao mesmo tempo. Que contradição! Eis um truque: aceite que precisamos de você aqui na Terra, com os dois pés no chão. Pare de fugir. Isso vai contribuir para a solidão que você tanto odeia.

No pior dos casos, você mora no mundo dos sonhos. No melhor, você cria o mundo dos sonhos. Está disposto a participar desta vida? Então desligue a Netflix e vá esquiar, viaje para outros países, embarque num avião... ainda que tudo isso pareça perigoso aos seus olhos. Em geral é você que se esforça para organizar nossos planos. Dá uma festa como ninguém, entretendo todo mundo. O problema é que você não curte a própria festa por muito tempo.

Aprenda sobre meditação, cristais e portais, pois tudo isso traz paz ao seu coração. Nós amamos você, ascendente em Peixes. Sua beleza interior nos lembra do que mais importa, que é o amor pela vida e toda a beleza que existe neste mundo e além dele. Você ama a vida em pequenas doses, do seu jeito. Encontre sua zona de conforto e a preencha com tudo o que for espiritual. Espero que nos convide. Você é um presente para o mundo.

SATURNO EM PEIXES

Você tem problemas com limites: impõe de mais ou de menos. Experimente viver no mundo real sem reclamar dele.

Com os limites, vem a sabedoria. Quanto antes você admitir que é vulnerável e sentimental, mais cedo saberá do que você precisa ou não. Quando impõe limites com honestidade emocional, você percebe que é profundamente inteligente, empático e solidário.

Você tem permissão para expressar suas mais profundas emoções. Por ser uma esponja de energia, consegue servir de canal e cura para o coletivo e para si mesmo.

Lição de vida: Às vezes você se isola, às vezes se deixa dominar pelas emoções. Seja como for, explorar seus sentimentos o ajudará a evoluir e a ser quem você realmente é.

MEDITAÇÃO PARA PEIXES

Minha fé me chama. Estou em segurança. Vivo cercado por anjos. Conto com meu eu superior. Fortaleço minha mente. Respiro fundo e reduzo o medo. Encontro a calma. Tenho insights e ideias criativas e acho fácil expressar tudo isso. Valorizo as partes refinadas da vida que me deixam mais centrado. É assim que encontro a paz. Eu me permito criar um mundo onde eu tenha acesso à sabedoria sempre que preciso.

A ESSÊNCIA DE PEIXES

Piscianos têm dificuldade para resistir ao chamado da alma, por mais que se sintam forçados a se enquadrar nos padrões. Precisam aprender a criar pontes entre vários mundos: os filmes que amam, os sonhos, a esperança de que a humanidade vai evoluir.

Eles se preocupam com os menos favorecidos. Mereceram ganhar um coração gentil graças ao que fizeram em vidas passadas. Agora, estão testando a si mesmos para ver se de fato aprenderam alguma coisa. Talvez não se lembrem disso conscientemente. Sua profunda solidariedade fica evidente em sua vontade de ajudar, de criar, de escrever o roteiro da vida.

Se a vida não sair como os piscianos esperam, se seus sonhos não se concretizarem, isso será um teste para que eles amem o destino que lhes foi reservado. Eles são capazes disso. Têm uma forte base espiritual, ainda que o mundo não seja um lugar confortável para eles.

A essência de Peixes é espiritual. Eles estão dispostos a fazer o que for preciso com base no chamado do espírito. Têm ao seu lado toda a magia e todos os anjos necessários. Quando confiar na magia, o pisciano a verá refletida de volta.

20

O décimo terceiro signo

> Quando alguém está numa situação complicada como a sua, perde o direito de se preocupar com a tolice da própria psicologia. Resta apenas dar o próximo passo com diligência e devoção, e conquistar a boa vontade dos demais. Em cada pequena coisa que fizer dessa maneira, você encontrará a si mesmo.
>
> – Carl Jung

Aposto que, durante boa parte da leitura, você se concentrou no seu signo solar (também conhecido como ego), identificando suas peculiaridades e seus traços singulares. Talvez tenha lido sobre o signo solar dos seus filhos e da pessoa amada. Este é o intuito de todo livro de astrologia: permitir que você entenda os outros e a si mesmo.

A astrologia esotérica é um pouco diferente. Ela segue um caminho tortuoso, chamando a atenção do seu ego ao mesmo tempo que discretamente conduz você rumo ao seu maior interesse: a alma.

É por isso que eu prefiro a astrologia esotérica, e também é por isso que ela está no cerne deste livro. Você é uma alma revestida de ego, com estrelas e planetas, histórias infinitas, corações partidos, dons e uma lista de aprendizados que lhe foram especificamente designados. É o combo completo, um brinquedo que já vem com pilhas incluídas mas sem manual de instruções… quer dizer, até agora.

Se você está começando a estudar astrologia, tenho uma boa notícia: seu ego vai facilitar seu progresso ao prepará-lo para cada lição. Você já sabe que seu mapa astral está repleto de indicadores que determinam suas lições de vida e seus momentos de dificuldades e bênçãos. Se, de algum modo, este livro foi útil para você, isso significa que você está mais perto do seu eu verdadeiro.

Falemos agora sobre o oposto do ego. É aquela parte que espera nos bastidores, difícil de nomear. Pode chamá-la de eu superior, alma ou consciência. Essa parte deve ser invocada de forma intencional. Já sabemos que o ego assume o controle de tudo – da sua mente, do seu inconsciente, dos seus impulsos – e que faz tudo isso sem um supervisor que traga você de volta à sua essência. Estou querendo dizer que sua alma vai cumprir o papel de "adulto responsável", ajudando-o a alcançar o décimo terceiro signo.

Essa é a voz que só costumamos ouvir após um anseio profundo, após uma série de crises que nos deixam sem chão, desolados, pedindo ajuda, sedentos de uma sabedoria que suavize o sofrimento. Sim, a voz do décimo terceiro signo surge graças às adversidades. Ela floresce no solo da dor. Isso não é nenhuma novidade para você, já que é o tema central deste livro.

Há duas maneiras possíveis de encontrar essa voz:

1. Você passou por uma série de crises deflagradas por Saturno (seja por seu retorno completo, seja por seu ciclo de sete anos).
2. Você teve sorte e trabalhou duro em vidas passadas, herdando delas muita sabedoria. Será que foi por meio de um sonho, de ótimos pais, de uma jornada de cura? Talvez tenha sido por intermédio de um mestre ou de um caminho espiritual. Seja lá como a tenha conseguido, saiba que essa voz está esperando por você.

Para mim, a astrologia é o portal para essa voz escondida: seu lado apaixonado pela própria essência e que se sente assim desde o primeiro momento da sua existência.

Espero que, após esta leitura, seu ego se sinta visto e compreendido. Espero que você tenha encontrado iluminação ao ler sobre seu signo ascendente, sobre Saturno, os planetas, as casas e tudo o que diz respeito à astrologia.

Mas agora vamos mudar de assunto. Estamos na reta final.

Este tópico é muito importante: o décimo terceiro signo, um conceito sutil e não linear que acessa a zona do silêncio, o pôr do sol colorido, onde tudo vive em paz, em harmonia, sem mácula. Considere-o sua base, o lugar onde seu ego descansa e você para de se esforçar… para simplesmente ser.

Ele já recebeu muitos nomes em diferentes culturas ao longo da história. Na China antiga, era chamado de Tao. Na Índia, de Atman. Na cabala judaica, de Ein Sof. No budismo, de Nirvana. Todas essas palavras nomeiam algo que não pode ser descrito. Estamos seguindo em direção ao reino do inefável, onde as palavras falham.

Pense nele como o lugar no mapa onde os planetas, as casas e os signos se unem. Se o décimo terceiro signo pudesse falar, ele diria: "Muito bem, espírito, se eu vim a esta vida para ter essa exata personalidade, para responder ao carma que me foi atribuído ao longo das minhas vidas passadas, e se agora tenho esse mapa, me ajude a permanecer neutro o bastante para questionar meus pensamentos, para reger minha mente, para filtrar os gremlins que me mantêm afastado de você… meu verdadeiro eu. Me ajude a ser um veículo consciente, um ser sábio que reage ao meu mapa com graça e leveza."

É quase irônico que você tenha acabado de ler um livro sobre todos os signos astrológicos e suas incontáveis versões numa tentativa de ajudar seu ego a encontrar sua essência, com palavras e conceitos que descrevem seu caráter por intermédio de uma antiga ferramenta chamada astrologia, repleta de ciência e matemática… Tudo isso para que eu, em seguida, queira enviá-lo a um espaço bem maior, no qual você é muito mais que seu nome, seu rosto, seu signo, suas mágoas de infância; muito maior que todos os caquinhos do seu coração ou qualquer pensamento lógico que considere a mente a chave para a iluminação. Confie em mim: para chegar ao décimo terceiro signo, você deve abandonar sua mente.

"Que timing perfeito", diria qualquer astrólogo. Precisamos mesmo de ajuda num momento em que nos sentimos tão vulneráveis e confusos como espécie. Está em curso um profundo despertar para toda a raça humana. Você pode sentir isso, essas mudanças grandiosas circulando o globo. Basta dizer "IA" e muita gente estremece. Quais são as implicações de um avanço tecnológico dessa natureza? A sombra de um futuro digital nos evoca o terror, pois todos sabemos que o mundo está mudando.

Só que não há motivos para temer. É melhor estar preparado, consciente e desperto. Os avisos servem para que passemos por essas mudanças com graciosidade. Todo mundo tem uma escolha: entrar nessa nova era com calma e aceitação pacífica, ou ficar assustado e ansioso por não ter se preparado.

Na astrologia há indícios óbvios que descrevem essas mudanças. Nunca tivemos 8 bilhões de pessoas em nossa pequena bola azul solta no espaço, sobrecarregadas pelas implicações da tecnologia moderna. Sem a união, sem a sabedoria emocional e psicológica, sem a habilidade de acionar o décimo terceiro signo, estaríamos perdidos.

Acabamos de deixar a Era de Peixes, que nos proporcionou mestres maravilhosos como Jesus, Buda e Maomé. De acordo com a astrologia, esses ciclos mudam aproximadamente a cada 2.100 anos. Na década de 1960, testemunhamos uma mudança de era. Como astróloga, devo confirmar: estamos na Era de Aquário! Essa era é deflagrada pela entrada de Plutão em Aquário. Os indicadores mais óbvios são as mudanças ambientais e geopolíticas. Será que preciso listá-las? O clima, as guerras ao redor do mundo, a tecnologia usada para fins escusos.

Estarei de olho nas influências astrológicas que terão início em meados de 2026, quando todos os planetas externos entrarão em signos de ar e fogo. Nos últimos quinze anos, fomos pura terra e água: um tempo de manter o status quo, seguindo regras antigas, com governos que fingiam se preocupar conosco, tudo numa tentativa de criar estabilidade e consistência. Agora todos se deslocam em direção ao fogo e ao ar. A partir de 2026, teremos Saturno em Áries (fogo), Urano em Gêmeos (ar), Netuno em Áries (fogo) e Plutão em Aquário (ar). Essa é uma grande mudança: fogo e ar contêm combustível para fornecer energia às mudanças e novidades. Devemos estar atentos às nossas escolhas enquanto criamos novos valores para a sociedade.

Quero falar um pouquinho sobre Plutão agora. Esse é o menor planeta do nosso sistema, mas também o mais poderoso. Como mencionei no Capítulo 5, a descoberta de Plutão coincidiu com a descoberta da energia nuclear (uma óbvia influência desse planeta). A Segunda Guerra Mundial, Hitler e Freud nos apresentaram os poderes inconscientes do bem e do mal naquele momento da história. Agora Plutão está mudando de signo e pode mudar nosso mundo, tornando-o irreconhecível, como faz a cada 240 anos. Na última vez em que ele mudou de signo, em 1777, os Estados Unidos tinham acabado de se tornar um país. Tente mensurar o que isso significou para o mundo. Agora Plutão entra no signo que representa a astrologia e tudo o que é futurista. Oi, Aquário!

Será que vamos escolher a gentileza e a compaixão, o cuidado e a solidariedade? Nada poderia nos ajudar a trocar de era com mais leveza do que um humanitarismo reforçado. Ou deixaremos a IA criar uma versão humana completamente distinta da que conhecemos hoje?

Teremos escolhas a fazer! Você pode usar o décimo terceiro signo para reduzir a confusão do seu ego, para se ancorar na fé e na confiança, para perceber que fomos feitos pelo nosso criador e trazidos até aqui para incorporar o divino. Essa é a versão mais elevada da energia de Aquário.

Aquário significa liberdade, autenticidade sem inibições, generosidade de um humano divino que realmente se preocupa, ama e é gentil. Vá em frente e leia mais sobre esse signo. E se pergunte: que tipo de humanidade você quer deixar para seus filhos e para as futuras gerações?

Temos que aceitar que as mudanças radicais que envolvem a IA e as tecnologias avançadas já estão acontecendo. Com sorte, elas serão alimentadas pela nossa mente *e* pelo nosso coração. Isso fará toda a diferença: precisamos aceitar as mudanças ao mesmo tempo que concentramos nossa atenção na voz da paz e da compaixão.

Chegou a hora de sair do mapa comigo e seguir rumo aos céus, à terra sem nome, ao lugar que desafia a gravidade e a linguagem. Mas sua mente precisa ficar do lado de fora. O medo não é bem-vindo aqui. Só sentimos medo quando esquecemos que está tudo bem.

Prepare-se para amar e dar as boas-vindas a essas mudanças com consciência e serenidade. Celebremos as transformações, sejam elas quais forem. Ninguém sabe muito bem o que vai acontecer. Nenhum astrólogo, vidente ou profeta pode nos preparar para a trajetória que vamos seguir.

A verdade é que você está em segurança. O décimo terceiro signo paira sobre a realidade, jamais se aproximando de nada que se pareça com dor. Ele não tem nada a ver com a espécie humana. Está bem longe de fazer o que a mente faz: tentar dar algum sentido ao mundo.

Não o confunda com o décimo terceiro signo "real" descoberto no espaço. Você já deve ter lido em algum lugar que a Nasa descobriu o décimo terceiro signo do zodíaco: Ofiúco, o serpentário.

Não é disso que estou falando. Estou falando sobre o signo que não tem nome, que não se restringe ao tempo e espaço, que flutua sobre a linguagem. Você só consegue percebê-lo quando se rende, fecha os olhos e ouve seu coração.

Sabe aquele seu lado eterno, disposto a assumir a condição humana? Seu lado que ama cada aspecto da experiência da vida? Seu lado que desliza rumo à eternidade, abandonando sua forma física sem traçar limites ou dizer qualquer palavra? Um ponto decimal flutuante, uma onda, uma partícula? Não importa como você o chame. O décimo terceiro signo é a parte de todos nós que se distancia o máximo possível da compreensão humana.

Você já deve ter deduzido qual é o oposto dele. Seu ego já foi descrito em detalhes. Você conhece a parte da sua mente que quer ser especial, diferente, que se identifica com o ego, que está sentada aí com este livro na mão, aprendendo e absorvendo informações. Embora eu ame essa parte sua (foi ela que o fez comprar este livro!), não é sobre ela que estou falando.

Estou falando do amor incondicional que existe em você e nunca cessa, que está apenas esperando nos bastidores para ser acionado.

Pense no Sol e na sua busca incansável pela Lua. Pense no seu coração, ativado no momento em que você foi concebido. Esse é o nosso lado mais confiável, estável e infinito, tão constante quanto a Estrela Polar. Recebemos um amor ilimitado por meio dessa força que move os planetas todos os dias, por toda a eternidade, sem nunca parar.

O décimo terceiro signo não conhece a morte. Ele existe através dos tempos. É nossa passagem para a eternidade. Tente entender que sua mente deve parar, que seus nervos precisam relaxar, para que você retorne para casa.

É por isso que este capítulo é curto e abstrato. Quando o futuro chegar, e ele vai chegar, sua noção de calma, tranquilidade e segurança fará toda a diferença. Que tal ajustar seu sistema nervoso, respirar fundo, meditar, confiar em Deus acima de tudo? Essa é a última parada para ingressar na câmara sagrada da paz. Palavras não dão conta de descrever esse lugar, pois elas se dissolvem instantaneamente frente à face de Deus.

Então feche os olhos e relaxe. Você tem um lar no qual a gratidão vive constantemente, e no qual seu coração sorri. Esse é o lugar onde vivemos para sempre... o lugar que muitos chamam de eternidade.

E sabe por que vivemos eternamente?

Porque é preciso todo esse tempo para dizer “obrigado”.

Apêndice I

RECURSOS DE DEBRA SILVERMAN

Applied Astrology School — Entre em nossa lista de espera e adquira seu brinde

A Escola de Astrologia Aplicada, criada por Debra, ensina a linguagem da astrologia através das lentes da psicologia. Já ajudou milhares de alunos de todo o mundo, de todas as esferas sociais e de todas as idades a se educarem nos fundamentos da astrologia.

Os módulos são curtos para que você aproveite o curso do seu jeito, seja para se tornar um astrólogo profissional ou simplesmente para aprender mais sobre o seu mapa astral e sobre si mesmo.

As matrículas são abertas duas vezes ao ano, com vagas limitadas. Entre na nossa lista de espera para receber informações com antecedência.

Além disso, você receberá de presente a série *Reframe Your Quirks Into Your Gifts* (Transforme suas excentricidades em dons). Assim, não terá que esperar o início das aulas para explorar seu mapa e descobrir que seus "defeitos" de personalidade costumam ser suas melhores qualidades.

Entre na lista de espera e garanta esse brinde acessando: appliedastrology.me. O site e todo o material disponibilizado encontram-se em inglês.

Progressed Moon Guide — Entenda as fases da sua vida

Timing é tudo. Imagine **saber em qual fase e ciclo você está, de acordo com o seu mapa, para que siga o fluxo cósmico em vez de remar *contra* ele.** Você está numa temporada introvertida, caseira, ou se sente extrovertido e pronto para socializar? É hora de ser criativo e produtivo ou de relaxar e se divertir? Tudo acontece em fases.

Existe uma forma rápida e gratuita de **identificar seu ciclo atual. Debra tornou esse processo muito mais fácil para você, sem perder a profundidade!**

Com Progressed Moon, você gerencia sua fase atual e se prepara para a que está por vir.

Para começar, basta visitar debrasilvermanastrology.com/progressed-moon (em inglês).

Tell Me a Story — Reescreva a história da sua vida

Todos temos histórias para contar: de triunfos a atribulações, passando por tudo entre os dois extremos. Mas o diálogo negativo que existe na sua mente acaba ofuscando essas narrativas.

Quando você se volta para o seu observador (sua parte objetiva e gentil) e se debruça sobre suas histórias com compaixão, uma incrível libertação está em vigor. Nosso curso de escrita Tell Me a Story (que não exige nenhuma habilidade de escritor) é uma oportunidade de contar sua história pelo prisma do amor.

Junte-se a nós. Você terá o apoio de uma equipe competente e bem treinada. Você não precisa ter nenhum conhecimento astrológico prévio para que o curso seja um excelente investimento. Um verdadeiro milagre acontece quando você observa sua história de vida pelas lentes da sua alma.

Quem diria que um curso de escrita poderia gerar um impacto tão grande? Acesse tmas.co (em inglês) e assista à nossa próxima aula.

Certified Astrologer Readings — Agende sua leitura astrológica

Se você está pronto para **se sentir compreendido em toda a sua singularidade e para mergulhar fundo em quem você é** através das lentes do cosmos, chegou a hora de **agendar sua leitura astrológica com um dos profissionais certificados por Debra!**

Todos os astrólogos certificados passaram por um rigoroso treinamento e usam a icônica metodologia de Debra para oferecer a você uma leitura transformadora.

Após nossas sessões, você se conhecerá melhor do que nunca. Saberá mais sobre as fases da sua vida, sua personalidade, seu propósito e suas questões mais profundas.

Descubra mais detalhes e agende sua leitura hoje mesmo: debrasilvermanastrology.com/certified-astrologers (em inglês).

4E Immersion — Alívio instantâneo por meio da incorporação elementar

Décadas atrás, Debra descobriu que, quando a sabedoria dos quatro elementos é sintetizada em teoria e transformada num método experimental de aplicação, as pessoas alcançam um alívio terapêutico. O 4E reduz o estresse causado pelos padrões em que você se encontra e pode mudar sua vida.

Embarque numa imersão de uma semana na qual Debra lhe apresentará os quatro elementos entrevistando os guardiões da sabedoria e os novatos no processo. Você terá uma pequena amostra de como os quatro elementos nos iluminam e nos curam.

Acesse elementalimersion.me (em inglês) e registre-se gratuitamente.

4E Sessions — Qual elemento está no seu caminho?

Dentro da sua cabeça moram muitas vozes. Algumas delas o apoiam e outras o sabotam. Vamos guiá-lo por **uma jornada por cada um dos quatro elementos para descobrir qual deles está impedindo você de alcançar a**

realização. Você receberá o apoio individualizado de um dos facilitadores 4E certificados por Debra Silverman.

Essa experiência é diferente de qualquer outra abordagem terapêutica disponível hoje. Você terá insights capazes de mudar sua vida.

É o módulo perfeito para quem procura uma aplicação simplificada da astrologia.

Agende sua sessão hoje mesmo em debrasilvermanastrology.com/appliedastrology/4e (em inglês).

Intensives — Um olhar profundo sobre o acordo feito pela sua alma

Passe um dia e meio com Debra para revelar o carma da sua vida. Prepare-se para contar sua história quando ela lhe perguntar: **qual é sua missão no mundo?**

Com base em evidências concretas e no seu mapa astral, **Debra reconhecerá seus desafios, seus triunfos e, principalmente, seus objetivos.**

Esse é um programa muito intenso, feito para quem está num momento crítico, precisando tomar decisões importantes, ou para quem perdeu o amor pela vida. **É um processo individualizado de cura que está esperando por você.**

Agende sua sessão hoje mesmo em debrasilvermanastrology.com/services/intensive-breakthrough (em inglês).

Se estiver interessado em financiar o curso para pessoas menos favorecidas, saiba que é possível fazer doações para nossa organização sem fins lucrativos nos Estados Unidos. Sempre penso que hoje eu seria uma pessoa diferente se tivesse encontrado um curso como o meu quando ainda era jovem. Mas a verdade é que provavelmente não conseguiria pagar pelas aulas. É por isso que agora temos um fundo para bolsas de estudo. Em homenagem ao meu pai, ele se chama Fundo Astrológico Milt Silverman, o que é irônico, pois ele não acreditava em astrologia. Posso imaginá-lo se revirando no túmulo, resmungando: “Fundo o quê?”

Apêndice II

ENCONTRE SEU SIGNO DE SATURNO

Procure na lista abaixo seu ano de nascimento para descobrir em que signo Saturno estava quando você nasceu. (Essa não é uma descrição precisa. Visite o site astro.com, em inglês – ou o site de sua preferência –, e insira sua data de nascimento para saber onde Saturno estava. De tempos em tempos, ele fica retrógrado, então é preciso checar direitinho.)

Áries: setembro de 1939 a março de 1940

Touro: março de 1940 a maio de 1942

Gêmeos: maio de 1942 a junho de 1944

Câncer: junho de 1944 a agosto de 1946

Leão: agosto de 1946 a setembro de 1948

Virgem: setembro de 1948 a agosto de 1951

Libra: agosto de 1951 a outubro de 1953

Escorpião: outubro de 1953 a outubro de 1956

Sagitário: outubro de 1956 a janeiro de 1959

Capricórnio: janeiro de 1959 a janeiro de 1962

Aquário: janeiro de 1962 a dezembro de 1964

Peixes: dezembro de 1964 a março de 1967

Áries: março de 1967 a maio de 1969

Touro: maio de 1969 a junho de 1971

Gêmeos: junho de 1971 a agosto de 1973

Câncer: agosto de 1973 a setembro de 1975

Leão: setembro de 1975 a agosto de 1978

Virgem: agosto de 1978 a setembro de 1980

Libra: setembro de 1980 a dezembro de 1982

Escorpião: dezembro de 1982 a novembro de 1985

Sagitário: novembro de 1985 a novembro de 1988

Capricórnio: novembro de 1988 a fevereiro de 1991

Aquário: fevereiro de 1991 a fevereiro de 1994

Peixes: fevereiro de 1994 a abril de 1996

Áries: abril de 1996 a março de 1999

Touro: março de 1999 a abril de 2001

Gêmeos: abril de 2001 a junho de 2003

Câncer: junho de 2003 a julho de 2005

Leão: julho de 2005 a setembro de 2007

Virgem: setembro de 2007 a julho de 2010

Libra: julho de 2010 a outubro de 2012

Escorpião: outubro de 2012 a dezembro de 2014

Sagitário: dezembro de 2014 a dezembro de 2017

Capricórnio: dezembro de 2017 a dezembro de 2020

Aquário: dezembro de 2020 a março de 2023

Peixes: março de 2023 a fevereiro de 2026

Áries: fevereiro de 2026 a abril de 2028

Touro: abril de 2028 a junho de 2030

Gêmeos: junho de 2030 a julho de 2032

Câncer: julho de 2032 a agosto de 2034

Leão: agosto de 2034 a julho de 2037

Virgem: julho de 2037 a setembro de 2039

Libra: setembro de 2039 a novembro de 2041

Escorpião: novembro de 2041 a novembro de 2044

Sagitário: novembro de 2044 a janeiro de 2047

Capricórnio: janeiro de 2047 a janeiro de 2050

Aquário: janeiro de 2050 a janeiro de 2053

Peixes: janeiro de 2053 a março de 2055

Agradecimentos

Acho que não deveria dizer isso, mas eu não tinha o menor interesse em escrever este livro. Cometi o erro de usar a palavra "nunca" e aprendi minha lição.

"Nunca mais vou escrever outro livro", falei com uma grande amiga tempos atrás. A verdade é que meu ego (essa vozinha preguiçosa na minha mente) não queria escrever, mas minha alma tinha uma missão, e acabei atendendo a esse chamado. O resultado se encontra nas suas mãos.

Uma das principais coisas que este livro ensina é sobre como ouvir sua alma. Não é fácil. A alma fala usando uma linguagem enigmática, por meio dos sonhos, de oportunidades estranhas que surgem, de infinitos convites que ignoramos ou aos quais resistimos. Após anos estudando nossa natureza, percebi que essa é uma das maiores dores da condição humana: deixar esta vida sem concretizar nossa missão.

Por sorte, isso não aconteceu comigo, pois muita gente está procurando a sabedoria desse antigo portal chamado astrologia. E sou muito grata.

Venho estudando ao longo de cinco décadas. Já analisei dezenas de milhares de mapas, o suficiente para perceber que a natureza humana, quando apoiada pela alma, insiste sempre nas mesmas questões até que nos demos conta do que precisamos aprender. *Ah, você quer que eu escreva um livro? Está me pedindo que compartilhe o que sei?* Por fim entendi a mensagem quando ela se tornou tão estridente que não dava mais para ser ignorada. Então aproveito esta oportunidade para expressar meus devidos agradecimentos.

Tudo começou com minha amiga Jolie, que me disse: "Se você voltar a escrever, conheço uma mulher que pode te ajudar." Ela estava se referindo a uma brilhante ghostwriter, que se tornou totalmente presente na minha vida. Muito mais que uma "ghost", ela foi uma super-heroína que estudou astrologia comigo, aproveitando ao máximo seu dom de registrar tudo no papel. Graças aos seus quatro planetas em Aquário na primeira casa, ela nasceu para esse trabalho.

Agradeço, acima de tudo, às pessoas que permitiram que minha alma existisse: minha mãe e meu pai.

Com meu pai, o estoico capricorniano Milt, aprendi a enxergar através da alma, a ultrapassar a personalidade exterior e a prestar atenção na integridade das pessoas, na palavra delas e na delicadeza de seu coração. Meu pai tinha um coração de ouro, sobretudo no que dizia respeito a mim. Hoje ele mora no vestíbulo da minha mansão interior. A primeira coisa que você veria ao entrar no meu coração seria Milt. Ele vai continuar morando dentro de mim até que nos reencontremos. Admito que sinto falta dele todos os dias.

Com ele aprendi que a alma suplanta o ego, mas só quando percebemos que o amor é a única coisa que importa. Não que ele não fosse um vigarista com problemas emocionais, profundamente marcado pelo seu carma dos anos 1930. Mas não é essa a história que quero compartilhar com você. O que quero dizer é simples: ele demonstrava um amor incondicional, pessoal, próximo. E eu descobri que esse amor transcende o mundo exterior. Isso fica evidente na maneira como o amor perdura, mesmo muito após a pessoa amada ter deixado este mundo. O amor verdadeiro nunca envelhece.

Minha mãe, por outro lado, como boa leonina... demonstrava um ego estridente e selvagem. Era conhecida por seu cabelo, suas unhas e suas joias marcantes. Era basicamente o oposto do meu estranho e soturno pai. Com Tillie conheci o impacto do ego descontrolado e, com Milt, a alma escondida por trás de um disfarce. E assim começou meu fascínio pelas energias contrastantes, algo que me acompanhou por toda a vida: alma versus ego. O mundo externo exige atenção enquanto o santuário interno sussurra: "Venha se sentar ao meu lado." Como bem sabemos, eles vivem em pé de guerra.

Ao terminar esta leitura, espero que você sinta que nem o ego nem a alma precisam ser ignorados ou julgados como melhor ou pior. São apenas diferentes. O convite que faço é que você descanse no mundo interior da alma – sua luz-guia, seu norte. A alma é a verdadeira fonte das realizações, não a personalidade ou o ego, que são os veículos que nos transportam em direção à alma.

Agradeço também ao meu filho. A evolução continua ao longo do tempo. Quando ampliamos nosso conhecimento estudando astrologia e metafísica, ou geologia e astronomia, percebemos que a próxima geração está se desenvolvendo, e com sorte será uma versão melhor que a anterior. Agradeço a Deus por ter me enviado um filho que me ensinou tanta coisa. Foi graças a Daniel que minha fé reacendeu. O relacionamento dele com Cristo me lembrou que encontramos segurança em nosso objetivo divino: o chamado da alma e a vontade de responder a esse chamado. Daniel, sou muito grata pelo homem devoto que você se tornou. Nossa linhagem continua a evoluir graças à sua presença. Todos os nossos ancestrais lhe agradecem. Você é um dos mestres que me inspiraram a escrever este livro.

Essa é a linhagem familiar que me permitiu me tornar a escritora e a astróloga que sou hoje.

Agora vou falar da minha melhor amiga, Laurel. Ela cuida do meu coração como se fosse de ouro, oferecendo estabilidade como uma árvore frondosa sob a qual posso encontrar abrigo, em qualquer momento, em qualquer lugar, pelo tempo que precisar. Ela é um lar para mim. Toda noite, a voz constante de Laurel me incentivava a escrever. Como eu já disse, resisti à escrita, mas ela me desafiou. É para isso que servem os amigos, para fazer as perguntas mais difíceis e para nos manter fiéis à missão da nossa alma.

Então me rendi. Minha alma falou comigo por intermédio de uma amiga que me conhece melhor que eu mesma. Obrigada, Laurel, e agradeço também ao seu marido, John, que teve que lidar com duas geminianas fazendo ligações telefônicas intermináveis e rindo histericamente durante incontáveis noites. Este livro surgiu porque eu sei que geminianos precisam falar e escrever. Eu só estava sendo eu mesma.

E sei perfeitamente que a amizade é real, e que nem o tempo nem o espaço serão capazes de deter o amor verdadeiro de uma irmã, de um pai e de um filho. Eu me sinto profundamente em paz ao perceber que sou amada e cuidada por essas pessoas. É assim que o espírito vem à tona e oferece segurança: graças ao amor e à amizade.

Outras almas também aceitaram seu destino e propósito. Minha ghost-writer, Eve; meu agente, Alex, que nos manteve nos trilhos e me apresentou a editoras; minha equipe de trabalho, que deu conta de manter de pé meu curso de astrologia; minha assistente, que me diz o que devo fazer como se fosse uma mãe para mim; e todas as pessoas cujas mãos tocaram este livro: meu muito obrigada a todos vocês.

Agradeço também aos meus outros grandes amigos de uma vida inteira, que ficaram ao meu lado com paciência enquanto eu errava, acertava e errava de novo, até encontrar minha própria voz. Vocês sabem quem são: Carla, Lynn, Ashley, Mimsy, Lee, Sarah, Parker, Eric, e todos os que não estão mais aqui: Judy, Tim, Kevan, além de muitos outros cujo nome eu não sei. Fiz amigos pela internet que estão espalhados pelo mundo inteiro.

"Não quero escrever este livro", disse o meu ego preguiçoso, embora minha alma ambiciosa, que é apaixonada por seu chefe (Deus), tenha se recusado a parar até que estivesse terminado.

"Pois então saiba", disse a astróloga, "que, ao seguir a voz da sua alma, que chega até você de incontáveis maneiras, você será capaz de morrer suavemente, tendo completado uma vida bem vivida". Você está aqui para cumprir uma promessa vaga, sem registro, escondida entre hieróglifos egípcios, inscrita num mapa astrológico que revela o acordo que você aceitou. Essa promessa aguarda a sua aprovação, e em grande parte fica esperando o tempo passar até sua memória ser por fim ativada e você acabar se lembrando de que sua alma disse *sim* à própria vida, assim como está dizendo agora! O seu ego pode resistir a essa verdade, mas, se você fizer suas orações diárias ("Permita que eu me mantenha a serviço da alma, que realize minha promessa, que incorpore o amor"), você também apagará a palavra "nunca" do seu dicionário e, da próxima vez, poderá fazer o que a vida lhe pedir.

Eis o que a vida pediu que eu fizesse: pediu que eu escrevesse este livro. Eu escrevi e, juro, me senti tão bem que já posso ticar isso da minha lista com a sensação de dever cumprido. O próximo passo? Veremos. O espírito sempre tem uma nova tarefa para quem está disposto, para quem segue em frente e aprende a lição de que nunca precisamos da palavra "nunca".

CONHEÇA ALGUNS DESTAQUES DE NOSSO CATÁLOGO

- Augusto Cury: Você é insubstituível (2,8 milhões de livros vendidos), Nunca desista de seus sonhos (2,7 milhões de livros vendidos) e O médico da emoção
- Dale Carnegie: Como fazer amigos e influenciar pessoas (16 milhões de livros vendidos) e Como evitar preocupações e começar a viver
- Brené Brown: A coragem de ser imperfeito – Como aceitar a própria vulnerabilidade e vencer a vergonha (900 mil livros vendidos)
- T. Harv Eker: Os segredos da mente milionária (3 milhões de livros vendidos)
- Gustavo Cerbasi: Casais inteligentes enriquecem juntos (1,2 milhão de livros vendidos) e Como organizar sua vida financeira
- Greg McKeown: Essencialismo – A disciplinada busca por menos (700 mil livros vendidos) e Sem esforço – Torne mais fácil o que é mais importante
- Haemin Sunim: As coisas que você só vê quando desacelera (700 mil livros vendidos) e Amor pelas coisas imperfeitas
- Ana Claudia Quintana Arantes: A morte é um dia que vale a pena viver (650 mil livros vendidos) e Pra vida toda valer a pena viver
- Ichiro Kishimi e Fumitake Koga: A coragem de não agradar – Como se libertar da opinião dos outros (350 mil livros vendidos)
- Simon Sinek: Comece pelo porquê (350 mil livros vendidos) e O jogo infinito
- Robert B. Cialdini: As armas da persuasão (500 mil livros vendidos)
- Eckhart Tolle: O poder do agora (1,2 milhão de livros vendidos)
- Edith Eva Eger: A bailarina de Auschwitz (600 mil livros vendidos)
- Cristina Núñez Pereira e Rafael R. Valcárcel: Emocionário – Um guia lúdico para lidar com as emoções (800 mil livros vendidos)
- Nizan Guanaes e Arthur Guerra: Você aguenta ser feliz? – Como cuidar da saúde mental e física para ter qualidade de vida
- Suhas Kshirsagar: Mude seus horários, mude sua vida – Como usar o relógio biológico para perder peso, reduzir o estresse e ter mais saúde e energia